共生への学びの構築

市民の協働にねざす教育創造

佐藤一子・田中雅文——[編]

東京大学出版会

Learning to Live Together:
Creating Education by People's Collaboration
Katsuko Sato and Masafumi Tanaka, Editors
University of Tokyo Press, 2025
ISBN 978-4-13-051369-2

まえがき

　本書の主題である「共生社会」という用語は、1990年代頃から地域福祉、地方創生の分野で広く注目されるようになった。困難をかかえた人々が社会から排除されることなく、互いに支え合い協力しあい、人間らしい生活を実現できるような社会的関係づくりをめざす考え方、市民活動、社会政策のビジョン等を表現している。その背景には、グローバル化のもとで格差・分断が広がり、平等な人権を認められずに排除される人々が多数存在する社会構造的な問題がある。異なる文化や価値観を認め合い、共に協力する社会のあり方として、「多文化共生」あるいは「社会的包摂」は重要な現代的課題であり、21世紀を拓く人類的課題となっている。

　本書では、このような「共生社会」の模索が、NPO・市民活動組織による課題解決的な活動を通じて広がっている動向に注目する。「共生社会」とは当事者個々人や集団が具体的な課題解決を通じて共に助け合い、協力する過程で実現される社会関係づくりという意味合いをもつ。市民の主体形成を促す学び、相互に学び合い協力する関係づくり、課題解決のプロセスの模索など、「共生社会」を構築する学びと実践こそが「新しい社会を創る」可能性を切り拓く。このような学びの探究過程を社会教育・生涯学習研究としてほりさげることが本書のねらいである。

　社会教育・生涯学習は、学校の教育課程以外のノンフォーマルな教育活動を基軸に、個々人の自由な学びも含めて幅広くとらえられている。本書では、社会教育・生涯学習の展開において、地域づくり・社会創造を追求する市民の自発的な学習の組織化に注目し、「学習する組織」としてのNPO・市民活動組織を中心とする「共生への学び」の探究過程を明らかにする。市民の自主的な学習集団の活動、公的な社会教育への参加と住民自治、社会教育関係団体や市民活動組織と学校・社会教育機関との連携・協働の広がりをふまえ、教育の創造と制度的再構築の可能性について以下の四部構成で考察する。

第Ⅰ部「共に生きることと学習権の保障」では、子ども・若者、障害者、外国人等を主体とする「共に生きる学び」の創造と学習権保障について事例を通じて考察する。第Ⅱ部「市民活動組織が育む共生への学び」では、教育・福祉・労働者協同組合などの各領域における市民活動組織の発展と「共生への学び」の探究過程を明らかにする。第Ⅲ部「地域学習の展開と社会教育の再構築」では、住民の地域課題解決学習の展開をふまえ、公的社会教育における支援のあり方を検討する。第Ⅳ部「学校と社会の協働」では、小中学校の地域学校協働、高等教育機関の地域との連携、教育制度再構築の可能性を探る。

　本書の編者のひとり佐藤一子は、著書『生涯学習と社会参加』（東京大学出版会、1998年）で、「NPOが拓く学びのネットワーク」に注目した。NPO法制定を機に編者田中雅文との共同研究によるNPOの全国的な実態調査をおこない、その成果を佐藤編『NPOの教育力』（東京大学出版会、2004年）にまとめた。その後、大阪ボランティア協会編『日本ボランティア・NPO・市民活動年表』（明石書店、2022年増補改訂版）の「教育・健全育成」の章を共同で担当した。その年表作成の協力者にさらに数名加わっていただき、本書を企画するに至った。NPO・市民活動組織を「学習する組織」としてとらえ、社会教育・生涯学習の連携・協働の発展構造を明らかにする共同研究を20年以上続けてきたことの結実といえる。

　本書が、地域の自発的な学習活動の担い手である市民、社会教育・学校教育関係者、そして多様なNPO・市民活動組織の関係者にとって「共生社会」構築への手がかりとなることを願う。公的な社会教育行政による支援のあり方も示唆されている。

　前著『NPOの教育力』の段階から共同研究の趣旨をご理解下さり、2年間の歳月をかけた本書の刊行のためにご尽力をいただいた東京大学出版会編集部の後藤健介氏に、心より感謝の意を表する。

2024年5月

編者　佐藤一子・田中雅文

目 次

まえがき ─────────────────── 佐藤一子、田中雅文 i

序 章 共生への学びの探究 ───────────── 佐藤一子 1

1 ボランティア・市民活動の広がりと「共生社会」の模索 1
2 「共に生きる社会」の創造 2
3 共生への学びの探究 9
4 本書の構成と課題 16

第Ⅰ部 共に生きることと学習権の保障

第1章 子どもの発達保障と子ども・子育てネットワーク
──────────────────── 森本 扶 21

1 子育て・子育ちの学習権保障 21
2 子ども・子育て支援施策の光と影 22
3 隘路構造を乗り越える子ども・子育てネットワーク 24
4 「共生への学び」の成立条件 32

第2章 若者の参画と対話を促すユースワーク ── 生田周二 35

1 ユースワークとは：「第三の領域」の活動としてのユースワーク 35
2 ユースワークへの着目の背景 37
3 ユースワークのアプローチ 39
4 ユースワークをめぐる4つの欠損と新しい動向 43
5 ユースワークの展開と課題 45

iii

第3章　障害をもつ人々の社会参加を支える学び
―――――――――――――――――――― 井口啓太郎　51

　　1　学習権保障と共生保障　51
　　2　障害者の生涯学習政策をめぐる背景　52
　　3　国立市公民館「コーヒーハウス」における学び　57
　　4　共生への学びに向けて　62

第4章　基礎教育機会の保障と多文化共生社会 ― 金　侖　貞　65

　　1　学習権保障が問われているいま　65
　　2　基礎教育保障に向けての政策展開　65
　　3　外国人の学習権保障に向けての実践　69
　　4　多文化共生を担う人々の学びの保障　74

コラム1・地域の協同による青少年の居場所づくり ―――――― 佐藤洋作　77

第Ⅱ部　市民活動組織が育む共生への学び

第5章　共生への学びを創る市民活動組織の可能性
―――――――――――――――――――― 田中雅文　81

　　1　市民活動組織とは何か　81
　　2　社会教育と市民活動組織　88
　　3　学校教育と市民活動組織　92
　　4　学びのネットワークの構築へ　94

第6章　教育と福祉の協働をすすめる市民活動 ― 辻　　　浩　99

　　1　福祉教育をめぐる地域福祉と社会教育　99
　　2　教育福祉と福祉教育から考える市民活動組織　102
　　3　教育と福祉の協働による地域と学校の改革　108

iv　目　次

第7章 協同労働と共生への学び ――――――― 若原幸範 113

1 共生社会の実現への協同労働 114

2 協同労働と協同組合 117

3 協同労働の実践と共生への学び 122

4 協同労働が示す希望 125

コラム2・地域住民とともに地域をつくる協同労働実践 ――― 竹森幸太 128

第Ⅲ部 地域学習の展開と社会教育の再構築

**第8章 地域再生への学びあいにみる社会教育・
学校教育の可能性** ―――――――――――― 石井山竜平 133

1 「正直な意見」が言えるということ 133

2 もちこまれた再生計画を地域で修正することの困難 134

3 「みんな」をつくるということ 139

4 地域再生への教育の展望 144

第9章 SDGsにむきあう環境学習と地域づくり
――――――――――――――――――――― 岩松真紀 151

1 SDGsと地域での環境学習と地域づくり 151

2 公害学習とその後のESD、SDGs 154

3 公民館における環境学習の展開と住民との協働 157

4 支えてつなぐ公害資料館ネットワーク 160

5 地域づくりにつながるような変革を伴う環境学習 164

第10章 共生を育む地域社会教育施設 ――――― 上野景三 169

1 地域社会と地域社会教育施設の現在 169

2 地域社会教育施設の歴史的展開 172

3 地域学習と地域社会教育施設
――住民自治を創造する地域社会教育施設 177

4　共生を育む地域社会教育施設職員の役割と使命　179

コラム3・できる感覚を、うごく楽しみを、生きる喜びをすべての若者に
　　　　　　　　　　　　　　　　　　　　　　　　　　　成 宮 崇 史　188

第Ⅳ部　学校と社会の協働

第11章　学校を核とした地域づくりの可能性 ── 廣瀬隆人　193

　　1　学校と地域の連携・協働の源流　193
　　2　学校を核とした地域づくり、地域とともにある学校の本質は何か　196
　　3　事例の検討　199
　　4　まとめ　207

第12章　学びの文化を育む大学と地域の連携 ── 柴田彩千子　211

　　1　大学と地域との連携の起源
　　　　──19世紀イギリスにおける大学拡張運動　211
　　2　日本における大学と地域の連携の系譜　213
　　3　大学開放論「開かれた大学づくり」の現在　217
　　4　大学と地域との共生を志向する学びの実践　219

第13章　学校と社会の連携・協働による教育制度改革の展望
　　　　　　　　　　　　　　　　　　　　　　　　　　── 笹 井 宏 益　227

　　1　「学校、家庭及び地域住民の連携」と教育制度　227
　　2　巨大な事業としての学校教育　231
　　3　大学と社会との連携　234
　　4　地域と教育機関との連携にねざした制度改革の展望　236

コラム4・まなびの郷「KOKÔ塾」の実践 ──────── 村 田 和 子　244

終　章　共生への学びの構築に向けて──────**田中雅文**　247

　1　本書のねらい　247
　2　各部で明らかにされた内容　247
　3　本書から得られた知見　252
　4　今後の展望──共生への学びの構築に向けて　255

執筆者一覧　257
索　引　259

序章

共生への学びの探究

佐 藤 一 子

1 ボランティア・市民活動の広がりと「共生社会」の模索

　1980 年代頃から、自発的な意志で困難な課題に共に向き合い、共に支え合う市民活動が各地に広がりをみせている。当時はボランティアという用語は必ずしも普及していなかったが、1995 年に発生した阪神・淡路大震災では全国から百数十万人の市民が現地に駆けつけて、ボランティア元年といわれた。それをきっかけにボランティア活動は着実な広がりをみせ、さまざまな困難を抱える人々への日常的な支え合いの活動が展開されるようになった。東日本大震災を経て、ボランティア活動の必要性はいっそう強く意識されつつある。

　1998 年にボランティア・市民活動の自由な社会貢献活動を促進することを目的として、特定非営利活動促進法（NPO 法）が制定された。自助、公助に対して共助を中心とする社会的関係を創り出す市民活動が新たな潮流となってきた。困難な状況に置かれた当事者が自ら課題解決にむきあうとともに、他者がその困難を共有し、支援する社会的連帯が模索されてきた。2010 年代に NPO 法人として認証された団体は 4 万を超え、2023 年には約 5 万団体となっている。

　このように「共に生きる」「共に支え合う」関係づくりをめざす市民活動に注目して、21 世紀に入り「共生社会」の構築という社会ビジョンや共生の地域づくり政策が提起されるようになる。日本で提唱された「共生社会」論は、イヴァン・イリイチの「自立共生」（conviviality）の理念と重ね合わせ、多様な人々の多文化共生、自然との共存、生物との共棲などの複合的な意味をもちつつ共有され、政策理念としても具体化をみている。

　本書では、このようなボランティア・NPO・市民活動の広がりと「共生社

会」の模索の過程で、「共に生きる」思想が市民の学習活動を通じてどのように探究され、実践活動に結びついているかという社会教育の課題に注目する。多様な市民活動組織や地域住民の協働の過程で、担い手の自己形成、相互の対話、地域で共に学ぶ場づくりは不可欠の要件となる。NPOもその使命を追求する上で参加者相互の学び合いや次世代形成を重視しており、社会教育または子どもの健全育成を活動目的のひとつにあげている団体は、それぞれ半数近くに達している。

その学び合いの過程を共生への学びの探究ととらえ、NPO・市民活動組織における自己教育・相互学習の実態を明らかにする。それをふまえて公的な社会教育・生涯学習、学校教育を含むフォーマル、ノンフォーマルな学びのネットワークの構築、市民活動組織と社会に開かれた学校・高等教育機関との連携のあり方を検討することが本書のねらいである。

2 「共に生きる社会」の創造

2-1 分断から社会的包摂へ

高度経済成長期に、日本社会では企業間競争が学歴中心主義を生み、進学競争・塾通いによる子どもたちの生活のひずみが大きくなった。1990年代から2000年代には、バブル経済の崩壊、新自由主義的政策の推進、自治体行財政改革により、生活困窮者の公的支援が縮小され、社会的に孤立する層が増大する。子どもの貧困率が高まり、2000年代には15％を超えた。2010年代には約11％へと低下傾向にあるが、ひとり親家庭では半数近くが貧困世帯となっている。教育費の増大が子どもの生活に格差をもたらし、親の負担感もひとつの要因となって家庭内の児童虐待が2000年代以降急増している。

若年層にも不安定就労や就労困難が広がり、貧困・格差が常態化する。宮本みち子は、厳しい自己責任・自己選択社会にあって学校から仕事へのスムーズな移行が困難なパラサイト・シングルの若者の急増を日本社会の危機としてとらえた。就職した若者も約3割が1年以内に離職するという企業社会における生きづらさが広がり、「若者が〈社会的弱者〉に転落する」という深刻な実態を浮き彫りにしている[1]。

1990 年代から生活の場、働き場を失っているホームレスなど、生活困難者の支援にとりくんできた湯浅誠は、2001 年に NPO 法人「自立生活サポートセンターもやい」を発足させ、生活困難者の生活相談、生活自立への支援活動を広げてきた。2007 年には労働団体なども含む関係団体の連携による「反貧困ネットワーク」が任意団体（のち一般社団法人）として発足し、2010 年まで湯浅が事務局長を務めた。雇用、社会保険、公的な福祉の三層のセーフティネットが機能せず、貧困状態に墜落する「すべり台社会」となっている脆弱な日本社会の構造に歯止めをかけようとする多様な団体の新たな連携が形成された。貧困は自己責任、自助努力で解決できるものではなく、「人々の支え合いの強化、社会連帯の強化、そして公的セーフティネットの強化を通じて果たされる」というメッセージは、貧困問題の社会構造的な解決への社会運動の広がりを生み、協同と連帯による主体形成の道筋を示した[2]。

　障害者自立支援、子育て支援、さらには海外からの外国人移住者の支援の領域でも公的支援制度では不十分な生活自立支援、就労支援、学習支援、居場所づくりなどの市民活動が広がり、「誰一人とりこぼさない」という国連 SDGs の目標を受け止めながらネットワークを形成し、市民活動組織相互の関係構築が進められている。

　EU 諸国でも 1980 年代以降若年層の失業率が高まり、EU のレベルで「社会的排除」（social exclusion）に向き合うという観点から貧困・格差に対処する社会政策を模索してきた。1992 年の「連帯の欧州をめざして」で社会的排除に対する闘いを強めることを提起し、1997 年に調印されたアムステルダム条約で社会的排除撲滅のための人的資源の開発の目標をかかげた。2000 年のリスボン欧州理事会では、包括的で整合的なアプローチによって「社会的包摂」（social inclusion）を促す欧州社会モデルに合意している[3]。

　EU の取り組みは、貧困・格差問題の解決を各国の対応に委ねるのではなく、その発生過程の構造的要因に着眼し、グローバル化する国際労働市場の人材育成の課題と重ね合わせて各国の連携による社会的包摂の目標を共有した点に社会政策としての先進性が示されている。その背景には EU 各国で社会的起業や社会的協同組合など、社会的経済の発展を模索する非営利セクターの活動の蓄積がある。企業主義的な産業発展にとどまらず、社会的有用労働による経済活

序章　共生への学びの探究　│　3

動、人類にとって持続可能な経済発展、地域資源の価値への注目など地域に根ざす産業振興が模索されてきた。非営利セクターの活動は、単に福祉的なレベルで「共に助け合う」だけではなく、グローバルかつローカルな生活・経済・社会の創造、自然と人間の共生などの包括的視野から「豊かさとは何か」を問う主体の形成を促す過程にほかならない。

2-2 「共生社会」論への関心の高まり

1990 年代以降広がりをみせている NPO・市民活動組織の現代的意義に注目し、ボランティア論、社会的経済論、共生社会論など、共生をめぐる理論的な探究も深められてきた。まだ NPO・市民活動組織が欧米のように定着をみていなかった 1990 年代前半に刊行された金子郁容のボランティア論[4]と内橋克人の使命共同体論[5]は、非営利セクターが新たな社会を創造する可能性を論じ、先駆的な問題提起として注目された。

多くの人がボランティア活動は敷居が高いと感じていた 1990 年代前半に、金子郁容はもうひとつの社会への窓を開けるボランティアのネットワークの意義を提起している。ボランティアとは、困難を感じる状況において「その状況を『他人の問題』として自分から切り離したものとはみなさず、自分も困難を抱えるひとりとしてその人に結びついている」「『つながり』をつけようと行動する人」であると金子はとらえる。そして具体例をあげながら、ボランティア活動は閉塞した社会状況を打破するひとつの窓になるという方向性を示した。

金子は、かつて多くの人々の相互扶助のよりどころであった地縁共同体が弱まっている現代社会において、各人が多様な「相互依存性のタペストリー」という関係性の中で生きていると認識することが重要であると説く。そのような認識をもつことで、互いに働きかけ動き出すような情報のネットワークをつくりだしていく。金子は経済優先で社会と個人の関係性や互いの協力の意味が埋没している現代社会を「相互依存性のタペストリー」として認識し直し、個々人の自発性にもとづく社会的関係性を構築することを「もうひとつの情報社会」ととらえることによって、ボランティアが社会を変えていく希望のメッセージを発した。企業の社会貢献、ボランティア休暇制度にも言及し、人々の自発的意志を尊重する働き方の改革によって、企業中心主義社会の閉塞性や見失

われている人間的な価値を復権し、新たな社会経済の発展の可能性を示したという点でも先駆的な提起であった[6]。

　内橋克人は、日本の生活協同組合やヨーロッパ諸国の社会的協同組合の動向をふまえ、「多元的経済社会」を実現する新たなセクターとして「使命共同体」の存在意義を論じた。企業の私的利益と市民社会の公的利益との乖離のなかで、「同一の使命（ミッション）を共有する人びとの、自発的で水平的な集まり」である「使命共同体」が「もう一つの経済の可能性」にむけて様々な試みをしている動向に注目する。「利潤原理にそぐわず、公的サービスにもなじまない社会的有用財・サービス」は、福祉・環境・文化から国際協力、エネルギー開発など市場圏外に広がりをもち、仕事おこし、シェア・ビジネス、コンソーシアムなどの社会的有用労働の活性化を促している。

　内橋はヨーロッパ各国の取り組みや日本の事例をふまえて、エネルギー転換や地球環境保護などの領域をはじめ、NPO・NGO が地域を活性化する重要な役割を切り拓き、「多元的経済社会」を創造する可能性をもつことを明らかにしている。「共に支え合う」という倫理的な使命を共有するばかりでなく、社会にとって真に必要な価値を生み出す社会的有用労働として、市場や公共サービスの圏外に非営利の経済社会活動を広げていることは、NPO・市民活動組織の本質的な意義である。内橋は、近代産業革命期の協同組合の創設理念であるロッチデール原則をふまえて、「人間生存にとって不可欠の『職と食』のアウタルキー（自給自足圏）形成に向かう」という宣言を現代的に継承し、「共生の大地」としての NPO・NGO の存在形態を経済発展の側面から浮き彫りにした。それとともに、2 億人を超える失業者が生み出されている現代の国際的な労働市場において、多元的経済社会は必須の経済社会構造であり、人類的生存の基盤として今後さらに重要性をもつことを明らかにした[7]。

　金子、内橋は、市民活動組織が社会を変えていく可能性を先駆的に提起した。その後 NPO 法制定を経て実際に多くの NPO 法人が認証されて活動領域が広がるなかで、さらに多様な学際的領域で NPO・市民活動が論じられるようになり、「共生社会」論への関心が高まっていく。2006 年には人文社会科学から自然科学を含む学際的な研究組織として共生社会システム学会が発足した。社会的困難に向き合い「共に生きる」「共に支え合う」社会とはどのような社会

か。「共生社会」の構築が政策論としても問われる状況となっている。

このような研究的アプローチとともに、民間の立場でボランティア・市民活動の組織的発展と主体の形成に実践的に関わってきた大阪ボランティア協会の早瀬昇の論集は、日本におけるボランティア・市民活動の実践的な蓄積を集約している。1965年に大阪ボランティア協会が発足し、早瀬は1970年代からボランティアとして関わりはじめ、当協会の事務局長、理事長を務める。阪神・淡路大震災発生後、1996年に日本NPOセンターを創設し、代表理事となっている。この団体は、1999年に特定非営利活動法人、2011年に認定特定非営利活動法人として認証されている。早瀬の著書『「参加の力」が創る共生社会——市民の共感・主体性をどう醸成するか』は、このような日本のボランティア・市民活動を切り拓いてきた現場の担い手形成過程を描き出している[8]。

2-3 「共生社会」構築へのアプローチ

「共生」という用語が新しい社会論として注目されるようになったのは、1980年代の黒川紀章『共生の思想——未来を生き抜くライフスタイル』や井上達夫『共生の作法——会話としての正義』などの論考をきっかけとしている[9]。黒川は仏教で説かれている「ともいき」をよりどころとしており、その意味では「共生」は日本の古典的な倫理・社会観の流れを汲む考え方という一面をもつ。その後2000年代にはいって学際的な研究として「共生社会論」が探究されるようになる。以下では主に三つのアプローチに言及しておきたい。

第一は、社会福祉制度・社会政策論的アプローチで、「社会的包摂」のあり方を論じている宮本太郎の論考である。宮本は欧米の「社会的包摂」の体系的な検討をふまえ、福祉制度論として「共生保障」という独自の構想を提唱した[10]。

宮本は、従来支える側であった世代が困難になりつつある実態をふまえ、「支える側を支え直す制度や政策」「支えられる側」の人々の参加機会の拡大、より多様な人々が就労や居住の問題に参入できる「新しい共生の場」をつくることを総合的に進める「共生保障」のあり方を提起した。スウェーデンなどの福祉先進国の動向を参照しつつ、支える側を支え直す具体的な諸方策を示している。雇用を核として家族、教育、離職、加齢、身体の弱まりなどの生活領域

との交差を重視して、労働市場政策、職業訓練、リカレント教育、地域包括ケアや保育などの課題で行政と市民社会が役割分担をするまちづくりについて各地の先進事例もとりあげている。自助、共助、公助を連携・連鎖させる戦略によって「共生保障」が可能となる。支援される人々の問題を、主体的な参加型社会として再構築する提言といえよう。

　第二に、経済学・社会政策的なアプローチで「共生社会」のあり方を論じた橘木俊詔らの論考があげられる[11]。社会福祉制度が低水準の日本で、自助、共助、公助の視点から共生社会の課題をとらえ、長時間労働、格差社会、家族の絆の弱まり、社会保障制度の不十分な実態から人々が安心して暮らせる社会のあり方を問いかけている。脆弱化する家族と共生関係の必要性、日本社会の伝統としての共助・共生の経済発展、民主主義的な市民参加のあり方を考察し、生活、社会的関係性、経済、行政など日々の暮らしの営みを支える社会構造から「共生社会」に向き合う必要性を提起している。橘木らの論考は、EUの「社会的包摂」のとらえ方にもつながり、経済、社会制度、市民社会の諸課題をふまえた新たな社会展望を示している。

　第三に、共生社会システム学会創立10周年を記念して刊行された『共生社会』（Ⅰ・Ⅱ）は、総合的な「共生社会」の学際的研究として注目される。ここでは「共生社会」研究の視点を以下のように規定している。「『共生』とは、多様性のなかの平等性や持続可能性を確保・向上するための実践のあり方であり、その前提には言語・文化・風土等の異質性・多様性の尊重がある。実践の対象には、人間と自然、人間と人間（社会）、人間と文化（風土）との関わりがある。また『共生社会』とは持続可能で真に平和で平等な社会の構築のための実践的協働社会のことである。実践の担い手は、異質性・多様性を尊重する自由な諸個人であり、また諸個人が共同的に結びついた集団・組織である。」[12]

　本書には多くの学際的論考が収録されており、地域・農村都市問題、持続可能性と教育、ナショナリズム、自然と人間の共生、生物学、認知科学的な「こころ」の理論、歴史的な生活様式、経済学的な土地・自然の問題が論じられている。『共生社会』Ⅱ巻の総論「共生社会への道」では、1980年代以降の国連の諸会議で国際的合意が進められてきた「持続可能な発展」をベースに新しい

社会へのパラダイム転換の必要性を指摘し、「地域・地方の再生」「〈農〉の再生と自由貿易主義」「他者との共生と人間の持続可能性の確保」の三つの課題をあげている。

　これらの研究動向から、「共生社会」への探究は主に三つの視点でとらえることができる。ひとつには貧困・格差問題と社会的包摂という福祉政策・制度のあり方である。二つ目には多元的経済社会構造をもつ社会システムが問われる。そして三つ目にグローバルに人類と自然との共生をベースにした持続可能な社会のあり方が問われている。多様性の認識を深め、地域での具体的な課題に向き合いながら、当事者としてこれらの課題を共有する過程が重要性をもつ。

　同時に『共生社会』Ⅰ巻の総論で述べられているように、「共生」という日本語が、人間─自然関係と人間─社会関係を一体関係としてとらえる用語であり、外国語に翻訳しにくい独自性、あるいはあいまいさをもつことも見落としてはならない。「共に生きる」という倫理的な行動規範が政策的に強調されることによって、公的責務を市民に代替させる互助の国家的誘導となる可能性もある。同調性ではなく真の連帯、課題解決を主体的に切り拓く市民活動組織の自立性と協同性、民主主義社会を発展させる自発的な社会参加、相互に目的を共有して活動する協働の力量の形成が問われている。

2-4　「地域共生社会」への政策ビジョン

　2010 年代以降、厚生労働省の社会福祉政策を基軸に「地域共生社会」の実現を目指す地域政策が推進されつつある。民主党政権において「新しい公共」宣言が出されたことがひとつの転機となったが、2016 年に安倍内閣で「ニッポン　一億総活躍プラン」が閣議決定されたことにより、「地域共生社会の実現」にむけた政策が本格的に始動した。この決定にもとづき「我が事・丸ごと」地域共生社会本部が設置され、2017 年には社会福祉法が改正される。改正社会福祉法では、市町村における包括的な支援体制の整備が規定された。従来の国家的基準にもとづく社会保障制度にとどまらず、「誰もが支え合う地域」、日常生活圏におけるセーフティネットをそれぞれの自治体が目指すという新たな地域福祉の展開であるが、同時に地域による格差も懸念されている。

　2019 年には地域共生社会推進検討会（座長　宮本太郎）による「地域共生

社会に向けた包括的支援と多様な参加・協働の推進」の最終報告書が出されている。ここでは、従来の福祉制度の対象別対応では解決しきれない生きづらさやリスクの複雑化、多様化という状況認識にもとづき、災害時の支援ニーズ、外国人や性的マイノリティなどの多様性を受け止める地域、社会の力をどう高めるかという問題が提起されている。地域福祉政策における専門職の伴走型支援と住民のつながりによるセーフティネットの強化、多様な主体との連携、社会参加への支援にむけて地域づくりへの視野が重視されている。住民同士の交流の場づくり、地域のプラットフォームづくりのコーディネート機能、地域の持続可能性をめぐる市民活動組織の役割とともに、保健、医療、福祉、子育て支援、労働、教育、年金、若年層支援など多部局の行政の協力・連携体制が求められている。

　現代の日本社会では、都市化の過程で個人主義的なライフスタイルの定着によって日常生活圏での住民同士のつながりが弱まっている。さらに仕事や生活について自己責任が強調され、それぞれが自らの生活の維持に追われて、ボランティアへの関心をもつ余裕がないという状況がある。「地域共生社会」の実現にむけて市民の自立性と相互の連帯を広げていくうえで、自己教育・相互学習による担い手形成の問題が鍵となっている。

3　共生への学びの探究

3-1　共生への学びの国際的動向

　共生への学びについての国際社会の関心の広がりは、1970年代のイヴァン・イリイチの『コンヴィヴィアリティのための道具』がひとつのきっかけとなった。イリイチは「大量生産の限界なき成長が環境を敵対的なものにし、社会の成員が固有の能力を自由に行使することをできなくさせ、人々をたがいに切り離して人工的な殻に閉じ込め、極端な社会の分極化と分裂的な専門化を促進する」ことによって社会が破壊されると、現代産業社会の危機的な状況を警告した。この危機を打開するうえで、イリイチは「自立共生」（conviviality）を基本的視点とする人間社会の復権を説く。「自立共生」とは、「各人のあいだの自立的で創造的な交わりと、各人の環境との同様の交わり」であり、「人間的な

相互依存のうちに実現された個的自由であり、またそのようなものとして固有の倫理的価値をなすもの」ととらえられている[13]。

イリイチは、産業社会の生産を担う人間育成に対して学校教育が終わりなき強制となっているとして、「脱学校化」の必要性を強調する。著書『脱学校化の可能性』では、学校が「既成の秩序を再生産するように仕組まれた組織的な事業体」であり、人々の「自己の学習」を疎外してきたとして、「学習者の自律性」「自分のやりたいことを学習する」ことを譲り渡すことのできない権利であると主張している[14]。イリイチによれば、危機的な産業社会を転換させる人間の力量は、学校外で互いに学び合う自律性と自立共生をよりどころとして形成されるのである。

このような「自立共生」の学習観は、パウロ・フレイレの『被抑圧者の教育学』で対話的な人間形成と課題解決教育が提起されたこととも関連性が深い[15]。欧米的な文明の基盤となってきた学校普及型社会に対して、生活の中での学び合い、社会的弱者の相互の対話、課題解決のための共同の学びの可能性が拓かれつつあった。

1985 年、ユネスコ第 4 回国際成人教育会議で採択された「学習権宣言」では、万人の基礎的な学習への権利をより発展的にとらえ、創造する権利や集団の力量を発展させる権利など 21 世紀をみすえた新たな視点が明記されている。さらにユネスコ「21 世紀教育国際委員会」報告書『学習——秘められた宝』（1996 年）では、人間の生存の持続可能性が問われる 21 世紀に求められる学びとして「共に生きることを学ぶ」（learning to live together）がもっとも重要な学びのあり方であるとしている。「それは他者とその歴史、伝統、価値観などに対する理解の増進と、それに基づいた相互依存の高まりへの認識と、将来の危機や諸問題に対する共通の分析に支えられて、人々が協力したり、不可避な摩擦を知性と平和的な手段で解決できるような新たな精神を創造する」学びである[16]。

21 世紀的な「共に生きることを学ぶ」原理は、国連の提唱する SDGs と関連付けられて国際的に共有されていく。このような学びを推進する場として成人教育、学校と連携するリカレント教育、ボランティア・市民活動団体、労働組合、企業の社会貢献部門、NGO など多様な機関・団体との連携・ネットワ

ークの必要性が認識されている。さらに地域で人々が交流・対話する学びの場として公・民のコミュニティ学習センター（CLC）の重要性も指摘される。日本の戦後社会教育の出発点として推奨された公民館も、地域課題に向き合う相互学習の場として国際的に注目され、途上国支援のひとつの方策にすえられている。1990 年代以降のユネスコの報告や国際動向をふまえて、社会教育の「共生への学び」を創造的に探究し、地域と学校の協働を広げていくことが課題とされている。

3-2　市民の「協働学習」の展開と連携・協働のネットワーク

戦後日本の社会教育制度では、地域ごとに公民館を設置し、住民同士が共同学習に取り組むことを通じて、地域集団による身近な地域課題解決、仲間づくりと居場所づくり、学校との連携が進められてきた。しかし、高度経済成長期に、生活の多忙化、高学歴化、消費中心の個人主義的なライフスタイルの広がりなどによって、地域共同体を基盤とする相互学習への関心は薄れていく。

1980 年代以降、従来の地域的な社会教育を転換させる生涯学習政策が国家レベルで推進されるようになった。生涯学習政策は、個々人が自らの関心にもとづいて選択する文化的消費の一環として学習機会の供給を民間分野に拡充することを重視した。カルチャーセンターなどの民間文化産業が学習ニーズに応え、市場として生涯学習が広がりをみる。

2000 年代に入り、公的な社会教育の場では、地域住民の共同学習を育んできた公民館は統廃合・縮小され、指定管理者制度の導入による民間委託も広がる。社会教育の運営に参加してきた組織・団体の基盤も弱体化して、学習者が相互に交流しながら職員と共に実践のあり方を考えるという参加形態を維持することが困難になっている地域も多い。

このような状況下で、自治体の社会教育・生涯学習政策の方向性として、人口減少、高齢化、地方創生、災害の頻発の中での防災教育など、地域づくり・地域課題解決等のさしせまった必要性から、新たな地域学習の模索がなされつつある[17]。2004 年の中央教育審議会生涯学習分科会報告「今後の生涯学習の振興方策」においても、地域課題の解決、地域の教育力の向上の必要性が指摘され、「民間事業者、社会教育関係団体、NPO、地域住民などの関係機関・団

序章　共生への学びの探究　│　11

体」と社会教育行政・施設との一層の「協働」が必要であると提言されている。

　NPO 法制定以降広がってきた NPO・市民活動団体は、「社会教育」「生涯学習」の範疇を超えた「学習する組織」として、共生への学びを創造し、社会に根付かせてきた。日本社会教育学会はプロジェクト研究により、年報『NPOと社会教育』を刊行した[18]。本書の編者である佐藤一子と田中雅文は、1990年代から社会教育の分野で NPO の調査研究を共同でおこない、「NPO の教育力」「学習する組織」の可能性に注目してきた[19]。

　佐藤・田中の NPO 調査では、7 割に及ぶ NPO が一般市民・地域住民対象に学習機会の提供をおこなっており、その内容は以下の 5 つの側面をもつことが明らかとなった[20]。①ミッションの実現にかかわる価値形成的な側面、②課題解決にかかわる提案・政策提言の内容・方法的側面、③事業の質を支える経営開発的な側面、④社会的サービスとして認知されるための専門性や技術・資格・経験などのキャリア開発的側面、⑤相互に連携し、情報や課題を共有するコーディネーター的な集団的力量形成の側面。

　NPO はこれらの諸側面の学習を総合的にすすめる「学習する組織」であり、「協働学習」（collaborative learning）によって「共同性を再構築することをめざして価値観や生き方の共有化と集団的な知の創造」を切り拓いている。特に③〜⑤は、NPO の組織主体としての力量形成にかかわる人づくり・組織の担い手形成をめざしており、公的な社会教育の「受講者・参加者」としての学びとは異なる。講座型の自己教育やグループの共同学習にとどまらず、自らが「学習する組織」の担い手となる「協働学習」へと質的な発展をみているといえよう。

　このような「学習する組織」の生成によって、コミュニティを基盤とする公的な社会教育よりも広く多様な社会的次元で学習機会を提供する新たな主体形成が促されている。従来の社会教育の「共同性・公共性」は、自治体の制度的な保障にもとづく社会教育事業としての相互学習の場づくり、学習機会の提供が中心となっており、住民は個々人の興味関心に応じて自由に参加し、共に学ぶことができる。これに対して NPO・市民活動組織は、ミッションにもとづく協働性と組織的に培ってきた固有の専門性をよりどころとして、非営利的な市民セクターとして地域を超えた発信をして、政策的提案もおこなう。必ずし

12　序章　共生への学びの探究

も幅広い教養的学習ではなく、社会的テーマにもとづく課題解決的な学習という性格をもち、活動の範囲も行政区を超えた圏域、さらには国際的な協力まで多様性をもつ。参加者も組織のミッションに共感し、共に活動に参加しようする市民が多い。このように NPO・市民活動団体は公的な社会教育の公共性に対して、市民の協働に根ざす公共性をもつ「学習する組織」であるということができる。

　大阪ボランティア協会理事長の早瀬昇は、市民活動が行政を超える鍵は「自発性」にあると指摘する。「『私』発で自主的・自発的な活動であることこそは、現代社会で市民活動が注目される核心的な理由」であり、その自発性・共感・主体性を高める主体形成が鍵となると述べている[21]。そして「参加」にもとづく組織づくりをどう進めるかが NPO 組織に問われていると課題も提起している。「やる気」「内発的な動機づけ」「達成感・有能感」「意味付け」など、参加を通じて互いに意欲を高め、納得感をもつことで、さらに参加を続ける意思が生まれる。自発性という各自の自由な意志にもとづく行動精神をどう育んでいくか。自発性、社会参加へのモチベーション、提案する能力などの総体が、早瀬のいう「参加の力」であり、それによって「共生社会」が創意性をもって発展していく。

　「参加の力」を培う教育のあり方として国際的にはシティズンシップ教育という潮流があるが、日本では生涯学習政策として必ずしも本格的な論議はなされていない。早瀬が述べているように、「自発性」は各人が自律的・創造的に発揮する行動の精神であるとともに、市民相互の協働の過程が重要性をもつ。

　2013 年の中央教育審議会生涯学習分科会報告では、地域に根ざす連携・協働のあり方を追求することが「社会教育行政の再構築」の課題にすえられている。さらに 2022 年の同分科会報告は、「共に学び支え合う生涯学習・社会教育に向けて」を提言し、「社会的包摂」を中軸にすえて学びを通じて「人づくり・つながりづくり・地域づくり」の循環を生み出す社会教育の役割が提起されている。連携・協働を通じて「社会教育行政の再構築」をどう展望するか、行政、民間を超えて今問われている課題である[22]。

3-3　学校と地域の連携・協働

1980年代以降、日本の学校では競争・選択・序列化などによって子どもたちが疲弊し、いじめ・不登校問題が深刻化する。学校が子どもたちの学力競争の場ではなく、共に学びあい成長する場として機能するために、どう改革されるべきか、1990年代以降、学校改革論が本格的に議論されるようになる。

佐伯胖・藤田英典・佐藤学共編『シリーズ 学びと文化』（全6巻）は、小学校から高校にいたる各学校段階で、生徒の「協同学習・協働学習」を実現する「学びの共同体」への改革を提起し、先駆的な学校改革論として注目される[23]。第6巻で藤田英典は「共生空間としての学校——学びの共同性の基盤と可能性」において、豊かさのアイロニーとして子どもたちが共同経験を喪失している問題性を浮き彫りにして、学校がどのようにして「きょうどう性」を取り戻すかという基本的課題を投げかけている。具体的には、「仕事を協力し協調し合って行う協同性」、「分業体制・役割体系において協力し合う協働性」、「集団に参加し、集団の人間関係や規範を支え担う共同性」、「共通の文化と想像の共同体という文化的共同性」をあげ、集団を基盤とした人間関係の豊かさを生み出す必要性を説いている。

佐藤学は「学びの場としての学校——現代学校のディスクール」で、デューイの実験学校やイリイチの脱学校論、特にイリイチの「学習ネットワーク」の提起を重視する。オープンスクールやフリースクールなどの実践をふまえて、佐藤自身が関わってきた「学びの共同体」としての学校づくりの全国的な実践の広がりをもとに、学校を内側から変えていく課題が提起されている。教室の学びを子どもたちの個々の学びから小さな共同体的な実践へと広げ、自律的な「学びの共同体の再構築」を目指す。「親や市民が教師と協力して教育活動に参加」し、「協同の公共的な事業」として学校のあり方を内側から変えていくことによって、学校組織の構造と教育行政との関係を民主化する方向性が示されている。

このシリーズでは、学校における子どもたちの学習が個別的な学習から集団的な営みへと変わること、そこにおける学びの協同性・協働性の深まりが学校の組織構造や教育行政のあり方を改革していく展望が示されている。地域との関わりは重視されているが、あくまでも子どもたちの学びの集団性、それを導

く教師の高い専門性、そしてそれを保障する学校運営の問題が問われている。この視座は、今日の教師の多忙化、疲弊という現実のもとであらためて重要性をもつといえよう。

危機的な学校の状況の改善策としてゆとり教育、学校週五日制などの教育政策が動き出していたが、2000年に内閣総理大臣の私的諮問機関である教育改革国民会議によって「教育を変える17の提案」がなされた。この提案で家庭教育の重要性や青少年の奉仕活動の必要性、新しいタイプの学校（コミュニティ・スクール等）の設置促進とともに教育基本法改正が提言された。改正案における愛国心の強調、戦後の教育基本法の自発的精神を否定するような国家的教育目標の列挙などをめぐって多くの団体や教育系学会による反対意見表明がなされたが、教育基本法は2006年に全面改正された。この改正により、「家庭教育」、「学校、家庭、地域及び地域住民等の相互の連携協力」等の条項（第13条）が新設された。教育基本法改正を受けて、社会教育法にも「学校、家庭及び地域住民その他の関係者相互間の連携及び協力」の条文（第3条3）が新たに規定された。この改正にもとづき、教育委員会の生涯学習・社会教育担当部局は、学校と地域の連携・協働を主要事業のひとつとして推進することになった。

2015年の中央教育審議会答申「新しい時代の教育や地方創生の実現に向けた学校と地域の連携・協働の在り方と今後の推進方策について」では、地域の教育力の低下を重要な課題ととらえて「学校と地域の連携・協働」の必要性を強調している。コミュニティ・スクールをすべての自治体に導入して地域学校協働本部を設置し、コーディネーターの配置によって各学校段階、自治体関係部局とも連携することを可能にする。目指すべき方向性として「地域と学校がパートナーとして、共に子供たちを育て、そのことを通じて共にこれからの地域を創る」ことがあげられた。これによって「連携・協働」を発展させて「個別の活動から総合化・ネットワーク化」をはかることが方向付けられている。

2024年には小中学生の不登校34万6000人、いじめ件数が73万2000件と過去最多となった。学校と地域がどのように連携し、子どもたちの学びが協同学習・協働学習として深められていくか。子どもたちが共に生きることを学ぶための方策がどうあるべきか、重要な今日的課題となっている。

4　本書の構成と課題

　共生への学びの探究の過程と提起されている諸課題をふまえて、本書では以下の四部構成によって実証的な検討と考察をおこなうこととしたい。

　第Ⅰ部「共に生きることと学習権の保障」では、市民相互の支え合いによる学習の創造を通じて人々の自立と共生の相互関係、学習権保障の新たな制度化が促されてきた過程に注目する。社会的排除と社会的包摂、社会的弱者の自立支援を推進する市民活動組織の相互の連携の広がりから、「共に生きること」の実践的な展開過程で、学習権の保障が新たな課題として求められている動向について考察する。

　第Ⅱ部「市民活動組織が育む共生への学び」では、市民活動組織の広がりを教育・学習分野、教育・福祉分野、社会的協同組合分野の三つの領域で検討する。行政の生活保障を社会的な共生関係としてより豊かにする市民活動組織の相互の繋がりのもとで、共生への学びが深められている実態をふまえ、学びの公共空間を市民活動組織の連携・協働によって構築する可能性を提起する。

　第Ⅲ部「地域学習の展開と社会教育の再構築」では、地域再生、持続可能な地域づくりを目指す住民主体の地域学習の展開をふまえ、社会教育の意義と課題を考察する。自治体合理化の下で公民館を首長部局に統合する動きが広がり、社会教育制度の弱体化が進む一方で、地域づくり・地域振興の必要性から住民参加と相互学習が求められている。こうした矛盾構造の下で、共生への学びの広がりによって問われる社会教育制度の再構築、社会教育施設の新たな機能、住民自治組織との連携の可能性と課題を問う。

　第Ⅳ部「学校と社会の協働」では、学校・高等教育機関と地域との連携によって育まれる学びの創造的発展の多様な取り組みと可能性を明らかにする。地域づくりをみすえた学校と地域の協働、社会に開かれた高等教育機関による勤労者・市民・学生の学びの創造、学校と社会の協働による教育制度改革の展望をみすえ、課題を提示する。

　以上の四部構成により、市民の協働に根ざす共生への学びの構築の意義と可能性を問うことが本書のねらいである。

1) 宮本みち子『若者が〈社会的弱者〉に転落する』（洋泉社、2002 年）

2) 湯浅誠『反貧困——「すべり台」社会からの脱出』（岩波書店、2008 年）、213 頁

3) 中村健吾「EU における『社会的排除』への取り組み」国立社会保障・人口問題研究所『海外社会保障研究』（No. 141、Winter 2002）

4) 金子郁容『ボランティア——もうひとつの情報社会』（岩波書店、1992 年）

5) 内橋克人『共生の大地——新しい経済が始まる』（岩波書店、1995 年）

6) 金子前掲、65 頁、87 頁

7) 内橋前掲、3-4 頁、42-43 頁

8) 早瀬昇『「参加の力」が創る共生社会——市民の共感・主体性をどう醸成するか』（ミネルヴァ書房、2018 年）

9) 黒川紀章『共生の思想——未来を生き抜くライフスタイル』（徳間書店、1987 年）、井上達夫『共生の作法——会話としての正義』（創文社、1986 年）

10) 宮本太郎『社会的包摂の政治学——自立と承認をめぐる政治対抗』（ミネルヴァ書房、2013 年）、同『共生保障——〈支え合い〉の戦略』（岩波書店、2017 年）

11) 橘木俊詔編『共生社会を生きる』（晃洋書房、2015 年）

12) 尾関周二・矢口芳生監修『共生社会』Ⅰ・Ⅱ（農林統計出版、2016 年）、Ⅰ「はしがき」iii 頁、Ⅱ「総論」23-25 頁

13) イヴァン・イリイチ著、渡辺京二他訳『コンヴィヴィアリティのための道具』（ちくま書房、2015 年）15 頁、39-40 頁（Ivan Illich, *Tools for Conviviality*, New York, 1973）

14) イヴァン・イリッチ著、松崎厳訳『脱学校化の可能性——学校をなくせばどうなるか?』（東京創元社、1979 年）、8-9 頁（Ivan Illich, et al., *After Deschooling, What?*, New York, 1973）

15) パウロ・フレイレ著、小沢有作他訳『被抑圧者の教育学』（亜紀書房、1979 年）（Paulo Freire, *Pedagogia do Oprimido,* Brasil, 1970）

16) ユネスコ「21 世紀教育国際委員会」報告書、天城勲監訳『学習——秘められた宝』（ぎょうせい、1997 年）14 頁（*Learning: The Treasure Within*, Report to UNESCO of the International Commission on Education for the Twenty-first Century, 1996）

17) 佐藤一子編『地域学習の創造——地域再生への学びを拓く』（東京大学出版会、2015 年）参照。

18) 日本社会教育学会編『NPO と社会教育』（東洋館出版社、2007）

19) 佐藤一子『生涯学習と社会参加——おとなが学ぶことの意味』（東京大学出版会、1998 年）、同編『NPO と参画型社会の学び——21 世紀の社会教育』（エイデル研究

所、2001 年）、同編『NPO の教育力──生涯学習と市民的公共性』（東京大学出版会、2004 年）など参照。

20）佐藤編前掲『NPO の教育力』、6 頁

21）早瀬前掲、第 5 章「『自発性』の持つ力──市民活動は行政を超える」、第 9 章「『参加』が進む組織づくり」参照。

22）中央教育審議会生涯学習分科会『第 6 期中央教育審議会生涯学習分科会における議論の整理』（平成 25 年 1 月）、同『第 11 期中央教育審議会生涯学習分科会における議論の整理』（令和 4 年 8 月）

23）佐伯胖・藤田英典・佐藤学編『シリーズ 学びと文化』（全 6 巻、東京大学出版会、1995 年-1996 年）、第 6 巻の 1 章・2 章、および藤田英典『教育改革──共生時代の学校づくり』（岩波書店、1997 年）、佐藤学『新版 学校を改革する──学びの共同体の構想と実践』（岩波書店、2023 年）参照。

第Ⅰ部

共に生きることと学習権の保障

第Ⅰ部　共に生きることと学習権の保障

第Ⅰ部では、多様な主体の人権・学習権の保障にとりくむ市民活動と制度構築の過程を浮き彫りにする。第1章では子どもの発達保障と地域のネットワークの広がり、第2章ではユースワークの実践から若者の参画と世代を超えた対話の関係づくり、第3章では障害を持つ人々の参加の支援、第4章では基礎教育機会の保障と多文化共生社会を主題とし、これらの課題の探究を通じて育まれる共生への学びについて考察する。

第1章

子どもの発達保障と子ども・子育てネットワーク

森 本　扶

1　子育て・子育ちの学習権保障

　子育て・子育ちの共同化が社会課題となって久しい。子育て支援や居場所づくりの制度や施設は整ってきているが、どうすれば親や子どもにそれが届くのか、自治体や各現場は頭を悩ませている。筆者は以前、「個々の家族では抱えきれない子育て・子育ち上の課題がどんどん表面化する中で、個別ニーズに即したケアやサービスをおこなうソーシャルワーク的活動がこれまで以上に必要になっている今日だからこそ、それだけになお一層、親や子どもをケアやサービスの受給者におしとどめるのではなく、暮らしの再構築を志向する主体者として地域住民と交流し、学びあえるような機会や場をつくっていかなければならない」[1]としたが、そもそも「ケアやサービスの受給者」になってくれないと活動の担い手としても何もできない。悩みや不安を抱え親も子どもも孤立しているとの調査は多いが、一方で他者とのかかわりは煩わしく感じるとの調査も多い[2]。筆者の見聞の範囲だが、子ども会やPTA、学校の特別活動は、コロナ禍で活動がスリム化されたケースも多いという。かかわりが煩わしいところにコロナは"渡りに船"だったのだ。大学生をみていても「マスク生活やオンライン授業生活の方が人と接しなくてもいいので気が楽」という雰囲気が支配的だった。総じて「できれば子育て・子育ちは自分の家庭、または自分のみで完結させたい」との感覚が極論ではない時代になっている。分断社会に自己防衛的に順応する中で、他者とかかわることへの期待や希望が減退しているのであろう。それが近代家族の宿命だと言ったらそれまでだが。

　しかし親密圏やソーシャルキャピタルの議論を持ち出すまでもなく、やはり子育て・子育ちはかかわりがないとうまくいかない。「トイレトレーニングは

どうしたら？」と戸惑う親に必要なのは YouTube だけでなく、多様な親との会話だ。ワクワク・ドキドキの遊びを共有した仲間との絆は"コスパ"で測れるものではなく、他に代えがたい。隣近所で交わされる「おはよう」との何気ない挨拶が心身を支えることもある。こうしたことを多くの人に実感してもらわないといけない。気兼ねや煩わしさをこえて人とかかわる、共同することに大きな意味があると理解してもらわないといけない。自分とは違う人を認め、受け入れることを当たり前にできるようになることが子育て・子育ちの幸福度を上げると感づいてもらわないといけない。さらにこのような感覚を地域に広げ、地域の教育力を底上げし、子育て・子育ちの権利性として制度にもつなげていかなければならない。これはまさに生涯学習であり、フォーマル、ノンフォーマル、インフォーマルのすべての形態における学習である。本章では、こうした子育て・子育ちの今日的学習権保障の問題に立ち向かい、未来を切り拓いているエポックメイキング的な事例を取り上げ、市民活動が主導する「共生への学び」の内実とその成立条件を考察する。

2　子ども・子育て支援施策の光と影

1990 年の「1.57 ショック」に始まる少子化への危機感をきっかけに、これまで数々の子ども・子育て支援施策が策定されてきた。初期は母親支援の保育事業中心であったが、徐々に「地域における支援」、「子ども・若者の体験活動・自立支援」の観点も加わり、「子ども・子育てビジョン」（2010 年）からは「『少子化対策』から『子ども・子育て支援』へ」を位置づけ、「子ども・子育て支援新制度」（2015 年〜）でも「全ての家庭を対象に地域のニーズに応じた多様な子育て支援の充実」を掲げるなど、社会全体で子どもと子育てを支える方向へと変化してきた。さらにいじめや児童虐待の深刻化を受け、民間レベル・自治体レベルで子どもの権利思想が広がり、対症療法的な防止条例ではなく問題を未然に予防するための権利条例やオンブズパーソン条例づくりが進んだことも見逃せない[3]。「こども大綱」（2023 年）はこの流れの集大成ともいえ、子どもの権利保障を大前提に、子ども・子育て支援に子どもの居場所づくり・参画や貧困対策もあわせてとりまとめたものとなっている。

こうした継続的・包括的な支援を実現するためにいま大きな課題となっているのは、子どもや親の声を聴きつつ関係機関や団体が連携・協働していくこと、つまり子ども・子育てネットワークをどうつくるか、である。多くの政策文書では、縦割りや支援対象別を超え、情報共有・役割分担して支援を協働化していくことが課題に掲げられている。

　しかしその実現は困難を極める。根本的には、家庭教育支援条例づくりに象徴される子育ての家庭責任を強調する価値観とのせめぎあい問題、加えて、各組織間での運営上の価値観・形態の相違、コーディネート役割がうまく機能しない問題、そもそもネットワークの意義が実感として共有されていない問題などがその理由である。たとえば、民間団体の立場からすると、これまで推進されてきた多くの子ども・子育て支援施策は、低コスト・効率的で多様な支援サービスを利用者が賢く使いこなすことを想定して策定されてきたため、各団体は利用者数や安全管理重視の"利用者に選ばれるプログラム"をこなすことがメインになってしまう。そうすると、類似事業を担う各団体の間で待遇や力量の差が生じ、契約条項の中の守秘義務の問題もあり、軽々とは連携に踏み出せない。行政にとっても、縦割りのハードルは依然高く、横断的に課題をとらえる人材が不足しているため、要保護児童対策地域協議会や子育て世代包括支援センターなどの連携の場があっても機能しきれていないことも多い。そうすると結局安易な民営化が促進され、悪循環的に連携が阻害されてしまう。総じて、「ネットワーク＝負担が増える、抱えきれない」というイメージが定着してしまうのだ。

　特定のテーマに光が当たり、実施団体が増え、連携・ネットワークが活性化することもあるが（現在は子ども食堂や学習支援など）、そこに「共生への学び」が根付いているのかどうかは吟味する必要がある。場合によっては、新自由主義的な自助・共助の仕組みづくりに動員されていくなかでの一時的な社会貢献マーケットの活性化で終わってしまう可能性もある。

　このような隘路構造を乗り越えてネットワークを築き維持していくためには、様々な立場を超えた社会的連帯が不可欠である。つまり、当事者や支援者各々が自律的に子育てをする、または自律的に子育てを支援する主体として立ち上がり互酬性を築いていく局面を経なければいけない。それはおそらく子育て・

第1章　子どもの発達保障と子ども・子育てネットワーク｜23

子育ちの権利性、つまり子どもや親の権利、そして市民が子育て・子育ちにかかわる権利の考え方が礎となろう。そして同時に重要なのは、上記のシステム上の阻害要因を打開していく手法を編み出すことだ。ネットワークを建物にたとえるならば、社会的連帯は土台や周辺環境の整備であり、打開手法は設計・建築・メンテナンスである。土台や環境を整えて安心してはいけない。何を礎にどの範囲で連帯を築き、どういう計画でどのタイミングで手法を磨くか。こうしたことが学びの問題としてするどく問われる。

　以下では、三つの類型に分けて事例を分析する。第一に、一つの団体が軸となって自治体全体のネットワークを形成していく例（冒険遊び場の会）、第二に、多くの団体をつなぐ中間支援団体がネットワークを形成していく例（小金井子育て・子育ち支援ネットワーク協議会）、最後に、地域の一商店が軸となって新しい形の地縁的ネットワークを形成していく例（気まぐれ八百屋だんだん）、である。

3　隘路構造を乗り越える子ども・子育てネットワーク

3-1　「遊び場づくり」の追求から子ども・子育てネットワークのプロデュースへ

①循環構造や相乗作用のある事業展開　認定特定非営利活動法人冒険遊び場の会（東京都国分寺市／以下「遊び場の会」）は冒険遊び場だけでなく、公園での遊び場・居場所づくり、子育て支援、中高校生や多世代交流のためのカフェづくりなど幅広い事業を国分寺市全体をフィールドに行っている。そもそもの出発点は、知育偏重の子育てや教育をとらえ返し、子どもたちの成長に欠かせない「遊び」を復権させることであったが、そのためにはまち全体が遊べる環境にならなければ、さらに、親や住民の遊びへの理解を深めそれぞれがつながり地域で子育てする環境をつくらなければ、と活動が伸び広がってきた。

　したがって、各事業は別々ではなく循環があり、それゆえの相乗作用がある。子育てに悩むある母親とその赤ちゃんは、駅前で行きやすい常設室内型の親子ひろば「BOUKENたまご」[4)]で"ママ友"ができ、誘われて公園での"週１外遊び事業"「青空ひろば」に参加し、その後常設冒険遊び場プレイステーショ

ン（以下「プレステ」）に行って自主保育グループをつくろうとするかもしれない。ある小学生は、退屈だなぁと公園を通りかかったところでたまたま青空ひろばに出会い、木材工作にはまり、プレステにやってきてわんぱくな仲間ができ、いずれは大型基地を建てるかもしれない。ある中学生は、スケートボードができる場所を探してプレステにたどり着き、学校に行けないストレスをスタッフにぶつけながらも、中高校生のための「夕暮れカフェ」で気のおけない仲間に出会うかもしれない。しかも各空間はそれぞれが共存しうる場なので、互いに警戒しながらもひょんなことから理解し合い、小中学生が小さい子をいたわり親子がかれらを温かく見守る関係が生まれるかもしれない。スタッフはこのような循環構造や相乗作用を常に促進させようとしている。

②NPO主導で育む行政との協働　この仕組みをつくりあげていく上で遊び場の会がこだわってきたのは、自らが主導して事業を創造すること、そしてそれを行政との協働事業にしていくことである。現在プレステの運営も含め事業のほとんどは市からの委託形式である。しかし、それらは元々遊び場の会が自主事業として立ち上げたものがほとんどであり、実績を積んでそれを期間限定の提案型協働事業として市の事業に組み込み、その後公募型協働事業として安定化させてきた経緯がある。つまり、市民の自主的な活動を市が応援している程度の扱いを、徐々に正式な市の主催事業に変えていったのだ。

　たとえば、市内10か所の公園で行われている「青空ひろば」は、1992年に始めた「プレイ・キャブ」（2か所の公園で週1回／その後「プレイキッズ」に名称変更）がスタートである。最初は各種助成金をもとに運営し完全自主事業の時期もあったが、参加者も増えて評判となり、2002年には提案型協働事業の「移動児童館」として、2009年には公募型協働事業の「子ども野外事業」として市から委託されるようになった。そしてそこに、2000年から始めていた公園での子育て支援事業「ブンブンひろば」を統合させ、紆余曲折ありつつ2017年には現在の公募型協働事業「青空ひろば」として委託されている。こうして週1回ではあるが、事業が午前から午後まで一日開催されている公園が増え、異世代交流とともに「循環構造や相乗作用」が促進されている。地域で子育てする環境が確実に育っているのだ。

第1章　子どもの発達保障と子ども・子育てネットワーク　25

理事の角麻里子は「結局陳情や署名やプラン作成などによって社会を動かそうというやり方より、実際の活動を行っていくことの方が効果があると分かった。マスタープランでは行政が動かなかったのに対し、活動そのものの中で話し合い、一緒に考えたりする中で連携も生まれ、新たな価値も生み出すことができた。活動の中での信頼関係によって様々な行政計画に取り入れられることが分かった」という。補完性原理にもとづく協働のあり方は、NPOが主導した実際の事業の中でこそ育まれやすいのだろう。

③地域全体を巻き込んだ学習活動　遊び場の会はこうした成果を得るために様々な学習活動を行っている。普段からの徹底的なスタッフ熟議はもとより、定期的なスタッフ研修（新人・現任・事業担当者のレベル別で年に計10回ほど）、必要に応じての調査（遊び場調査、公園カルテ、子育てニーズ調査、子ども会議、先行実践調査など）を行い、それを年度報告書や数々のレポートにまとめて行政にも提出している。またスタッフを定期的にローテーションすることで、地域性の違いや各事業間の循環性を理解させ、地域の公共的事業を担う意識を醸成している。

さらに、利用者や地域の関心のある人々を対象としたプレイリーダー講習会を毎年行っており（1999年〜）、地域理解を広げ新たなスタッフやボランティアを生む基盤になっている。そして「国分寺市職員NPO派遣研修」（2017年〜）という事業を他団体と協力して行政事業化することで、市職員とNPOが「安心して話せる関係」となり両者の信頼関係は深まっている。市職員の満足度も高く参加希望者も増えており、研修受け入れ団体も10団体を超えている。スタッフだけではなく利用者や行政職員も巻き込んだ学習活動を通じて、地域課題共有の場を創出し子ども・子育てネットワークの公益性を広く地域全体にアナウンスしているのだ。

④子どもと一緒にハードルを乗り越えて得た協働の思想　こうした開拓的でパワフルな組織体制をリードしてきたのは、1980年代半ばより自主保育で共に活動してきたメンバーたちである。「のびのびと子どもを遊ばせたい！」との思いで、公園に「土の山」を作ってほしいと市の担当課に電話したことが地域を

意識する始まりであった。子どもや地域の人も参加して、2年越しの話し合いを経て「土の山」は実現するが、そこで得た自信と皆で公園をつくる楽しさは以降の活動の「DNA」だという。その後冒険遊び場を知り、地域のあちこちでこのような遊び場が欲しいと行政に訴えたが簡単ではなく、それはなぜかを追究する過程で、行政にプランがないだけに自ら働きかけていく余地が十分にあること、そしてそのために調査や学習を重ねる必要があることなどを教訓として得ていく。また、子どもたちにも「意見が反映される道筋」を知ってもらおうと、子どもたちと市職員による「遊び場子ども会議」（1994〜96年）を企画する。子どもの一言一句を大切に記録し市職員や市民に配布するなどした結果、子どもの意見が取り入れられた公園がつくられた。地域で働くことを子どもと一緒に体現したこの経験も今につながっている[5]。

　そして何といっても、こうした会の姿勢を支えているのは日々の冒険遊びそれ自体である。プレイリーダーは、挑戦の対象となるリスクとともにある遊びが子どもたちを成長させることをよく知っている。だから、子どもを尊敬し見くびらず、子どもと真剣勝負で対峙するし、日々生じるけがやけんか、近隣トラブルなど数々の問題に対しても、会全体で受け止めて対応し、そこから新たな可能性を引き出そうとする姿勢がいつもある。困難を力に変える協働の思想は、このようにして育まれているのであろう。

3-2　市民目線の情報収集・発信による子ども・子育て支援の協働体制づくり

　①子ども・子育て関連情報の一元化と発信力の強化　遊び場の会のように一団体が軸となってネットワークを築く例は数少ない。一方で、行政や子ども・子育て支援に関わる関係機関・団体が協力し、関連情報について共有できる体制を整えてネットワークを築く例は近年徐々に増えている。ただ、その活動内容が連絡会やイベントの開催程度にとどまっていたり、Webサイトをつくっても十分活用されないなど、市民にその成果が還元されていないケースが多い[6]。

　東京都小金井市では、110を超える団体（小金井市子ども家庭部子育て支援課、東京学芸大こども未来研究所、NPO、市民団体、保育園、幼稚園、医療機関、塾や習い事事業者など）が加入する市民協働のネットワークが地域の子育て・子育ちを支えている。運営する小金井子育て・子育ち支援ネットワーク

協議会（以下「ここねっと」）の主な特徴は、当事者や市民目線の Web サイトづくりを通した関連情報の一元化、情報発信力の強化にある。

　子育て・子育ち支援サイト「のびのびーの！」では、加入団体や他関連団体のイベント・講座・習い事情報がカレンダーに集約され、各案内をすぐ確認できる。また、それらの体験談や各団体担い手の人物紹介など取材記事も多数ある。市内の全公園は写真入りで紹介されており、広さや遊具はもとより、危ない箇所や周辺飲食店情報まで掲載されている。一方、小金井の子どもが居場所を見つけるサイト「えにえに」は高校生・大学生によるユーザビリティ検証を経た子ども目線サイトで、「ぼーっとしたい」「遊びたい」「つらーい助けて」「勉強したい」など気持ちを表すバナーから多様な案内が検索できる。各遊び場・施設の紹介を地図化した「たんけんマップ」もダウンロードできる（紙媒体は児童館や学校で入手できる）。そしてこれらのサイトは常に更新されており、X（旧 Twitter）、Facebook、Instagram の SNS サイトとともに臨機応変な情報発信がなされている。

　この体制は当事者への恩恵だけでなく、団体間の連携・協働による支援力の向上にもつながっている。たとえば「ランドセルを買えない。おさがりが欲しい」との思いを抱えた外国籍親子の情報に対し、すぐにおさがりの申し出が多く入り、ここねっとからも学用品バザーや多国籍カフェの情報を提供してつながっていった。発達障害児向けのダンス教室のチラシが保育士の目に留まり、気になる子へ紹介され、教室と保育園の連携が深まった。サイトを通じて学生ボランティアが多く集まり、現場の人材不足を埋めている。取材記事のための丁寧な情報収集活動自体が支援者同士の信頼関係を深め、団体間の学習活動や交流イベントにもつながっている。また、虐待や障害への対応など一団体では抱えきれない事態が生じた際に、行政や大学などとつながっているここねっとが橋渡しをすることもある。このように、各団体の単純な総和にとどまらない創発的な成果が様々に表れているのだ。したがって自然と加入団体も増えて好循環となっている。

　②**有償労働であることの意味**　このような体制を支える最大の要素は、サイト運営に人件費予算（市補助金より／時給 1200 円）がついていることだという。

若い子育て世代にかかわってもらわないとこうした動きのあるサイト運営はできない。今日、産休中・育休中でもできるワークへの関心は高くコミュニティビジネスへの認知度も高まり、総じて地域活動に関心のある若い人は実は多いが実際に活動する人は少ないという現状において、参加を決断する上で少額であっても有償であることの意味は大きい。つまり、対価があることで気兼ねなく自分らしく公益活動に取り組めるのだ。ライフワークとライスワークを兼ねた生き方を求める若い世代の価値観にあっているともいえようか。結果、多くの子育て世代がサイト運営を支え、人が代わっても継続できている。

　補助金を市から継続的に得られるのは、行政ではカバーできない身近で臨機応変で包括的な情報ネットワークと連携システムをここねっとが築いたからにほかならないが、その他にも要因はある。ここねっとはたとえば、子ども・子育て支援制度の講座企画など新たな国制度の市民への周知や、オンブズパーソン制度のサポート、自治体シンポの運営など、行政がやりたくてもできないコンシェルジュの役割を意識的に担っている。このフレキシブルさがここねっとの存在価値を高めているのだ。会長の水津由紀によれば「まだまだ眠っている情報や資源はある」という。ここねっとの持続可能性は高いといえよう。

　③リアルな共同学習体験を経て　こうした互酬性にもとづく市民協働が実現した原点には、市民活動と行政が直面してきた困難の経験がある。小金井市は元々市民活動が盛んな地域で、「小金井市子どもの権利に関する条例」（2009年）も制定されていたが、各テーマで活動が閉じられて団体が「島宇宙化」[7]することも多く、「一時期瀬死状態だった」という団体も多い。行政に対しても「要求一辺倒」になりがちで、行政側にも「市民活動の実態がつかみにくい」、「要求だけで全体のバランスを理解してくれない」との不満があった[8]。したがって、従来の行政手法では立ちゆかない危機意識を双方が持ちながらも協働は進まなかった。

　しかし、「東京都新しい公共の場づくりのためのモデル事業」（2011〜12年）がその状況を変え、その予算を使いここねっと設立とサイト構築、その他、「小金井子育て・子育ちパートナーシップ宣言」づくりなどを進めたわけだが、市・大学・市民活動団体など多様な担い手が一緒に考え合うこのプロセスが、

2013 年以降のここねっとへの市補助金拠出にもつながり、今に至っている。やはり理念共有だけではないリアルな共同学習体験がネットワークを本物にするといえよう。

3-3 「食」の紐帯が新しい地縁的子ども・子育てネットワークを生み出した

①子ども食堂だけではない多彩な取り組み　遊び場の会やここねっとのように自治体全体を視野に入れたネットワークを築くには、高い専門性と計画性が必要になるため簡単には真似できない。一方で、子育て・子育ちは本来、面識社会におけるお互いさまの共同で成り立っていたことを考えると、閉鎖的で義務感にとらわれがちな従来型ではない、新たな地縁ベースのネットワークを構築することが最も自然な対処法かもしれない。

東京都大田区には、子どもを中心に親世代や高齢者・障害者・行政職員・教員まで、年齢や立場をこえて人々がごちゃ混ぜで集う場、気まぐれ八百屋だんだん（以下「だんだん」）がある。主な事業は週1回の大人も来られる子ども食堂だが、他にも子どものための学習支援、母親や若者のためのパソコン教室・産前産後保健室・お金の勉強会・「おとな図鑑」[9]や、若手行政職員らが集う「ぶっちゃけ飲み会」、教員らが集う「教育居酒屋」など多彩な取り組みを行っている。どの取り組みも、おやつも含めて何らかの「食」をともなっていることが特徴だ。

子ども食堂の草分けとして有名になっただんだんであるが、そもそもは無農薬野菜を扱う地域の八百屋さんであり支援団体ではない。担い手の近藤博子によれば、たまたま買い物客のたまり場となり、人が集まれば自ずと何かを作って食べることに。そこで悩みを聞いたり場所を提供したり人を紹介したりしていたらこうなったとのこと。何とも自然体だ。ただその背景には、人と簡単にはつながれない今日だからこそ見逃せない大きな教訓が以下のようにいくつかある。

②暮らしを可視化し再構築する　だんだんは一般社団法人で人員は3人。ボランティアは10数名。会員制度はなくボランティアの公募もしていない。予算はほぼ寄付で成り立っており、担い手はすべて無償（食材のおすそ分け程度）。

活動エリアはほぼ一小学校区に限定し、事業計画は立てず、定期的な会議や研修もない。多彩な取り組みはあらかじめ計画されたものではなく、その都度ニーズがあって人が集まってつくられていくスタイルである。勉強につまずいた子どもの悩みから学習支援を始め、「給食以外の食事をバナナ1本で過ごしている一年生がいる」との小学校副校長の話から子ども食堂を始め、行政職員や教員は地域資源を知る手段がなく問題を抱え込みがちでメンタルをやられる人が多いと行政から聞いて「ぶっちゃけ飲み会」や「教育居酒屋」を始め、といった具合に。日々の話の中で聞こえてくる困りごとやアイデアをきっかけに思いを行動にしていくのだ。

　近藤のこだわりは、「目の前の人から全てが始まる」ということである。目の前の人を大事にしてその思いに寄り添っていく。介入しすぎずじっくり待ちながら、その人が孤独にならないようにつながりつつ、何かアクションを起こしてこられた時にはさっと手を差し伸べられる準備やネットワークを整えておく。このようなスタンスで取り組みをつくってきた。小規模な体制でできることは限られているため、「小さく始めて検証しながら」、「臨機応変に少しずつ」、「人に頼って共感の輪が広がるように」、「事業をこなす形にならないよう、いつでもやめられるように」やる。自由度が高い一般社団法人で運営し、活動エリアも面識社会内に限定しているのはそれゆえである。行政の教育や福祉の部局をはじめ、社協や民生委員、地域包括支援センター、近隣商店など多くの地域資源とつながり支え合っているが、どれも連携を目的に声をかけたわけではなく、取り組みの中で頼り頼られ、そうした縁で自然につながっていった。

　つまりだんだんの取り組みは、常に日々の暮らしの中にある。そもそも今日、人々の暮らしはなかなか見えないが、「食」の紐帯を通じて気兼ねないかかわりの場をつくり、まず暮らしを可視化していく。そして日々変化する人々のかかわりをよくみる。予想もしないことが起きる場合もある。そうすると優先順位も変わる。それらに対応できる柔軟な体制を保ちつつ、ここぞという時には当意即妙に必要を形にし他資源にも頼る。このようにして地域の暮らしの再構築を図っていく。これがだんだんの特徴といえよう。

③「共食」とネットワーク　自然体であまりシステム化されていないだんだん

第1章　子どもの発達保障と子ども・子育てネットワーク　31

のネットワークだが、それを可能にした要因をもう少し深掘りしてみる。地元の人間ではない近藤が「たまたま声をかけられ」八百屋を始めた時、「何をやるつもり？」という周りの目もあり大変苦労したという。その中で近藤自身がつながりをつくるためにも学習支援や子ども食堂を始め、徐々に手伝ってくれる人と出会い、メディアにも注目され何とかやってこられた。「当事者のやれる力を奪わないように支援する」との教訓もそうした中で培われた。つまり、近藤自身が当事者性と支援者性を兼ね備えながら地縁的ネットワークを開拓してきた経緯があり、そのことが今日につながっているといえる。

　また、だんだんにおいて欠かせない要素は「食」である。そもそも近藤は歯科衛生士であり、現在も八百屋と二足の草鞋を履いている。だんだんのスタート以前より「『歯と食と健康』をつなげた何かができないか」、そして「人の健康のためには、その人を丸ごと知り、寄り添うことが必要」との思いをもっており[10]、多彩な取り組みの原点はそこにある。子どもの「孤食」について問題提起してきた足立己幸によると、「共食・孤食は食事内容だけでなく、生活、人間関係や社会活動とも連鎖している」という。そして「共食」を、人と一緒に食べるだけでなく作ったり話し合ったり食関連情報を受発信するなど「食行動を共有すること」ととらえ直すことで、個人だけでなく家族や地域の「食を営む力・生きる力」も育まれるとする[11]。だんだんはまさにこのような効果を体現しており、「食」の紐帯がネットワークを持続可能にしているといえよう。子ども食堂が全国に広まり制度構築につながったのも、「共食」効果の共有が一要因といえようか。

4　「共生への学び」の成立条件

　子ども・子育てネットワークをつくり、「共生への学び」を醸成し、共生に資する制度構築を実現するには何が必要であろうか。ひとまずの知見を最後にまとめてみたい。

　第一に、当事者の声を暮らしの中で聴くことが重要であろう。遊び場の会は循環構造のある事業で子どもや親の暮らしを支えているし、ここねっとは情報の一元化と臨機応変な情報発信で暮らしを演出している。だんだんは言わずも

がな、取り組みが暮らしの中にある。そうした中で人々の見えにくい思いや困難が自然と可視化され、ネットワークの中で受け止められている。この過程に「共生への学び」が多様に息づいているであろう。

　第二に、いったん居場所に地域を呼び込むことの重要性を挙げたい。多くの現場は、特定のニーズに応えるために、一定程度閉じた居場所をつくって当事者を守り、居心地の良さを確保している。しかし居場所ごと地域で孤立すると活動は停滞する。したがって、地域にひらかれた居場所にしていく必要があるが、その際いったん居場所に地域を呼び込む作業が重要である。遊び場の会はどんどん地域に出ていっているが、むやみに外にひらいているわけではない。冒険遊び場には「逃れてきた子ども」も多く、かれらを守りつつでも外へひらいていくためのしかけとして、「多様な利用者・地域住民に来てもらい、見てもらい、知ってもらう」事業を常に意識している。だんだんもこの場所に多様な人々がやってくることを前提に活動が組み立てられている。つまり、雑多なひとや情報が行き交う空間を居場所内につくることで、気づけば居場所が地域にひらかれ、当事者が出会えるひと・体験・支援の可能性が広がっていくという構造が、「共生への学び」を支えているように思う。

　第三に、支援を社会的労働と位置づけるかどうかの問題に注目したい。先述のようにここねっとでは、サイト運営が有償労働であることでスムーズな運営が実現している。遊び場の会も 40 名をこえる有償スタッフで成り立っている。だんだんは、面識社会内の暮らしで生じる無形の互酬性ゆえに無償で成り立っているが、それはそのように意図して運営している。つまり無形の互酬性が前提ではないテーマ型コミュニティの場合、支援を有償の社会的労働と位置づけて支援者としての自律化・主体化を後押しすることが、運営上、そして「共生への学び」にとっても大きな意味を持つのではないだろうか[12]。

　最後に挙げたいのは、リスクや困難を生かす視点だ。紹介した 3 事例ともに、リスクや困難に直面した時にこそ、それをきっかけに連携・協働を深めネットワークを丈夫にしている。貧困や虐待、不登校や高校中退、活動の中での事件・事故などの様々なリスクや困難を社会的排除の問題としてとらえ、それをテーマにした学習機会を創出したり、行政に働きかけて解決の道を探ったり、運営体制を見直す濃密な話し合いの機会を設けたりして、多様な主体が認識変

容し協働していく。そうしたダイナミズムが「共生への学び」づくりには不可欠であろう。

1) 森本扶「子育て・子育ちと地域づくり」佐藤一子編『地域学習の創造』（東京大学出版会、2015 年、154-155 頁）

2) たとえば、「令和 2 年度『家庭教育の総合的推進に関する調査研究——家庭教育支援の充実に向けた保護者の意識に関する実態把握調査』（令和 2 年度文部科学省委託調査）」（株式会社インテージリサーチ、2021 年）、「孤独・孤立の実態把握に関する全国調査（令和 3 年・4 年人々のつながりに関する基礎調査）」（内閣官房孤独・孤立対策担当室、2021 年、2022 年）など。

3) 子どもの権利に関する総合条例は 2023 年現在 64 自治体。子どもの権利条約総合研究所調べ。

4) 2024 年 3 月まで。その後、支援の必要な親子への食を中心とした活動を模索中。

5) 角麻里子「遊び場子ども会議における大人と子どものかかわり」子どもの参画情報センター編『居場所づくりと社会つながり』（萌文社、2004 年）

6) 厚生労働省令和 2 年度子ども・子育て支援推進調査研究事業「子育て支援ネットワーク構築に向けた調査研究報告書」2021 年によると、国の制度による協議体や単一分野の団体のみで構成されるネットワーク以外の、複数分野をまたぐ子育て支援ネットワークについて、市区町村で「ある」と回答した自治体は 23.7% で、先進事例はあるものの運営上の課題の多さや市民への成果が不透明など、その必要性について十分理解が進んでいない実態が明らかにされている。

7) 同じ価値観を持った人だけが所属するコミュニティが多数存在し、それら同士は交わらない状態。宮台真司『制服少女達の選択』（講談社、1994 年）

8) 山路憲夫「地域における市民協働をどう実現するのか——東京都小金井市の取り組みから」『地域と子ども学』第 4 号（学校法人白梅学園、2011 年）

9) ふだんの生活では出会えない仕事をしている「大人」を招き、お話を聞いたりワークショップを行ったりしながら、子どもたちが色々な働き方や生き方を知る取り組み。

10) 近藤博子「子どもに寄り添う仕事の中で」『子どものしあわせ』5 月号（日本子どもを守る会編、2022 年）

11) 足立己幸「共食がなぜ注目されているか」『名古屋学芸大学健康・栄養研究所年報』第 6 号 特別号、2014 年、50 頁、56 頁

12) 相馬直子・松木洋人編著『子育て支援を労働として考える』（勁草書房、2020 年）

第 2 章
若者の参画と対話を促すユースワーク

生 田 周 二

　ユースワークは、そのまま邦訳すれば青少年活動であるが、そうした訳では本来の役割・機能をくみ取ることができない。それは、社会的存在としての人間が、何らかの自己実現を社会との関わりの中で模索するプロセスの一環でもある。そしてそれは、家庭や学校とは異なったインフォーマルな環境のもとで展開する。

　ユースワークの興味深い点は、一人一人の持っている興味や関心を大切にし、子ども・若者が自分で考えながら自分の可能性を試す自発性にある。また、ユースワークには、子ども・若者を中心にした自発的な活動を見守ったり相談に応じたりしてサポートする専門性を持った人の存在が重要である。こうした参画と対話を大切にする活動の中で、共同の学びが広がり多様な関係性が築かれ共生への学びへとつながっていく。

　ユースワークの特徴は、①若者が子どもから大人へ移行していくプロセスに関わり、②若者の自発性、すなわち思い・関心・願いを踏まえ、③自主的・主体的な活動を活性化し、④若者の個人的・社会的成長のための豊かな場と機会を保障する、⑤非形式的な取り組み、と整理することができる[1]。

1　ユースワークとは：「第三の領域」の活動としてのユースワーク

　ユースワークは、すべての子ども・若者に開かれた、家庭と学校以外の場における活動で、オープンでユニバーサルな側面を持つ。それには、児童館、青少年活動センター、少年自然の家、野外活動センター、プレーパークなどの施設、青少年団体や NPO 法人による様々な取り組みがある。

　また、ユースワークの特別な一分野として、対象を定めた活動も展開されて

35

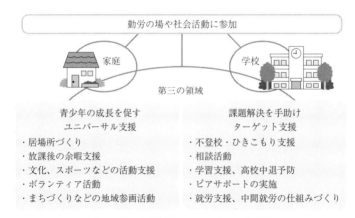

図1　第三の領域とユースワークの布置

いる（ターゲット支援）。子ども・若者の学習支援、就労支援やひきこもり・不登校支援を始めとして、当事者と共に課題を一緒に考えながら伴走型の取り組みを展開している。これは、ユースソーシャルワークと称される。

　ユースワークは、家庭・学校とも連携しながら、しかし家庭（子どもを養育する環境の場）、学校（資格付与を伴う学びの場）とは違ったアプローチで、「子どもから大人への移行」を支え、援助し、見守る「第三の領域」の活動である。前述の通り、図1に示した2つの側面がある。

　・すべての子ども・若者のための活動
　⇒青少年の成長を促す（ユニバーサル支援）
　・不登校などターゲットを絞った支援
　⇒課題解決を手助け（ターゲット支援）

　日本では学校ならびに勤労の場における時間的拘束の長さのため、このような「第三の領域」の位置づけの明確化はなされているとはいえない。しかし、地域や学校においてゆるやかな関わりの中で、安心して「心のエネルギー」を貯めることができる「居場所」の役割が近年認識されつつあり、子ども・若者の成長と社会性の広がりにつながっていく事例が多く寄せられている。

2 ユースワークへの着目の背景

2-1 ユースワークの歴史的理解

ユースワークの歴史は、ヨーロッパを中心に、近代化・産業化の進展の中で18世紀半ばから19世紀初め頃の思春期や若者期の重要性の確認の時期にさかのぼる。まず、地域的あるいは自主的な団体の形成から始まり、政治的、宗教的、労働組合的ならびに官製的な青少年団体の形成（ボーイスカウト、ワンダーフォーゲル、ピオニールなど）へと発展し、さらに地域の文化活動・余暇活動の拠点やオープンドアな空間・居場所としての青少年センターやユースホステルなどの施設づくりが展開される。これらの活動を支援する専門職としてのユースワーカーの養成やボランティア活動の展開がみられるようになる。1970年代以降は、誰にも開かれたユニバーサルなユースワークの存在だけではなく、社会の流動性ならびに移民や難民問題に起因する社会の多文化化や社会的統合の課題に対応するユースワークのあり方（ターゲット支援）が模索される。その中で、子ども・若者のインクルージョンが課題と一つとなり、個々人の問題状況の多様な側面を踏まえた多元的な制度や仕組みづくりが模索される。

子ども・若者支援の取り組みの中で、個人の成長を促す教育的方法論と個人を取り巻く環境の改善を志向するソーシャルワーク的な方法論を架橋するものとして、ユースワークの手法に関心が集まる[2]。

2-2 日本における若者の問題化と新たな展開

第二次世界大戦後1950年代以降の子ども・若者ならびにユースワークに関連する日本の歴史を振り返ってみると、大きく5期に分けて考えられる。

(1) 青年学級振興法（1953～99年）による青年団や公民館での青年教育、後期中等教育（高校）の拡充などの動向と「たまり場」づくり（1950年代～70年代中頃）

(2) 学校外教育の振興、おやこ劇場[3]、羽根木プレーパーク（冒険遊び場）（1979年開設）を始めとする、地域における遊び、文化、自治を大切にする民間の動向（1970～80年代）

(3) 不登校・いじめなど学校からの疎外の現出と居場所論の展開（1980年

代半ば〜90 年代）

（4）ニートやひきこもり、不安定就労の問題化と子ども・若者支援に向けての施策化、ボランティア・非営利活動法人の展開[4]（2000 年前後〜）

（5）ユースワークへの注目、子ども・若者自身の活動の推進（平和・環境問題・地域づくりなどへの関心と活動）（2010 年以降）

とりわけ 1980 年代半ばからの新自由主義的政策のもとで「競争」「活力」「自己責任」が強調される中で、不登校・いじめ問題が現出するとともに、90 年代半ばからは不安定就労の増加、ニート・ひきこもり問題、少子高齢化などの今日的な子ども・若者支援の課題へとつながってくる。家庭、学校、地域（職場を含む）の不安定化は、次のような問題状況である（「子供・若者育成支援推進大綱」2016 年）。

・家庭：ひとり親世帯の増加、子どもの貧困、児童虐待など
・学校：いじめ、不登校件数の増加、特別支援を要する子どもの増加など
・地域社会：近所づきあいの減少、子ども会加入率の減少、地域の見守り機能への期待
・雇用：グローバル化・情報化等による経済社会構造の変化、非正規雇用の増加に伴う不安定化、所得減
・情報通信環境：SNS を介したいじめ、違法・有害情報の拡散、情報モラル教育の必要性

総じて子ども・若者の学びと育ちの個別化・孤立化が進んでいる。個別化・孤立化に関わって、特定非営利活動法人山科醍醐こどもの広場の前理事長の村井琢哉が、とりわけ学校の中で子どもたちが「監視のまなざし」にさらされていることを問題視し、「常に先生たちの評価にさらされている子ども達に対して、そうじゃないまなざしを僕たちが届けない限りは、子ども達が変わらないと思っています」と述べている。学校の持つ縦の関係性や同質的な関係性ではない、地域において異年齢で群れて遊び過ごすような時間的・空間的「余白」のある多元性の保障のため、「子どもが主役になれる、多様な関係性を織りなす環境づくり」を志向している（子ども・若者支援専門職養成研究所「集中学習検討会」2013 年 12 月 7 日）[5]。

日本社会教育学会の年報における変遷をみると、（3）と（4）の時期の取り

組みを踏まえた 2002 年発行の日本社会教育学会編『子ども・若者と社会教育 ──自己形成の場と関係性の変容』（東洋館出版社）では、自己形成空間、居場所、ボランティア活動の役割が着目された。さらに、子ども・若者育成支援推進法の施行（2010 年）を受けた（5）の時期、2017 年発刊の日本社会教育学会編『子ども・若者支援と社会教育』（同前）では、ユースワークの手法、支援者のあり方、社会教育的支援に関する論文が掲載された。

　変遷の背景には、問題への対応として空間的な場づくりや課題解決的なターゲット的支援の発想だけでは対応できないという問題意識があった。時期（5）からのユースワークへの着目は、子ども・若者期の個別化・孤立化に専門性をもって対応する重層的支援の一環である。具体的にどのような取り組みなのか。

3　ユースワークのアプローチ

　ユースワークのアプローチの具体を、青少年施設、NPO 団体の活動、就労支援活動の取り組み、全国組織の動向から見ていきたい。

3-1　公益財団法人　京都市ユースサービス協会

　①ユニバーサルな側面　当協会は、ユースサービス、すなわち「若者の主体的・自主的な行動を促すこと」などにより「子どもから大人への移行を支援」するため 1988 年に設立された。市立青少年活動センター 7 館の指定管理者として各館 5 〜 6 名のユースワーカーで業務を担当している。開館時間は、水曜日を除く平日 10 時〜 21 時、日・祝 10 時〜 18 時である。利用対象者は、京都市内に在住・在学・在勤の 13 歳（中学生）から 30 歳までである。

　たとえば、伏見区にある伏見青少年活動センター（愛称・ふしみん）は、「多文化共生」「居場所づくり」「青年の地域参画」を柱とする活動を展開している。

・中高生の利用も多い「コミュニティカフェ」など、広く明るい空間のロビーアクション
・ロビー空間を活用して、若者を中心にいろいろな年代の人が集い、思い思いに過ごし、楽しく、安心して、美味しい食事ができる「こども・若者食

堂」を始めとする居場所づくり

・海外ルーツの若者の困り感の解決に向けた取り組み「SWITCH」、日本語
学習支援を行う「にほんご教室」などの多文化共生関連の事業

・スポーツルーム（体育館、柔道場）

・自宅にネット環境がない若者を応援するため、小部屋を活用し、オンライ
ン環境（有線 LAN、無線 LAN）を提供する「ふしみん オンライン」

このように、多様な若者が集い主体性を発揮できるユースワークの展開が魅
力となっている。

また、各センターの取り組みは次のターゲット型の事業と関連づけながら展
開されている。

②ターゲット的な側面　協会には、若者サポートステーション（2006 年）、子
ども・若者総合相談窓口・支援室（2010 年）が設置されている。相談窓口・
支援室の主な役割は、来所相談（ひきこもり相談約 6 割、20 代 5 割）、訪問・
同行・電話・手紙・メール・チャットなど状況に応じた支援、連携支援のコー
ディネートである。相談では、支援「する―される」の一方向ではない関係づ
くり、人が本来持っている力の発揮を志向する支援、自己選択・決定を促す支
援などを心がけている。相談窓口・支援室での相談から、次のステップとして、
たとえば中京センターの居場所事業「街中コミュニティ」への参加による人と
の関係づくりや料理・創作などの体験、さらには南センターでの喫茶運営の中
間就労的活動への参加、若者サポートステーションとの連携など、多様で総合
的な展開がなされている。個人対応から、居場所・小集団につなぎ、集団的・
社会的な活動や関係づくりへと、個々人の主体性の輪を広げている。

3-2　特定非営利活動法人　山科醍醐こどものひろば（京都市）

　山科醍醐こどものひろば（1999 年設立）の前身は、1980 年設立の「山科醍
醐 親と子の劇場」である。現在の活動目的は、「地域に住むすべての子どもた
ちが、心豊かに育つことをめざし、地域の社会環境・文化環境がより良くなる
事」である。3 つの側面（子どもの体験・文化・表現活動、子どもの貧困への
対応、地域連携・社会啓発）の活動により、地域のユニバーサルな環境づくり

を志向しつつ、子どもの貧困問題に対応しようとしている。

　この団体のアプローチとして特徴的なのは、先ほど紹介した村井琢哉が述べているスタッフの「何もしない専門性」、それとともに「子どもが主役になれる、多様な関係性を織りなす環境づくり」をする専門性である。「何もしない専門性」は、「普通の人を届けていく専門性みたいなことを大事に」することであり、多様な人々と出会うことができる「人間浴」という言葉とも関連している。

　　大事にして欲しいのは、あくまでも子どもが育つ環境づくりの中で、子どもが主役になれるように言葉を拾う、聞く、行動を合わせていくような取り組みをしっかりやって欲しいということです。多くの場合、地域の中で子ども達は育っていくんですが、出会う大人のバリエーションがとても少ないんです。同じパターンでしか出会わない。（中略）学校の先生以外の大人と出会う機会を、僕たちがどれだけ作れるかっていうことが、実は専門性になったりします（子ども・若者支援専門職養成研究所「集中学習検討会」2013 年 12 月 7 日）。

　こうした関わりを通して、貧困に陥っている子どもたちにも対応している。「何をしたらいいのかわからない状況に陥っているので、孤立感や疎外感をどう打破していくのかに応え、出会いの場や出会える場に僕たちが出向いて行く必要がある」と放課後から夜にかけての居場所づくりの取り組みなど生活を支え、広げる活動を展開している。

　当団体の活動にとって、学校の評価のまなざしとは異なる関係の編み直しならびに構築（人間浴）が重要となっており、そこから子どもたちの主体性・自主性の発露につなげている。

3-3　特定非営利活動法人　文化学習協同ネットワーク（東京都三鷹市）

　子ども・若者支援の歴史をうかがい知ることができる団体である。1974 年より子どもたちの学習支援、93 年よりフリースペース・コスモを開設し不登校児童・生徒の居場所づくりを展開し、99 年に特定非営利活動法人となり、2005 年からは若者支援事業を始め、若者サポートステーションの運営、生活

困窮家庭の子ども・若者支援、さらに 2010 年からは若者の社会参加や就労支援を行い、ベーカリー、IT、農業のソーシャルファームの運営に携わっている。そこで大切にされているのは、「子どもと若者の居場所づくりと学びの創造」である。

理事長の佐藤洋作は、「若者たち自身が生きづらい社会に対峙し乗り越えていく主体へと自己教育していくことを支援」する社会教育的アプローチに着目している。そのアプローチは、対話による次のステップがイメージされている[6]。

1. 若者を孤立から救出する居場所づくり⇒
2. 対話を通して可能になる自己イメージのつくりなおし⇒
3. スタッフも新しい物語づくりに同行⇒
4. 対話から学びへ、批判的学びの創造⇒
5. 語りによる社会との出会い直し⇒
6. 〈良い働き方〉を通した〈働ける自分〉との出会い⇒
7. 働くことを通して、働くことを学ぶ中間就労の場⇒
8. 地域の若者就労支援ネットワークでの学びへ。

以上のプロセスの取り組みを「支援者や仲間との協同実践」として位置づけている。それは、「自らの失った自信や自尊心や社会的機能などを回復していく主体に成長していくプロセスを意味している」。そしてそれは、「キャリア・カウンセリングや職業訓練を施し若者たちの就労意識やエンプロイ・アビリティを高め若年無業者問題を解決しようとする」課題解決型の若者支援施策の対極に位置する。

3-4 ユースワーカー協議会（YWC）ならびに若者協同実践全国フォーラム（JYC）

ユースワークに専門的に従事するユースワーカーについて、公的な養成・資格制度は日本にはまだない。しかし、その名を冠する全国組織が日本には 2 つある。ユースワーカー協議会（YWC: Youth Worker Council）[7]と英語表記にユースワーカーが入っている「若者協同実践全国フォーラム」（JYC: Japan Youth and Youthworker Cooperation Forum）[8]である。

YWC は、ユニバーサル支援を志向する、さっぽろ青少年女性活動協会、よこはまユース、名古屋ユースクエア共同事業体（2022 年度まで）、京都市ユースサービス協会、こうべユースネットの 5 団体に所属する職員を中核として 2019 年 7 月に発足した。その目的は、「ユースワーク（若者の成長支援）に関わるスタッフの、実践交流による専門的力量の向上と実践の言語化（エンパワメント）を進めるとともに、その社会的認知を拡大していくこと」である。筆者が関係する子ども・若者支援専門職養成研究所[9]での研究活動とも連携しつつ、専門性の検討、養成・研修講座の実施を展開している。

JYC（2017 年 11 月発足）は、2005 年結成の「若者支援全国協同連絡会」をルーツとし、「若者の置かれる不利な状況を起点にして、社会的孤立・排除の課題に向き合う実践者（支援者・当事者・家族・研究者・行政関係者・市民等）の実践や思いを交流しながら、若者が地域の主体となる実践とその交流・研究を支える場づくり」を目的としている。毎年、全国若者・ひきこもり協同実践交流会を開催している。不登校、ひきこもり支援、就労支援などに見られる「支援―被支援」の関係性を協同実践という視点で捉え直そうとする運動である。佐藤洋作の文化学習協同ネットワークもこのフォーラムに深く関与している。また、JYC は教育機会確保法（2016 年）に関連する権利としての基礎教育保障への動きともつながっている。

以上のように、ユースワークとユースソーシャルワークの 2 つの領域の活動は相互補完的である。社会教育施設や青少年活動センターのような「来ることの意味を問われない場で、若者が『支援』サービスと出会うこと」の意味と重要性（水野篤夫）、遊びや文化活動を含めた多様な「出会いの場」の創造（村井琢哉）、対話を踏まえた「協同実践」（佐藤洋作）をさらに検討する必要がある。

4 ユースワークをめぐる 4 つの欠損と新しい動向

多くの読者は気づかれると思うが、第 3 節で紹介した事例は全国的に存在する訳ではない。地域差が大きい問題点がある。その背景には、子ども・若者支

援に関連する以下の4つの欠損がある[10]。

Ⅰ　家庭、学校と並ぶ、30歳頃までの子ども・若者期を支援する包括的な「第三の領域」（図1）の欠損

Ⅱ　支援する「専門職」の欠損

Ⅲ　それを支える「学問」領域の欠損

Ⅳ　子ども・若者支援の「権利性」の欠損

　まず「第三の領域」の欠損については、子ども・若者育成支援推進法（2010年施行）は理念法であり、子ども・若者支援地域協議会の設置などを含めて義務的な施策ではないため、地域の状況に応じたまちまちな対応となっている（設置率：市区町村では17〜18％程度）。仕組みとして18歳以降の取り組みの根拠法としての弱さがある。また、課題領域が不登校・ひきこもりや就労支援、貧困支援などのターゲット支援に片寄っている。

　この点、イギリスでは、イングランドとウェールズを中心にユースワーク活動のサポートや専門性の基準づくりなどを担う全国青少年協会（National Youth Agency）の存在が大きい。ユースワークは若者の幸福の向上のための教育的およびレクリエーション的余暇活動における教育的プロセスとして、従来の青少年団体・施設を基盤とする活動に加えて、1990年代末から若者のニート化ならびに政治離れへの対応としての側面を持つ。対象者を限定しない余暇的な活動の場の提供と並んで、問題を抱えた若者に対する就労支援とシティズンシップ教育などと関連づけた問題解決型のサービス提供が課題化する[11]。

　法的・制度的に興味深いのはドイツである。ドイツでは、戦前から存在し戦後改正された青少年福祉法を踏まえつつ全面的に改正された「子ども・若者支援法」（1990年）が重要である。法の規定により27歳未満のすべての子ども・若者が対象となり、第1条で「成長のための支援を受け、責任感と社会性のある人格に育てられる権利を有する」と権利性が明記されている。関連分野として、ユースワーク（第11条）とユースソーシャルワーク（第13条）に区分される。ユースワークは、第1節でも紹介した、誰にでも開かれたユニバーサルな側面を持ち、「若者の関心」、「共同決定・共同形成」、「自己決定能力」等を志向した活動や施策である。他方、ユースソーシャルワークは、若者就労支援・移民青少年との活動・若者への住居支援、スクールソーシャルワーク、ス

トリートワークなど対象（ターゲット）を定めた、「社会的不利益の是正」と「個人的障害の克服」に向けた「社会教育的支援の提供」である。

州と市郡にはそれぞれ青少年局が設置されている。特に重要なのは法第71条に規定されている「子ども・若者支援委員会」の機能・役割である。他の行政機関には設置されていない組織であり、子ども・若者支援の非営利民間事業者と地方議会議員で組織（約15名）され協議・決定する機関である（年6回開催）。主な協議内容は、①子ども・若者と家庭の抱える問題に関する協議、②子ども・若者支援を発展させるための提案、③子ども・若者支援計画（中期的・長期的）、④民間および公的な子ども・若者支援への助成である。2021年には、こうした協議の場への参画を含め、子ども・若者の意見表明、代表性を位置づける規定「自己表現のための自己組織団体」が子ども・若者支援法第4a条として追加されている。

ドイツでは、行政部署において専門職を原則配置する法第72条（職員、研修）の規定があり、専門性を持って青少年局の事務局運営に当たっている。こうした専門性の背景に、ユースワークや子ども・若者支援に由来する社会教育学（Sozialpädagogik）という学問領域が存在し、専門大学も50校ほど設置されており、多くの人材を養成している。ドイツの社会教育学は、ヨーロッパの多くの国で social pedagogy として、学校外の子ども・若者を始めとする支援的な活動・手法の理論的なバックグラウンドとなっている[12]。

欧州評議会やEUにおいても、2000年代に入って子ども・若者との関係性の重視、ユースワークの役割・機能の検討が進んでいる。2010年からは、欧州ユースワーク大会が5年ごとに開催されている[13]。こうした動向に注視しながら、日本の4つの欠損への対応を検討する必要がある。

5　ユースワークの展開と課題

ユースワークは、子ども・若者を個人として尊重しつつ、社会的な関係性の中で育ち、学び合う場と機会の提供を大切にし、その中で社会や自然との関係、それを成り立たせているシステム（国家など）への視野を広げていく機会となるものである。その学びや学び合いは社会教育的であり、次の点を大切にして

いると考えられる。

①社会の中での自立や育ちを支援する学習的視点

②結びつき、つながりを育てる関係性の視点

③コミュニティや社会との関わりを意識化する構造的視点

学習的視点ならびに関係性の視点に関連して、グローバル化や新自由主義経済の下での孤立や貧困化といった現代社会が深めてきた構造的な困難の側面も見据えつつ、対話による「応答性に満ちた安全・安心な居場所の時間の中で受容され、承認され、そして他者へとつながっていくこと」による人間性の蘇生が大切となる[14]。対話を踏まえたユースワークのステップとして、〈出会いの場としての居場所での対話⇒グループでの対話⇒対話から新しい物語へ⇒社会との出会い直し〉が語られている。居場所での関係性のつむぎ直し、そして自己実現と社会参画を模索する段階への移行において、対話を踏まえた関係性の深まりと広がりが大きな役割を果たす。問題への対応は、個別対応での課題解決だけではなく、障害者権利条約（2006 年国連採択）での議論でも指摘されている「社会・人権モデル」[15]に準じた問題把握の枠組みが求められている。

それを踏まえて、今後日本においてユースワークを位置づけるために検討すべき主な課題は以下の通りである。

第一に、4 つの欠損との関連で、包括的な「第三の領域」をどう位置づけ枠組みづくりをするのかである。そもそも、地域に居住する子ども・若者の現状から出発して、区域ごとにどういう施設や取り組みが必要なのか、その施設・取り組みの維持・活性化に必要な人員配置はどれくらいかという設定で枠組みを策定し、予算措置をする仕組み、つまり子ども・若者支援計画（中期的・長期的）づくりの方途である。

第二に、こうした基本的枠組み議論における公的セクターと民間セクターの協働と公共性の担保のあり方である。現状では、社会的な取り組みであるユースワークやユースソーシャルワークでは、公と民の連携が対等なパートナーシップではない。補助金配分などを含め権限と裁量の多くは専門性に乏しい公が担い、民は専門的知見を生かして実務的活動を担うというように片務的であるという問題点がある。また、公の側が現場の実情に詳しくないために起こる、実践・活動の評価をめぐる認識やコミュニケーションのギャップも大きい。

関連して第三に、NPO 団体を始めとする民間団体の活動に対する助成期間や助成割合が限定的であるため、民間団体が長期的な見通しで支援の継続がしにくい現状、支援者の多くが低賃金で不安定な雇用となっている現状、その状況において専門性の維持・向上に困難が多いという問題がある。こうした問題状況を考える上で参考になるのは、ドイツなどの子ども・若者支援の重要なキーワードである「補完性原理（subsidiary principle; subsidiaritätsprinzip）」である。これは、「NPO などの民間の社会的団体が提供可能な仕事を政府はすべきではなく、むしろ政府の責務はサービスが円滑に実施されるために、非営利組織を支援すべきとする原則」[16]である。つまり、social（社会的）な問題への実践的対応は基本的に民間の公益団体が担い、金銭的・人的保障はinstitutional（制度的）な仕組みにおいて負担するという原則である。この原則を踏まえて、ドイツ子ども・若者支援法の規定により、民間団体代表などを入れて意思決定・調整する委員会である「子ども・若者支援委員会」の存在の明記、民間団体による活動は公的資金により 100％助成されることで公益性の確保の手立てが図られていることなどである[17]。

　いずれにしても、ユースワークを日本に位置づける上で、social（社会的）と institutional（制度的）との関係性などを補完性原理の視点で整理する試みをしつつ、4 つの欠損にどう対応するかが課題となる。

1) イギリスのユースワークの中心的機関である全国青少年機関（National Youth Agency: NYA）によれば、「ユースワークは、楽しさとチャレンジを含む非形式的な教育的活動を通して、若者が自身を知り、周囲や社会そのものを知り、コミュニティの積極的な一員として役割を果たせるようになること」を目標とした活動である（What is youth work?, The NYA Guide to Youth Work in England. National Youth Agency, 2007）。また、日本のユースワーカー協議会は、ユースワークの基本的な価値観を次の 6 点に整理している。①「個々の若者の固有性を価値あるものとしてとらえる」、②「信頼関係づくりから始める」、③「若者の自己決定を尊重する」、④「他者との関わりと、集団の中での学びのプロセスを大事なものとする」、⑤「すべての若者への機会と場を保障できるようにする」、⑥「若者が所属するコミュニティや社会全体の正規の一員として位置づけられる」（ユースワーカー協議会編『Youth Worker Hand Book 2——ユースワーカー基礎編』子ども・若者支援

専門職養成研究所、2022 年)。

2) 生田周二『統合ドイツの異文化間ユースワーク』(大空社、1998 年)参照。

3) 2000 年前後から NPO 法人へと転換するおやこ劇場団体が増えている。たとえば北摂こども文化協会(大阪府池田市)、岡山市子どもセンター、さぬきっずコムシアター(香川県丸亀市)、八王子冒険遊び場の会(東京都)など。

4) 水野篤夫「若者施設を基盤としたユースワークの展開とそこにおけるスタッフの専門性」日本社会教育学会編『子ども・若者支援と社会教育』(東洋館出版社、2017 年)、102 頁

5) 生田周二「権利としての子ども・若者支援」『月刊社会教育』723 号(2016 年)3-9 頁

6) 佐藤洋作「若者を居場所から仕事の世界へ導く社会教育的支援アプローチ」日本社会教育学会編『子ども・若者支援と社会教育』(東洋館出版社、2017 年)159-168 頁

7) ユースワーカー協議会編前掲書、およびユースワーカー全国協議会(準備会)編『ユースワークって何だろう⁉——12 の事例から考える』(奈良教育大学次世代教員養成センター／子ども・若者支援専門職養成研究所、2018 年)参照。

8) 若者支援全国協同連絡会編『「若者支援」のこれまでとこれから』(かもがわ出版、2016 年)参照。

9) 2013 年 9 月設立。代表は生田周二。目的は、「子ども・若者支援専門職に関する総合的な調査および研究を進め、『子ども・若者支援士』〔仮称〕の専門職化を目指すこと」(会則)で、研修・養成システム、カリキュラムの構築に向けた検討を行っている。科学研究費補助金(基盤研究 B)の助成を 2013 年度から受け、2022 ～ 25 年度の研究テーマは「子ども・若者支援従事者の専門性構築の課題と展望——「支援の重層性」の視点から」である。

10) 生田周二『子ども・若者支援のパラダイムデザイン——"第三の領域" と専門性の構築に向けて』(かもがわ出版、2021 年)6-7 頁

11) 平塚眞樹編・若者支援とユースワーク研究会著『ユースワークとしての若者支援——場をつくる・場を描く』(大月書店、2023 年)参照。

12) 日本語訳されているものでは、マーク・スミス、レオン・フルチャー、ピーター・ドラン他『ソーシャルペダゴジーから考える施設養育の新たな挑戦』(明石書店、2018 年)などがある。英文では、Cameron, Claire/ Moss, Peter(eds.)(2011) *Social Pedagogy and Working With Children and Young People: Where Care and Education Meet*(Jessica Kingsley Publishers).

13) 両角達平「民主主義を語る若者政策・ユースワークへ——汎ヨーロッパの若者参

画施策の経験から」宮本みち子編著『若者の権利と若者政策』(「子ども若者の権利と政策4」、明石書店、2023年) 181頁

14) 佐藤前掲論文、159-160頁

15) 障害を個人の機能障害に帰する（医学モデル）のではなく、条約前文にある通り、「障害（disability）が、機能障害（impairments）を有する者とこれらの者に対する態度及び環境による障壁（barriers）との間の相互作用（interaction）」であり、「これらの者が他の者との平等を基礎として社会に完全かつ効果的に参加することを妨げるものによって生ずる」ものとする。

16) 生田周二・大串隆吉・吉岡真佐樹『青少年育成・援助と教育——ドイツ社会教育の歴史、活動、専門性に学ぶ』(有信堂、2011年) 5頁

17) 生田周二「ドイツの子ども・若者支援における支援の重層性をめぐる調査研究報告——子ども期を含めたユース（ソーシャル）ワークを中心に」『ESD・SDGsセンター研究紀要』第2号（2024年）

第3章

障害をもつ人々の社会参加を支える学び

井口啓太郎

1 学習権保障と共生保障

「当時は、本当に良い勉強になった思い出があります。4年が経つ今も忘れられません」。これは、会話は得意ではないが、記憶力の優れた知的障害のあるＡさんが公民館職員である私に対して、LINE を通じて伝えてくれた言葉である。私は日々たくさんの講座や学びの場に立ち会ってきたので、Ａさんがいう講座の日のことをほとんど思い出すことができない。しかし、仲間に誘われて参加したＡさんの講座での学びはかけがえのない記憶になっているようだ。このことは、「私たち」とＡさんとの生活世界の差異を浮き彫りにしているように思われる。

本書のテーマは、「共生への学び」である。なぜいま共生が課題になるのか。「私たち」と異なる他者と共に生きるとはどういうことなのか。他者との共生に向けた学びはどのようにして成立するのか。本章は、こうした共生への学びをめぐる根源的な問いに対して、障害者の学びの保障をめぐる今日の政策動向と、障害者／非障害者[1]が共に学ぶ社会教育実践の考察を通じて、応答を試みることを目的としている。

そもそも障害者は、非障害者と比べ教育などの社会参加を支える制度の整備が著しく遅れ、社会参加が阻まれてきた存在だということができる。学校教育においては、養護学校義務制が実施される 1979 年以前は、就学免除の措置等によって実質的に義務教育が保障されない障害のある子どもがいた。障害児の発達保障の教育要求に応じて、後期中等教育の高等部進学の選択肢が障害のある生徒全員に保障されるようになるのも、2000 年頃を待たなければならなかった。このように障害当事者や保護者、教員等の関係者による度重なる権利要

求運動があって、現在の特別支援学校をはじめとした特別支援教育制度が構築され、学校教育の機会均等が実現されてきたといえる。他方、特別支援教育は個人差に応じた教育を施すため、障害のある子どもを特別な学校や学級に振り分け、専任の教師等が教育上必要な支援を講じる教育制度である。特別支援教育が有する分離別学教育体制の側面に対しては、共生教育運動の立場から、障害者／非障害者が「共に学ぶ」機会を奪っているという批判も寄せられてきた。

　このような経緯を有する障害者の学びの保障をめぐって、生涯学習の観点から今日二つの課題に対する対応が政策的に求められている。その一つは、特別支援学校高等部卒業後、18歳以降の学校から社会への移行期やその後の一生涯にわたる障害者の学習権保障のニーズであり、もう一つは、日本も2014年に批准（国連は2006年に採択）した「障害者の権利に関する条約」（以下、障害者権利条約）や「誰一人取り残さない」をスローガンとするSDGsなど、近年の国際的な社会政策が鍵概念の一つに掲げる「インクルージョン」の理念である。こうした時代の要請は、社会的に排除されてきた人々の学習権保障の新たな枠組みづくりとともに、排除してきた社会の変革を求め、共に生きるための実践的な展開過程をつくりだしていく共生保障への道程と捉えることができる。

　そこで以下では、まず現代的なトピックとしてこの現在の政策課題に対応して2017年頃から開始された「障害者の生涯学習政策」を取り上げ、障害者の生涯学習と共生への学びとの関連について検討していくことにしたい。

2　障害者の生涯学習政策をめぐる背景

2-1　「学校から社会への移行期」における学習権の課題

　文部科学省では、「障害者学習支援推進室」が新設された2017年以降、本格的な障害者の生涯学習政策が展開されている。同室が設置された直後、2017年4月7日に大臣メッセージ「特別支援教育の生涯学習化に向けて」が発出された。この大臣メッセージは、当時の文部科学大臣の特別支援学校視察時のエピソードから始まっている。そこで大臣と出会った生徒は「高等部3年生で、春に学校を卒業する予定であり、保護者によれば、卒業後の学びや交流の場が

なくなるのではないかと大きな不安を持って」いたという。近年の「学校基本調査」によれば、特に特別支援学校高等部卒業者の8割強を占める知的障害のある生徒の進路先において、進学者の割合はわずか0.5％前後に留まっている。こうした現状に対して、特別支援学校高等部への専攻科の設置や大学等で知的障害者が学ぶことができるカリキュラムの開発等が、保護者や関係者から強く望まれてきた[2]。

　NPO法人障がい児・者の学びを保障する会によると、知的障害者本人や保護者からは、具体的に以下のような課題が指摘されている。①社会へ移行するタイミングが、知的障害者の特性を踏まえた設定になっていないこと、②社会における様々な制度や機会、情報提供等が、障害者の利用を前提に、障害者の参画の中でそのあり方が検討・設計されていないこと、③これらのギャップにより生じる就労や生活の場でのトラブルや課題に対する個別性の高い支援及び学習の機会が不十分なこと、④高等教育機関への進学ができていないこと、⑤学校教育終了後、就労や地域生活及び社会参加等のために生涯にわたって必要となる学習の機会が不十分なことなどである[3]。

　これは、「発達がゆっくり」とされる知的障害者にとっては特別支援学校高等部卒業時点において就労しか選択肢がなく、また生涯学習環境も不十分という現状がもたらす課題、換言すれば「学校から社会への移行期」における学習権保障の問題提起である。こうした課題に対して、自立訓練等の障害福祉サービス制度を活用した「福祉型専攻科」や大学の公開講座等を知的障害者向けに開放した「オープンカレッジ」など、実践的な根拠を示しながら主に学校教育の新たな制度づくりを提起する議論がある[4]。

　このような当事者や関係者からの問題提起に対して、文部科学省は知的障害者の学校教育卒業年限を「延伸」させること、つまり特別支援学校高等部専攻科設置等による特別支援教育の「拡充」や知的障害者を対象とした大学のカリキュラム開発等による高等教育の「開放」といった学校教育制度の改革を掲げるのではなく、知的障害者の学校卒業後の生涯学習機会の充実を主眼とした「特別支援教育の生涯学習化」というコンセプトを打ち出した。本来生涯学習という概念は、一生涯を通じた学習環境の整備を求めているにもかかわらず、現在の文部科学省の障害者の生涯学習政策が基本的には「学校卒業後の生涯学

習」に主な施策の対象範囲を限定していることや、特別支援学校高等部卒業直後の「学校から社会への移行期の学び」に関する課題が特に強調されたことも、中等後教育や高等教育の代替・補完として障害者の生涯学習政策が構想されたことを裏付けているといえる[5]。

しかし、文部科学省がいう「特別支援教育の生涯学習化」は、2-3で後述するように二重の問題を孕んでいる。一つは、当事者や関係者からは障害者の18歳以降の学校教育の制度整備が求められているにもかかわらず、その問題が正面から政策的に検討されていない点、もう一つは、これまで包摂的な学びのあり方を追究してきた社会教育に「特別支援教育の生涯学習化」という概念が提起された点である。

2-2　インクルージョンに向けた学びの課題

障害者の生涯学習を考える際に見過ごすことができない視点として、障害者権利条約などにみられるインクルージョンの理念に基づく国際的な社会政策の潮流がある。障害者権利条約は、いわゆる「障害の社会モデル」に依拠して障害を捉え、たとえば第19条では「全ての障害者が他の者と平等の選択の機会をもって地域社会で生活する平等の権利を有する」として、地域社会へのインクルージョン（政府訳では「包容」）を要請する。また第24条では「障害者を包容するあらゆる段階の教育制度及び生涯学習を確保する」と規定し、教育の権利の実現にあたり障害に基づいて一般的な教育制度から排除されないこと、個々の障害者にとって必要な合理的配慮が提供されることなどを定めている。国際的な政策合意によって、生涯学習を実現する学校教育や社会教育の諸制度にもインクルージョンの実現が求められているのである。

日本は、特別支援教育の推進によって健常／障害の分離型教育システムを整備し、グレーゾーンの発達障害から最重度の障害児まで漏れなく学校制度に包含してきた。2011年から2021年の10年では、特別支援教育を受ける児童・生徒数が倍増している（28.5万人から53.9万人へ、学校基本調査）。こうした日本の障害者施策について、2022年に国連の権利委員会が審査を行い、第24条の「教育」分野においては、小・中学校段階の「分離された特別な教育」を廃止する方向性や、障害のある子どもの合理的配慮が保障されたインクルーシ

54 ｜ 第Ⅰ部　共に生きることと学習権の保障

ブ教育の実施に向けた行動計画の立案などについて改善勧告が出された。これに対し、文部科学省は「多様な学びの場で行われている特別支援教育の中止は考えていない」と現行の教育システムの維持を前提に「勧告の趣旨を踏まえて引き続きインクルーシブ教育システムの推進に努めたい」と述べるに留まっている。しかし、国際的なインクルージョンの理念は、教育の機会均等に留まらず、共に生きる社会を創る礎として学校のインクルーシブ教育を位置づけていると理解すべきであろう。

　また併せて、この社会の分断は学校だけで起きているのではないし、共に生きる社会は学校だけで創られるものではないということも考える必要がある。「子どもの時から共に学んでいないのに、大人になってから共に生きることなどできない」という意見も聞かれるが、「教室でインクルーシブ教育が行われれば、共生社会が実現できる」という発想には学校教育の役割のみを過大視する問題点もある。

　現状では多くの障害者が、学校在籍時も学校卒業後の社会でも、保護された「特別な小社会」で生活し、非障害者が主として構成する「中心社会」からは切り離されて生きているか、「中心社会の周縁」に部分参加するに留まっている[6]。学校卒業後、ほとんどの者は障害者だけが集められた就労支援や生活介護等の障害福祉事業所で支援者と日中を過ごす。狭き門をくぐって障害者雇用で働く場を得たとしても、職場への定着率は低く、定着支援も課題になっている[7]。まして余暇の自由時間に、仲間と充実した活動をして、生き生きと過ごすことができている障害者は圧倒的に少ない。

　障害者を排除して成り立っている社会の変革のためには、障害者が社会の主体として自分らしく生きていくことのできる学びと併せて、社会の主流を構成している非障害者が共に学ぶなかで社会を創りかえていく「共同主体」を形成する学びを、学校教育と社会教育の双方で構想する必要があろう。今日推進される障害者の生涯学習政策を、共に生きる社会へ転換する契機にしていくことが求められているのである。

2-3　学びの場の共生保障をめぐる論点

以上の障害者の生涯学習政策の経緯や課題から、次のような論点が析出でき

るように思われる。

　第一に、障害者の生涯学習政策は、知的障害者の特別支援学校高等部卒業後の受け皿として構想されたといえるが、学校教育においても引き取るべき責任を追及していく必要がある。当事者や関係者から 2000 年代以降、特に求められているのは、フルタイムの生徒・学生として学校課程に進学するという選択肢である。「学校から社会への移行期」の学習権保障を考える際には、まず学校教育制度のあり方が問われねばならない。その際、「学校から社会への移行期の学び」の保障を高等教育として構想するのか、中等後教育として保障するのか、別途検討を要する論点が生じる[8]。

　第二に、これと同時に、学校在籍時も含めた一生涯にわたる人生において、障害者が学ぶことができる社会教育の権利保障の必要である。社会教育施設では、現状、障害者に配慮された学習環境の整備が、学校教育に比して立ち遅れている。また、社会教育が捉えるべき障害者の学びは、「学校から社会への移行期」に留まらない。各ライフステージにおいて、多様な障害に対応した学びの場づくりや合理的配慮の対応等が実践現場に求められている。

　第三に、上記の論点に関わって問われてくるのは、インクルージョン理念を踏まえた「学びの場の共生保障」のあり方である。障害者権利条約が求めるような、障害に基づいて排除されることのない、障害者を包容する教育制度や障害の有無にかかわらず共に学ぶ教育実践はいかに可能なのか。学校教育におけるインクルージョンには、1970 年代から養護学校義務化をめぐって発達保障論と共生教育論が対立するなかで歴史的に問われてきた論点があり、特別支援教育とインクルーシブ教育における実践上の課題も多岐にわたる[9]。

　一方、「学びの場の共生保障」の課題は、学校教育だけのものではなく、社会教育の論点でもある。むしろ「学びの場の共生保障」へのアプローチは、社会教育の立場からこそ実践的な問題提起をなしうる可能性があると考えられる。社会教育行政や公民館の多くは、これまで障害者支援の視点を欠落させてきた側面がある一方、一部地域は、ユネスコの「学習権宣言」を踏まえた「忘れられた人びと」を包摂する社会教育実践が展開されてきた歴史を有する[10]。学校外のノンフォーマル・インフォーマルな社会教育に焦点を当てる必然性が、そうした実践の歴史的蓄積にある。

そこで以下では、そうした実践の一つとして紹介されてきた東京都国立市公民館の「コーヒーハウス」の事例に着目し、実践の成立過程を辿りながら、共生への学びのありようを探究する。

3 国立市公民館「コーヒーハウス」における学び

3-1 障害者青年学級の系譜

現在、地域における障害者の生涯学習の場づくりや推進の担い手は、先駆的な市民活動組織が中心であるといえよう。特に保護者や特別支援学校教員、障害福祉施設職員などの当事者に近い人々が、障害者の余暇の充実や学びの必要を感じ取り、ボランタリーな市民活動として実践を支えている現状がある。しかし、障害者の生涯学習支援や実践の継続には支援者や施設、予算など資源の確保が課題になる。また、先述の通り社会の変革に向けて、ボランティアなど非障害者と共に学ぶ実践が重要な意味をもつ。そこで、社会教育行政・施設等の支援や連携が求められている[11]。

これまで社会教育施設においては、障害者の学習活動の支援が十分なされてこなかった。たとえば、文部科学省が実施した「平成30年度生涯学習を通じた共生社会の実現に関する調査研究」によれば、障害者の学習支援に関わった経験が「有る」と答えた公民館・生涯学習センターは14.5%に留まっている。この結果だけ見ても、多くの公民館等の諸活動に障害者が参加できる条件が整っていない現状が見て取れる。

一方、東京を中心とする都市部の一部地域には、障害者の社会教育実践として取り組まれてきた「障害者青年学級」の蓄積がある。障害者青年学級は、学校卒業後の障害者の同窓会活動や余暇支援として、1960年代に東京都墨田区で成立した。就労先や地域で孤立しがちな卒業生に対して、養護学校在籍時に手厚い指導をしてきた教員が主体となった学校教育のアフターケアの場として始まる。「青年学級」という呼び名は、当時の青年学級振興法（1953年制定、1999年廃止）に由来し、同法に基づく補助金を活用し、教育委員会に障害者青年学級の開設要求をした例もある。

1981年の国際障害者年を契機に、80年代以降の障害者青年学級は社会教育

第3章　障害をもつ人々の社会参加を支える学び　57

の事業として、活動の場が学校から地域の公民館等に移り、参加対象は特定の学校の卒業生に限らず、地域に暮らす障害のある青年・市民に開かれていくようになる。また、教員だけではなく社会教育職員とボランティアの青年・市民が運営を担うようになり、交流や仲間づくり、障害者本人の企画・運営への参画、たまり場づくりや喫茶コーナーとの連携が志向されるようになっていくなど、実践の意味づけに変化が現れていった[12]。

3-2　国立市公民館「コーヒーハウス」の成立

国立市公民館の「しょうがいしゃ青年教室」は、東京 23 区における障害者青年学級の始期に比べ、やや遅れた 1979 年に開設される。事例の舞台となる国立市公民館は、住民の公民館設置の要求運動によって 1955 年に開館した（1967 年市制施行以前は国立町公民館）。当時、地方から東京へ集団就職し「金の卵」と呼ばれた中卒等の勤労青年たちの学習要求に応えるために、公民館では開館翌年の 1956 年から「商工青年学級」が取り組まれた。毎年 100 名超が、青年学級やサークルに集い、1967 年には青年学級室（1979 年公民館改築後は「青年室」）が設けられた。しかし、1970 年代以降、進学率上昇や消費社会の進展などにより、各地の青年学級などの社会教育実践から「若者離れ」が進む。

しかし、国立市公民館は、停滞する他の青年学級とは一線を画した展開を図る。1975 年頃から、「これまでの型にはまった青年学級ではなく、ワイワイガヤガヤしながら、青年たちが自由に語りあえる雰囲気を大切にする」ため、青年学級室でコーヒーなどを気軽に飲めるように「たまり場」として開放したのである。この場と活動は、17 世紀イギリスで発祥した勤労者が仕事を終えて集まり、政治や経済、文化について談義する社交場「コーヒーハウス」に擬え、「コーヒーハウス」という呼称が付けられた[13]。

もうひとつ、大きな転換点が 1970 年代後半に訪れる。親の会から障害者の余暇や仲間づくりの場として、「障害者青年学級」開設要望が公民館に寄せられた。1970 年代後半から 80 年代前半に国立市公民館職員として、「コーヒーハウス」に携わってきた平林正夫は、障害のある青年も同世代の中で自分のことを「解放できる」場が必要と考え、青年たちと共に障害者青年の生活実態調査などを行った[14]。そして、「障害者だからといって特別に対応するのはおか

しいじゃないか」「障害の有る、無しにかかわらず、同じ仲間として活動して
いこう」との認識が共有されていく。そこで青年たちのアイデアから生まれた
のが喫茶店構想だった。

　市民や関係者の思いを受けて、1979年に改築された国立市公民館には、公
民館事業の障害者青年教室（後に「しょうがいしゃ青年教室」へ改称）の開設
とともに、1階市民交流ロビーの片隅、青年室の隣に「喫茶コーナー」の設備
が整えられた。翌年の1980年、「喫茶コーナーわいが屋」（後に「喫茶わいが
や」へ改称）で障害者の喫茶実習が始まり、同時期に結成された「障害をこえ
てともに自立する会」が公民館から施設の一部を間借りして店舗運営を始める
ことになる。

　今でこそ「障害者がともに働くカフェ」は、障害者の就労支援等の一業態と
して普及してきたが、その原点は「喫茶わいがや」といわれている [15]。喫茶
コーナーの特徴は、障害が有ろうが無かろうが、「居場所」として過ごしたり、
交流したりできるし、働く側になっても常にサービスの受け手であった障害者
がサービスを給仕する側に回り、それぞれが苦手なことを多様な人々が支え合
う点にある。障害者の学習機会を保障するという視点は、ともすれば共に学び、
活動するボランティアを「援助者」にしてしまう場合がある。そのような援助
をする／される関係ではなく、障害の有無にかかわらず共に学ぶなかで共に地
域で生きるイメージが、「喫茶わいがや」の構想には込められていた。たとえ
ば「喫茶わいがや」の設立に携わったスタッフの一人は次のように書いている。

　　ここ（喫茶わいがや）は「障害者の店」だと呼ばせるのはよそう、という話になった。
　仲間でやるのだから対等な立場で店に入ろう。それぞれハンディは持っていても、ど
　れくらい補い合いながら経営できるか、それもひとつの実験だろうと。（中略）
　　もうひとつは誤解とか偏見とか持たないで安心して街に出ていける、そんな街にする
　こと。必要ならば信号の段差で車椅子が引っかかっていれば後ろから押すし、それが
　何でもない普通のことのようにできる街 [16]。

　今日も「喫茶わいがや」は、多様な背景のある若者の「居場所」であり、
「共に働く」場であり、また市民に開かれた「店」でもある。「店」としての公

第3章　障害をもつ人々の社会参加を支える学び　│　59

共空間である以上、必然的に障害者の存在が公に拓かれる、いわば地域への「窓」にもなってきた。

結果的に、「喫茶わいがや」を含む「コーヒーハウス」の実践は、国立市が2016年に施行した「誰もがあたりまえに暮らすまちにするための『しょうがいしゃがあたりまえに暮らすまち宣言』」の条例などをはじめ、ソーシャル・インクルージョンのまちづくりを目指す現在の国立市政の施策にも少なからず影響を与えてきたといえる。

こうして、「コーヒーハウス」は、「障害者のために用意された学びの場」ではなく「日常的な居場所や活動に障害者も当たり前に参加できる場」として発展し、障害者を含む若者たちの共生への学びは、時代を超えて引き継がれ、地域を少しずつ変えていく水脈となってきた。

3-3 「共に学ぶ」ことの難しさと豊かさ

とはいえ、「コーヒーハウス」が常に「対等な立場」で「共生」する場になるとは限らない。障害者と非障害者が共に活動するなかで、「対等であるとはどういうことか」という問いに向き合わざるをえなくなるからである。

冒頭の知的障害のあるAさんの学びの記憶もその一つである。なぜAさんは「本当に良い勉強になった」という「思い出」を記憶し続けているのか、なぜその「思い出」を私に伝えようとしたのか、少なくとも私には「わからない」。Aさんは「居場所」として青年室に滞在する時間が長い一人なのだが、自閉傾向が強くみんなとの活動には積極的に関わらないし、周囲もそうした関わり方を尊重してきた。しかし、もしかしたらAさんは、友人同士の営みのように「誘われたこと」が嬉しくてその日の経験を強く記憶に残したのかもしれない。私は、これまで学びの場への参加を「誘う」という、職員として日常的に行う行為を、知的障害者に対して同様に行ってこなかったのではないかと自省する。本人の意向が「わからない」と一方的に諦め、Aさんの世界を深く理解しようとしてこなかったということもできる。

もう一つのエピソードにも触れたい。Bさんは1年の最後に「コーヒーハウス」に関わるみんなが参加する「合宿」をいつも楽しみにしていて、毎回「合宿実行委員会」に参画してレクリエーションプログラムの企画や運営に関わっ

ている。しかし、Bさんの合宿への熱量は群を抜いていて、さまざまな提案を矢継ぎ早にするため、共に企画・運営へ関わる実行委員はうんざりしてしまう。そこで、私はBさんを制御しようとした。その結果、Bさんは何かの提案がある際、いつも私に予め「お伺い」を立てるようになった。こうした関係性は少しも対等ではない、と私は後に気づくことになる。私は、予めトラブルを回避することを企図して、比較的年齢が高く経験の長い職員という「権力」的な立場から、障害者／非障害者が対等に意見を交わし合う機会自体を奪っていたのかもしれない。

　このように、実践のなかで私自身も「対等であるとはどういうことか」と模索し続ける。こうした捉え返しは、問題をすべて個人に回収してしまう反省とは異なる。相手のことを考えながら、同時に「私たち」の有している前提について考え、関わりのあり方を問い直す共同の省察が繰り返し行われる。

　対等であろうとするためには、相手の世界を少しでも理解しようすることから始める必要がある。「私たち」は、好きな時に学びの機会を選び取ったり、あるいは仲間と誘い合い出かけたりすることができる環境や条件があるかもしれないが、そうした経験や関係が知的障害者にとっては当たり前ではない。だとすれば、AさんやBさんは、「コーヒーハウス」を通じて、人生を豊かにする経験を取り戻し、なにげなく誘い誘われたり、仲間に自分の思いをわかってもらったりする関係を求めているのではないかと考えることもできる。

　その後、ボランティアスタッフから、あるイベントでAさんがいきいきと仲間と過ごす様子が語られ、新たな「思い出」が共有できるような働きかけが行われている。また、Bさんは、職員だけではなくみんなが集まる協議の場で、あれこれの提案をしてくれるようになった。もちろんそれがすぐに受け入れられるとは限らず、そのこと自体が面倒がられたり、結果として諍いが生じたりすることもある[17]。

　非障害者は、障害をめぐり生じる摩擦や衝突、トラブルなどの外在的葛藤を乗り越えようとなされる対話を経て、差異と同一性などをめぐる内在的葛藤を抱えていく。対等とは何かを問いながら、関わりのあり方をめぐって試行錯誤する[18]。そのプロセスを通じて、非障害者は自らのマジョリティ性や矛盾の自覚を通じて自分の「弱さ」を見つけ、それもまた認め合うなかで、障害者と

共に社会を創りかえていこうとする「共同主体」が形成されていくのではないか。

4　共生への学びに向けて

　本章でみてきたように、これまで私たちの社会は障害者を中心社会から周辺化し、その対応を専門家に任せる形で成り立ってきた側面がある。この分断社会をともに生きる社会へ変革していくには、障害者の社会参加を支えるために、まず非障害者と平等かつ公正な学習権保障が基礎となる。そこでは学校教育制度の拡充と共に、誰もが一生涯を通じて学び続けることができる権利保障に向けた社会教育の再構築が求められている。

　その際、学習権保障とともに共生保障の視点が重要になることは、重ねて強調する必要がある。津田英二は「インクルーシヴな社会は、社会的排除に抵抗し『共に生きる』ことを選択する生き方によって構成される」と述べる[19]。「コーヒーハウス」の実践のように、共に学ぶことは面倒や葛藤を伴うし、トラブルや困難に直面するかもしれない。しかし、それでもなお、「私たち」が共に在ろうとするのはなぜか。その理由の一つは、対話や省察を通じて自らをバルネラブルな存在だと自覚し、「共に生きる関係」（＝「共同主体」）を結びなおすことができる喜びを知っているからだろう。

　包摂が新たな排除を生まないためには、単一の活動で、あるいは限定的な時間のなかだけで「共に学ぶ」ことを捉えず、重層的な学習経験を地域の諸資源と関連付け、「共に生きる関係」を豊饒化していくことが求められる。学びの場の共生保障に向けて、複数の実践が重なり多様な人々が行き交う公民館をはじめとした社会教育施設は、共生への学びをネットワークする地域拠点としての可能性を有している。「共に生きることを選択する生き方」とは、長い時間軸のなかで支援者を含む学習者一人ひとりが共に生きる関係を地域につむぎ、ゆっくりと相互変容していく学びのプロセスそのものではないだろうか。

　1)　本章では、社会の側が「障害」をつくりだしているという「障害の社会モデル」

による理解を前提に、その「障害」によって不利益を受けてきたマイノリティを「障害者」、それ以外のマジョリティを「非障害者」と表記する。

2）たとえば、長谷川正人著、田中良三・猪狩恵美子編『知的障害者の大学創造への道』（クリエイツかもがわ、2015 年）など。

3）NPO 法人障がい児・者の学びを保障する会「障害者と健常者をつなぐ学びとは」日本社会教育学会 2022 年六月集会プロジェクト研究「障害をめぐる社会教育・生涯学習」報告資料

4）近年では、伊藤修毅監修・NPO 法人大阪障害者センター総合実践研究所青年期支援プロジェクトチーム編著『障害のある青年たちとつくる「学びの場」』（かもがわ出版、2020 年）、田中良三・國本真吾・小畑耕作・安達俊昭・全国専攻科（特別ニーズ教育）研究会編著『障がい青年の学校から社会への移行期の学び』（クリエイツかもがわ、2021 年）、田中真理・川住隆一編『知的障害者とともに大学で学ぶ──東北大学オープンカレッジ「杜のまなびや」の取り組み』（東北大学出版会、2022 年）などがある。

5）障害者の生涯学習政策の概念枠組みなどに関する考察は、津田英二『生涯学習のインクルージョン』（明石書店、2023 年）が詳しい。

6）堤英俊『知的障害教育の場とグレーゾーンの子どもたち──インクルーシブ社会への教育学』（東京大学出版会、2019 年、203-204 頁）は、このような近代社会（福祉国家）の周縁化のメカニズムを分析している。

7）独立行政法人高齢・障害・求職者雇用支援機構障害者職業総合センター「調査研究報告書 No. 137　障害者の就業状況等に関する調査研究」（2017 年）

8）この論点については、井口啓太郎・田中光晴「知的障害者の包摂を目指す高等教育機関の実践とその課題──日本と韓国における近年の動向から」『東アジア社会教育研究』27 号（2022 年、240-256 頁）が日本と韓国の現状を考察している。

9）小国喜弘編『障害児の共生教育運動──養護学校義務化反対をめぐる教育思想』（東京大学出版会、2019 年）

10）小林文人編『公民館の再発見──その新しい実践』（国土社、1988 年）

11）たとえば、障害福祉サービスを活用し、アートによるまちづくりを実践する認定 NPO 法人クリエイティブサポートレッツ（静岡県浜松市）は、「ともにいるだけで学びになる」をコンセプトに、私設公民館づくりや市内協働センターとの連携に取り組んでいる。https://cslets.net/wp/hotnews/news-1907（最終閲覧 2024 年 4 月 20 日）

12）障害者青年学級については、小林繁編著『君と同じ街に生きて──障害をもつ市民の生涯学習・ボランティア・学校週五日制』（れんが書房新社、1995 年）などを

参照。

13)「コーヒーハウス」の成立経緯は、平林正夫「あいまいさという可能性——青年のたまり場「コーヒーハウス」の記録」（執筆年不明、私家版）を参照。

14) 橋田慈子「障害のある青年の暮らしを支える青年集団の形成過程——国立市公民館の実践とその理念に着目して」日本社会教育学会編『ワークライフバランス時代における社会教育』（東洋館出版社、2021 年）

15) 障がいをもつ市民の生涯学習研究会（小林繁・兼松忠雄・打越雅祥）編著『障がい者が主役の喫茶（カフェ）を地域にひらく——喫茶がつなぐ　まち　ひと　共生』（フェミックス、2022 年）

16) 障害をこえてともに自立する会『わいがや 20 周年記念冊子　わいがや大百科』（障害をこえてともに自立する会、2003 年）、33 頁

17) B さんの事例の詳しい考察は、井口啓太郎「障害者と非障害者が共に学ぶ社会教育実践の考察」『基礎教育保障学研究』7 号（2023 年、111-124 頁）を参照。

18)「コーヒーハウス」における非障害者の学習や変容については、島本優子「マイノリティをめぐる課題とマジョリティの学習・変容」喫茶わいがや 40 周年記念ブックレット編集委員会編『「思想」としてのわいがや』（障害をこえてともに自立する会、2021 年、58-67 頁）の考察が参考になる。

19) 津田英二『物語としての発達／文化を介した教育——発達障がいの社会モデルのための教育学序説』（生活書院、2012 年）、232-233 頁

第4章

基礎教育機会の保障と多文化共生社会

金　侖　貞

1　学習権保障が問われているいま

　1946 年制定の日本国憲法第 26 条には「教育を受ける権利」が規定されているが、対象は「国民」に限定されていた。外国籍の人々は想定されず、長い間対象として位置づけられなかった。さらに、2020 年の国勢調査では義務教育未修了者が約 90 万人（未就学者 9 万 4455 人、小学校卒業者 80 万 4293 人）に達することが初めて明らかとなった。外国籍だけでなく、基礎教育が保障されないまま、学びの機会から排除された人々は非常に多いのである。

　国籍や貧困、家庭の事情などで教育から疎外されている人々に対する学びの支援としては、公立夜間中学や自主夜間中学、NPO などの取り組みがある。その活動は、学びの機会を提供する実践だけでなく、法律などの制度づくりまで、多岐に及んでいる。しかしながら、在日外国人の数は増加し続け、外国ルーツの児童・生徒の学びに関わる課題も多様化する一方で、制度整備の観点からすると充分とはいえない状況である。多文化共生社会を実現していく中で、基礎教育における課題とは何か、学習権の観点からその意義に改めて焦点を当ててみたい。

2　基礎教育保障に向けての政策展開

　日本における基礎教育を考える際に重要な法律として、「義務教育の段階における普通教育に相当する教育の機会の確保等に関する法律」（以下「教育機会確保法」）が 2016 年に制定された。これは、学習者や実践者、研究者などの地道な努力の成果で、中でも中心的な役割を担っていたのは、「全国夜間中学

校研究会」（以下「全夜中研」）をはじめとする夜間中学の関係者であった。
2019 年には、「日本語教育の推進に関する法律」（以下「日本語教育推進法」）
も制定され、国や自治体、企業の責務が条文化され、法的整備は少しずつ動き
を見せてはいる。

2-1　教育機会確保法の成立とその影響

　全夜中研は、情報交換や行政への働きかけなどを目的に、教職員や研究者、
生徒、自主夜間中学校関係者が活動している団体で、1954 年に「中学校夜間
学級の法的措置に関する陳情書」を採択、早い時期から法的根拠の整備を求め
ていた。

　日本弁護士連合会への人権救済申立を 2003 年にするなどの努力が、具体的
な動きへと結びつかなかったため、全夜中研では 2009 年に議員立法を目指す
ことを決める。その際に夜間中学の生徒や卒業生の声を直接伝えるという「当
事者性」を大事にする[1]活動を展開し、2012 年から国会院内集会を始め、積
極的に夜間中学の必要性を訴えた。これは、2 年後の「夜間中学校義務教育拡
充議員連盟」の結成へとつながった。同じ時期にフリースクール関係者からも
立法化を目指した動きがあったが、最終的には両方の内容を盛り込んだ法律と
して成立した。横井敏郎は、この法律に対して、「義務教育制度原理の運用を
緩和することで教育権保障の実質化、多様な被排除層の教育への包摂を図ろう
とするもの」で、「‘すべての人’の義務教育機会保障の観点から見て重要な法
制度改革」であると指摘する[2]。

　長らく不在であった夜間中学の法的根拠は、当事者を中心とする働きかけに
より、ようやく整備され、この画期的な法律整備から状況は大きく変わる。

　まず、文部科学省は、広報活動や実態調査（2017 年）を行うとともに、
2015 年 7 月には形式卒業者[3]の夜間中学への受け入れを認める通知を出した。
また、2017 年 3 月に「義務教育の段階における普通教育に相当する教育の機
会の確保等に関する基本指針」を出して、「小学校段階の内容を含めた教育課
程の編成」や「必要な日本語指導の充実を図る」こと、義務教育未修了者だけ
でなく、外国籍や形式卒業者を受け入れて学びの機会を提供することを明示し
た。2018 年 6 月に閣議決定した「第 3 期教育振興基本計画」では、夜間中学

の設置・充実が盛り込まれ、「義務教育未修了者に加え、外国籍の者、入学希望既卒者、不登校となっている学齢生徒等の多様な生徒を受け入れる重要な役割を担っていること」を再確認したうえ、「全ての都道府県に少なくとも一つの夜間中学が設置されるよう促進」し、「教育機会の確保等に関する施策を総合的に推進する」ことを明確にした[4]。

一方、法律制定を受けて、夜間中学校の社会的認知を高めて増設へとつなげようと、全夜中研のメンバーも関わる「夜間中学校と教育を語る会」は、ドキュメンタリー映画『こんばんはⅡ』の制作を、映画『こんばんは』（2003年）の森康行監督に依頼する。2018年12月の映画完成後は、2019年10月から2023年3月まで47の都道府県すべてをまわる上映会を実施、この活動から6つの自治体に自主夜間中学が生まれ、2つの自治体には公立夜間中学の設置が決まっている[5]。

2024年10月現在、夜間中学は全国的に53校が設置されているが、2025年度には9自治体が開校予定で、2025年には60校をこえる見込みである。2018年まで長い間31校のままであったことを考えると、ここ5年間で設置が一気に進んでいることが分かる。また、夜間中学の変化は生徒層にも現われ、若い日本国籍の生徒が増えている。2022年度の実態調査で夜間中学の生徒は1558人であった。そのうち、外国籍生徒は1039人で3年前の調査より345人減少しているが、日本国籍生徒は345人から519人へと増えている。日本国籍生徒は10代から30代が92人から223人へと増加、形式卒業者が日本国籍生徒全体の43％から70％へと多くを占める。いままで充分に学びが保障されなかった形式卒業者が、学びを求めて夜間中学にきている実態がみてとれる[6]。

このように、法律整備によって大きな前進をみせているが、残された課題は少なくない。例えば、義務教育未修了者が最も多い北海道は、札幌市に公立夜間中学が1つ設置されたものの、「通学自治体率」[7]は北海道で3.9％に留まっており、学びが必要な人々のニーズを満たしているとはいえない。長らく夜間中学の教員を務め、法律制定や『こんばんはⅡ』の上映会の活動に取り組んできた関本保孝は、「1県1校に夜間中学をつくっても通えない人たちがいる」とし、通信制を併用するなどの工夫が必要であると指摘する。ほかにも、養護教諭やスクールカウンセラーなどの教職員体制の充実や、文部科学省の基本指

第4章　基礎教育機会の保障と多文化共生社会 | 67

針を尊重し日本語指導の充実などを実際に現場で行うことの必要性にもふれている[8]。

　年齢や教育内容、中学校卒といった学歴要件などでアクセスが制限されていた夜間中学は、法律整備で国や自治体主導で前進の動きをみせている。外国人の学習権保障を実現する上では「日本語教育推進法」ができたことで支援体制の仕組みづくりが少しずつ進んでいる。

2-2　日本語教育に対する国や自治体の責務の明確化

　日本語教育は、1980年代以降にニューカマー外国人が増える中で行政やボランティアによって始まっていたが、保障の法的根拠は不在のままであった。教育機会確保法の3年後に制定された「日本語教育推進法」は、日本語教育に関する基本理念を示し、国・自治体や企業の責務を明確にするとともに、基本方針の制定や日本語教育推進会議の設置、調査研究などを具体的に規定している。2006年に出された「『生活者としての外国人』に関する総合的対応策」に、日本語教育の取り組みについて位置づけされてはいたものの、日本語教育を行政が支援する根本的な根拠にはならなかった。

　この法律制定を受けて、2020年6月には「日本語教育の推進に関する施策を総合的かつ効果的に推進するための基本的な方針」が閣議決定される。基本方針には、「全ての外国人が日本社会で生活していく上で必要となる日本語能力を身に付け、教育・就労・生活の場でより円滑に意思疎通できる環境を整備するため、学習目標を明確化するとともに、日本語教育の更なる充実が求められている」[9]ことが明記されている。

　また、文化庁[10]では、法律制定に先行して、2016年から「『生活者としての外国人』のための日本語教室空白地域解消推進事業」を開始、日本語教室のない自治体に対して日本語教室の立ち上げなどの支援を始めていた。2023年度の事業内容をみると、地域日本語教室スタートアッププログラム、ICT教材の開発・提供、空白地域解消推進セミナーおよび日本語教室開設に向けた研究協議会があげられている。特に、遠隔地域を対象としたICT教材は18言語に対応し、3つのレベルの日本語を提供して、よりアクセスしやすい日本語学習環境の整備に力を入れている。そして、「地域日本語教育の総合的な体制づく

り推進事業」も開始しており、都道府県や政令指定都市などを対象に日本語教育に関する総合的な体制の整備に取り組んでいる。補助事業であるために、応募する自治体が支援を受けるものである。いま現在は、「外国人材の受入れ・共生のための地域日本語教育推進事業」として、①地域日本語教育の総合的な体制づくり推進、②総合的な体制づくりの優良事例等の普及、連携強化の二本柱として展開し、地域日本語教育コーディネーターの配置などの体制づくりや日本語教育に関するノウハウなどの普及といった事業を支援している。さらに、2021年度には「日本語教育の参照枠」、2022年度には「生活 Can do」や「地域における日本語教育の在り方について（報告）」を示し、日本語教育の枠組みづくりを進めている。日本語教員に関しても、2000年の日本語教員の養成に関する内容を見直して、2018年に「日本語教育人材の養成・研修の在り方について（報告）」を出していた。

　このような事業の展開から、ボランティアに頼ることの多かった地域日本語教室に国からの支援が本格化し、予算が増加し続けている。これによって、今まで貧弱であった自治体における日本語教育の体制整備も始まり、日本語教育の必要性を認知させ、それまでなかった動きを生み出していることは評価に値する。しかしながら、現在の体制においては、主に自治体支援が中心であるため、必ずしも地域で長く活動してきたボランティアや NPO に対する支援とは結びついていないことが課題である。また、対象として、難民の日本語教育も設定されているが、ウクライナからの難民支援に集中している限界もある。

　以上のように、「空白」であった法的根拠が整えられたことによる変化は、2010年代半ば以降にみられていたが、依然としてボランティアや NPO が、支援の隙間に放置されている人々への学びに対応している実態がある。

3　外国人の学習権保障に向けての実践

　画期的な前進といえる法律制定がなされてはいるものの、現場で起きている課題に対応しきれているとはいえない。制度と実際の乖離を埋めるとともに、地域で困っている人たちにボランティアや NPO が手を差し伸べている実態から目をそらすことはできない。現場と行政がよいパートナーとして共生の地域

第4章　基礎教育機会の保障と多文化共生社会　｜　69

をどのように創造していくのか。ここでは、埼玉県の2つの実践から描き出したい。

3-1　地道な実践の積み重ねから生まれた公立夜間中学[11]

　埼玉県で川口市立芝西中学校陽春分校が設置されたのは、2019年4月のことである。2016年に教育機会確保法ができてから初めて千葉県松戸市とともに開校した夜間中学である。この日を迎えることができたのは、法律整備もさることながら、地域で運動や実践に取り組んできた人々の努力によるものであった。

　始まりのきっかけは、1985年2月に廃校に追い込まれた千葉県の夜間中学を応援しようと開いた「ザ・夜間中学100人トークマラソン集会」で、埼玉で夜間中学を作る運動をするという宣言がなされたことであった。同年9月に「埼玉に夜間中学を作る会」（作る会）が発足し、12月には「川口自主夜間中学」（自主夜中）を火・金曜日の18時30分から20時30分まで週2回で開始した。不登校や障害者、形式卒業者の日本人6人から始まった教室は、学習者が増え続けたために火曜日と金曜日の会場を別々とし、いままで延べ千人を超える学習者が学んできた。スタッフは教員や主婦、会社員、大学生・院生など多様で、マンツーマンで学習者がもってくる内容を学ぶ形式をとっている。自主夜中の場所を川口にしたのは、工場の多い地域的特性や東京の夜間中学に通う人が多いからである。

　作る会と自主夜中はもともと1つの組織であったが、教えることに集中したい人もいたことから、別々の組織として運営しており、月1回の事務局会議を通して情報共有などを行っている。埼玉県で初めての公立夜間中学ができるプロセスには、この2つの組織が関わり活動を続けてきたことが大きな影響を及ぼしている。

　例えば、2015年6月には「夜間中学等義務教育拡充議員連盟」が自主夜中を視察し、意見交換会を持った。これは、自主夜間中学のことを知ってもらいたいという想いから、全夜中研を通して議員に依頼し実現したものである。同年10月には、作る会・自主夜中の30周年集会に当時の馳浩文科大臣が「立法化の現状と展望」という題名で講演、この講演をきっかけに埼玉県の議員たち

70　｜　第Ⅰ部　共に生きることと学習権の保障

とつながる機会を手にする。これは、自主夜中の視察と意見交換会を通して、埼玉県の超党派による夜間中学への理解を導き出すことにつながった。31 周年集会にも、当時の文科次官による講演が実現、政策を作る側のキーパーソンとのネットワークを作ることができていた。

実は法律制定後に、川口市長は市立の夜間中学を作る方針を打ち出していた。長らく膠着状況が続いていた念願の課題が一気に動き出した瞬間である。これは、市長の決断によるものであったが、市長面談で作る会と自主夜中が公立夜間中学の開校に向けて協力していくことが確認された。埼玉県に対しても、2017 年 5 月に協力要請と協議会の設置を求める要望書を提出し、2019 年 4 月の開校までに、川口市の準備連絡会と埼玉県の検討会議で、それぞれ 8 回ずつ話し合いを積み重ねた。特に、川口市においては、設定されたテーマ「特別な教育課程の編成」と「指導方法の工夫」について、多様な学習者のニーズに合わせた内容や方法を取り入れることを明確にした。ほかにも、配布資料や入学手続き資料などのルビ振り、非常勤の養護教員配置などは、作る会・自主夜中の意見が反映された成果であった。そして、2019 年 4 月の公立夜中に自主夜中の学習者 7 人を含めた 78 人が入学、入学者の 6 割が外国籍で国籍は 13 か国に及んでいた。陽春分校は、開校から 4 年が過ぎ、卒業生を輩出しているが、残された課題も少なくない。

いま陽春分校は、川口市だけでなくほかの自治体からも入ることはできるが、随時入学を認めていないために途中からの入学はできない。そのため、入学できず待機せざるを得ない人々が出てきている。この問題は今後 2 次募集を行う方針へと変わる予定である。2020 年の国勢調査で埼玉県に 3 万 3985 人の義務教育未修了者がいることを考えると、1 校で充分とはいえず、川口まで通うには遠い地域もあるので、増設していく必要がある。

そして、自主夜中もスタッフなどの資源が不足しているために、希望する学習者をすべて受け入れることはできず、待機してもらっている状況である。1985 年の設立から関わっている作る会の代表・野川義秋は、教育機会確保法に民間団体への支援が盛り込まれていることから自主夜中も支援していく必要があるとしながら、公立ができたとしても依然として自主夜中の必要性はなくならないと指摘する。一方で、陽春分校の卒業生が自主夜中のスタッフになる

動きもあり、公立と自主夜中の連携協力から新たな可能性が生まれている。

3-2　地域で「共に生きる」ために[12]

　移民政策のない日本において、1990 年代以降に急増した在日外国人への日本語支援や多言語での情報提供、生活相談などは行政より先に市民によって担われていた。

　1990 年代初頭から公民館で日本語教室を開いていた石井ナナエは、外国人が地域で暮らすには日本語を学ぶだけでは不十分であると考え、交流センターを作りたいと思うようになる。1996 年に公民館と埼玉県の共催講座「アジアと日本を考える講座」をきっかけに「地域国際交流センターを考える会」が発足、1997 年には「ふじみの国際交流センター」が生まれる。センターは、日本語教室はもちろんのこと、生活相談や多言語の情報提供などを始めるようになる。1995 年の阪神・淡路大震災で多言語での情報発信の重要性が喚起され、「多文化共生」という言葉が社会に広がりつつあった時期に、韓国語や中国語、スペイン語など 7 言語で情報誌を出していた。生活情報誌にはごみの出し方や地震発生時の対応、育児・予防接種など、実際生活に必要な情報を載せている。NPO 法ができた直後の 2000 年 1 月には埼玉県の認証を受け、NPO 法人となり、2003 年には認定 NPO となった。センターは DV を受けた女性を保護する活動から外国ルーツの子どもの居場所や学習支援など、多岐にわたり、現在も行政と連携しながら生活相談、フードバンク活動、日本語教室などの事業を展開している。

　発足当初からセンターの代表として中心になっていた石井は、2022 年にセンターを離れ、同年に一般社団法人「多文化共生推進プロジェクト」を立ち上げている。住宅街に位置する民家を借りた「みんなのいえ」は活動の拠点であり、知り合いの家に入るような感覚で入れるように工夫している。活動内容としては、生活相談や日本語指導、行政との協働で社会教育講座や通訳などをしている。日本語指導には、外国ルーツの小・中学生や社会人などが近くの学校の日本語指導員や行政からの紹介などできている。マンツーマンで日本語を教えたり宿題をみたりしているが、ボランティアは会社員や行政書士、主婦など多様である。中には、センターで助けてもらった外国人が、ボランティアとし

72　第 I 部　共に生きることと学習権の保障

て一緒に活動している。

　一方、センターで活動していた人が地元で別のNPOを立ち上げ、居場所づくりや日本語支援などに取り組んでいるという活動の輪の広がりをもみられる。

　センターの国際子どもクラブで学習支援に10年間関わっていた梶加寿子は、知り合いから日系人の母子を転入手続きで役所に連れていくように頼まれたことが外国人との出会いのきっかけであった。そこで外国人がさまざまな生活困難を抱えていることを知り、そこから日本語教室を作る。当時日本語教育の専門家を含む有志でスタートした日本語教室の傍ら、教育委員会の依頼で小・中学校への取り出し授業にも行くこととなる。

　梶らは、地域の小・中学校における日本語指導を1998年度からは日本語教室として引き受け、NPO法人「街のひろば」を立ち上げた2013年度からはNPO法人がこの活動を続けている。2004年度から予算が策定され謝礼が支払われるようになったが、充分であるとはいえない。2014年度からは教育委員会からの業務委託となったが、指導が必要な生徒の数に関係なく1週間の指導時間が予算枠の関係で決まっているので、生徒の日本語能力を考慮して時間割を調整している。この取り出し授業の日本語指導以外にも、社会教育課と連携した多文化若者広場として火・木曜日19時から21時に日本語指導を公民館で行ったり、子ども支援課と連携した子ども学習広場事業では、週3回小学生と中学生の学習支援をそれぞれ行っている。ほかに、外国人生活相談や大学と連携したスポーツ支援などにも取り組んでいる。日本語支援の子どもたちは、ほとんど日本語ゼロの状態で入ってくる。日常会話はできるようになっても勉強についていけないケースもある。高校入試に向けて受験勉強や補習もしている。

　梶は、日本語を教えているうちに独自の教材を開発し、その教材を使えば、誰もが教えられるようにオープンソースとして公開している。コロナ禍で公共施設が使えなかったときには助成金にも助けられながら、近所のアパートを借りて対応していた。コロナよりも日本語ができないことがもっと大変であるとのことで、自宅まで教えに行くこともあった。公的支援が充分でないところで、子どもたちに学びの機会が保障できるような環境づくりに頑張っている。

　目の前の困っている外国人に対して必要なことを考えながら行政に働きかけ仕組みを整備し、学ぶ権利を保障していく活動を積み重ねてきている。しかし、

第4章　基礎教育機会の保障と多文化共生社会　73

日本語教育推進法ができ、日本語教育の参照枠ができたとしても、実際の現場においては、まだ支援体制が充分ではなく、支援も足りない状況であることは見逃せない。どのように地域や日本人が変わるのかを視野に入れながらも、基本的な権利として、日本語能力を身に付けて地域の構成員として自立していくことを支えること、そして、支援してもらった外国人が支援する側になるという「好循環」をも生み出しており、地域に多文化共生の拠点に位置づけられている。

4 多文化共生を担う人々の学びの保障

本章では主に外国籍の人々を中心としたが、基礎教育を必要とする形式卒業者の日本人も多い。また、国際結婚で生まれた子どもたちは、日本国籍をもっているからこそ、逆に見えにくく、必要な支援から疎外・排除されるケースも少なくない。1980年代以降に広まった新自由主義による格差の拡大は日本にも貧困問題をもたらしている。学びの機会から抜け落ちている人々に対して、基本的権利としての学習権を保障していく体制をいま一度整備する必要がある。さらに、コロナ・パンデミックによる学びの「空白」の問題やデジタル・リテラシーをどう考えるのかについても、まだ不十分な状態である。

このような状況を打破していくものとして、本章で取り上げた動きとともに、政府主導で政策づくりが進んでいる韓国の事例も参考にできよう。識字教育や学校からドロップアウトした「学校の外の青少年」のための政策を2000年代以降に整備してきた韓国では、代案学校や識字教室での学びを認める学歴認定制度を始めている。特に、学歴認定制度は教材の制作・普及や識字教員養成及び研修の整備などが進むきっかけとなり、識字教育の底上げにつながっていた。そして、識字教育政策に関しては、2023年からデジタル・リテラシーの予算項目を新設し、2024年にはデジタル・リテラシーに関する調査を実施する予定である。基礎識字とデジタル・リテラシーを、識字の二本柱としていることには議論の余地はあるが、学びを多様な視点から捉え、学ぶ権利の保障を視野に入れた政策を推し進めている。政府主導が続く中で、民間の力が弱まるといった実態が見えていることは注意すべきであるが、誰もが学びから遠ざかるこ

とがないような土壌づくりは大事である。

　日韓の識字・基礎教育では、互いの実践から学び合いながら共通の課題を共有し、2019 年 9 月には「日韓識字学習者共同宣言」[13] を採択している。識字学習者の「声」から創り上げた共同宣言は、実態調査から政府・自治体の責務の明確化、教材や研修などの条件整備に至るまでの要望を含んでおり、その具現化のための努力はいまも続いている。

　社会や地域の構成員として基礎教育に関する人々の学びを考えると同時に、日本人や日本社会の認識を変える取り組みも必要であろう。また、「マジョリティ中心の社会教育への反省」[14] は、いまなお忘れてはならない課題である。基礎教育や識字の捉え方が社会変化に応じて変わっている中で、多文化共生社会における社会教育の担い手として、外国ルーツの人々を位置づけていく試みも外せない重要な課題である。

1) 関本保孝「義務教育機会確保法制定以降の展開」（2023 年 10 月 26 日）より。
2) 横井敏郎「教育機会確保法の可能性と課題――夜間中学に焦点を当てて」『教育制度学研究』第 27 号、2020 年、155 頁
3) 江口怜によると、形式卒業者は「実質的に中学校段階までの教育を受けていないが、中学校卒業証書を得た人々を指すために夜間中学関係者が作り出した造語」を意味する。江口怜『戦後日本の夜間中学――周縁の義務教育史』東京大学出版会、2022 年、ⅱ頁
4) 文部科学省「教育振興基本計画」（2018 年 6 月 15 日）、2018 年、79 頁
5) 関本保孝への聞き取り調査（2023 年 10 月 15 日）より。
6) 文部科学省初等中等教育局「夜間中学の現状と文部科学省の取組について」（2023 年 10 月 11 日）より。
7) 「通学自治体率」は、関本保孝が作った言葉であり、「実際に夜間中学に通学している県内市町村の占める割合」のことを指す。関本保孝への聞き取り調査（2023 年 10 月 15 日）より。札幌市に公立夜間中学ができたとしても、北海道全域から実際に通うことのできる自治体は 3.9％に過ぎない。従って、もっと公立夜間中学を増やしていく必要があることを「通学自治体率」は示している。
8) 同上。
9) 「日本語教育の推進に関する施策を総合的かつ効果的に推進するための基本的な方針」（2020 年 6 月 23 日閣議決定）、1 頁

10) 文化庁ウェブサイト（https://www.bunka.go.jp/seisaku/kokugo_nihongo/kyoiku/ seikatsusha_kuhakuchiiki_jigyo/index.html、最終閲覧日 2024 年 1 月 21 日）

11) 本項の内容は、埼玉に夜間中学を作る会の代表・野川義秋への聞き取り調査（2023 年 11 月 18 日）、および資料、野川義秋「教育機会確保法の成立から川口市立『陽春分校』開校まで」『早稲田日本語教育学』第 28 号、2020 年、および「夜間中学運動の一翼を埼玉の地で担い続けて」『ミア・コーロ』第 8 号、2021 年に基づく。

12) 本項の内容は、石井ナナエ・梶加寿子への聞き取り調査（2023 年 10 月 29 日）、および梶加寿子への聞き取り調査（2023 年 11 月 15 日）や提供資料に基づく。

13) 基礎教育保障学会編『日韓識字学習者共同宣言』、2019 年

14) 座談会「『人権』と『社会教育』をめぐって」日本社会教育学会編『現代的人権と社会教育』（東洋館出版社、1990 年）、178 頁

―― コラム 1 ――

地域の協同による青少年の居場所づくり
―― NPO 法人文化学習協同ネットワーク

佐藤洋作（NPO 法人文化学習協同ネットワーク代表理事）

風変わりな「塾」

　地域の親たちから子どもの進学指導を請われたことをきっかけにして始まった「塾」であったが、50 年が経過した。学校にはないノンフォーマルな指導スタイルが保護者、子どもたちを引きつけて、生徒数は増えていった。受験戦争、偏差値教育の過熱化、深まる管理教育の中で、1980 年代に入っても学校に居場所を失った子どもたちが集まる「変わった塾」として存在し続け、学びから逃走し始めた子どもたちを前に、"知る喜びと学ぶ意欲を"をスローガンに、教科学習の他にもさまざまな体験的で探究的な学びをつくりだしていった。話し合い（討議）、自分の意見発表（表現）、平和学習など、そしてみんなでの行事づくりに、子どもたちは意欲的に参加し学んだ。90 年代になると不登校の子どもたちのフリースペースも併設し、いよいよ「塾」というよりオルタナティブな学びの場の性格を深めていった。

若者が「働きながら『働くことを学ぶ』場」

　世紀が変わるころ、NPO 法人化し引きこもりの若者支援にも活動を広げた。行政とのパートナーシップで開設した相談窓口には、学校から仕事へとスムーズに移行していけず、自信を失い不安に圧倒された若者たちが次々やってきた。若者たちの生きづらさの背景にはグローバル化と雇用の流動化という社会経済的変容があるが、同時にシチズンシップと進路観形成という青年期課題がやり残されたままにされていることにも要因がある。未達成の課題を遂行していくための学習プログラム、そして若者が社会（課題）に出会っていく足場としての居場所もつくる必要に迫られた。さらには「働きながら『働くことを学ぶ』場」としてベーカリーや農場も開いた。若者が働く主体のソーシャルファームを準備しパソコンでデザインやデータを制作する工房も経営することになった。

働くことは学ぶことであり、学ぶことは働くことでもある。私たちが子どもたちと追求してきた「なぜ学ぶのか」の問いは今、若者たちとの「なぜ働くのか」という問いの中にも生き続けている。

教育と福祉が出会うところ

困窮家庭の子ども対象の学習会も各地で運営しているが、この学習支援も単なる進学指導に留まることなく居場所機能を追求する理念は貫かれている。また指導員として参加している大学生の社会的な学びの機会にもなっており、このようにして大学生も含む生きづらさを抱える若者たちの自己教育の場、社会教育プログラムがつくられてきた。

居場所（文化学習協同ネットワーク）、筆者撮影

父母・市民との協同、なによりも子ども・若者との協同で進めてきた居場所づくり実践がオルタナティブな学びの場、今日の青年期の社会教育プログラムを生み出してきた。三鷹から始まった取り組みは近隣自治体に広がり、最近では外国ルーツの子どもの学習会やヤングケアラー支援も課題になり、私たちの居場所は子ども期から青年期へと社会的自立を支える重層的自立支援機関として「教育と福祉が出会うところ」となってきている。

（さとう・ようさく）

第Ⅱ部

市民活動組織が育む共生への学び

第Ⅱ部　市民活動組織が育む共生への学び

第Ⅱ部では、共生への学びを推進し構築していくために市民活動組織が果たす役割と可能性を考察する。第5章では市民活動組織の概念と沿革・特徴を整理したうえで、教育・学習分野に焦点をあてて考察する。第6章では市民活動における教育と福祉との協働が共生への学びを深める可能性を探り、第7章では将来社会構想としての「共生社会」の内容とその実現過程における協同労働の意義を検討する。

第5章

共生への学びを創る市民活動組織の可能性

田 中 雅 文

1 市民活動組織とは何か

1-1 市民活動組織と市民社会

①市民活動組織の定義　市民活動は環境保全、まちづくり、子ども・若者支援、ジェンダー、人権など、社会のあらゆる分野に浸透している。今や、共生を含め社会のさまざまな課題は、市民活動を抜きにして語ることができないといってもよい。しかし、この「市民活動」という用語は、学術用語として必ずしも明確な定義を付与されているわけではない。

そのような状況ではありながらも、早瀬昇らは市民活動を「ボランティア活動に加えて、市民主体で運営されるか、市民が広く参画する NPO によって取り組まれる公益活動も包含する言葉」だと定義している[1]。ここで、ボランティア活動、市民、NPO とは何かを確認する必要が生じる。

第一に、ボランティア活動とは何か。一般には、自発性、公益性（公共性）、無償性が原則だとされている。つまり、「自らすすんで、社会のために、報酬をあてにせずに行う活動」がボランティア活動である。早瀬もボランティア活動の鍵概念を「自発性」「社会性（公益性・公共性）」「無償性」だとしている[2]。

第二に、市民とは何か。古代ギリシャに始まる市民の概念は、歴史の中でさまざまに変化してきた。現代社会における市民の定義を、栗原彬は次のように定義している[3]。

　　社会のメンバーとして、社会に必要、または望ましい、または善きことと思われることを自律的に行う志向性をもつ人々。自治に参加する志向性をもつ人々。社会的に排除されていて、自らの存在それ自体で生存と共生の方への呼びかけを行い、政治の責

任と判断力の次元を開示する人々をも含む。

　ここで、社会的に排除される人々にも言及していることは、共生の観点から市民の概念を考えるうえで重要である。インクルーシブな社会の中で、排除される側の人々も社会に影響を及ぼす主体として「市民」に位置づけられる。

　第三に、NPOとは何か。NPOはNon-Profit Organizationの略で、民間の非営利組織を意味する。その必要条件は、①組織であること、②民間であること、③非営利であること（収益を分配しないこと）、④自己統治していること、⑤自発的であることとされる。これらは、アメリカのジョンズ・ホプキンス大学がNPOの国際比較調査を実施したときの調査対象の条件である[4]。なお、NGO（Non-Governmental Organization＝（非営利の）非政府組織）も意味的にはNPOと同様であるものの、日本では国際的な諸課題に取り組む団体の呼称として使用されることが多い。

　上記の定義に基づいてNPOの例をあげると、日本の法人制度の中では、特定非営利活動法人（以下NPO法人）、一般（公益）財団法人、一般（公益）社団法人、学校法人、社会福祉法人、宗教法人、医療法人などである。配当金（収益分配に相当）が支給される協同組合などはNPOとはいいがたいものの、営利企業のように利潤追求を主目的にしないということから広義のNPOに含まれることもある[5]。一方、任意団体であっても公益性を有するとみなされる組織は、NPOに含むことが一般的である[6]。

　以上、ボランティア活動、市民、NPOの定義を確認した。これに基づき、前述の早瀬らによる市民活動の定義をもう少し具体的・包括的に表現すると、「自発的に公益性を実現しようとする人としての市民が主体となるか広く参画し、個人・グループあるいはNPOとして行う公益的活動」となる。ボランティア活動はこれに包含される概念である。また、ここでのNPOは協同組合を含む広義のNPOと考える。本書では、このような意味での市民活動を行う組織を市民活動組織と定義する。

　②市民社会との関係　それでは、このような市民活動組織は、社会全体の中でどのような位置にあるのだろうか。

まず、我々が生活する社会は、いくつかのセクター（領域）に分けてとらえることができる。坂本治也は、ペストフ（V. Pestoff）の文献などいくつかの論考を参考に、政府、市場、親密圏、市民社会という四つのセクターに分け、それぞれ次のように定義している[7]。

　政府セクターとは中央・地方の統治機構による公権力の行使ないし政党による政府内権力の追求が行われる領域、市場セクターとは営利企業によって利潤追求活動が行われる領域、親密圏セクターとは家族や親密な関係にある者同士によってプライベートかつインフォーマルな人間関係が構築される領域である。そして市民社会とは、それら以外の残余の社会領域であり、そこでは非政府性、利潤（金銭）追求を主目的にしないという意味での非営利性、人間関係としての公式性（formal）という三つの基準を同時に満たす社会活動が行われる。

　そして、市民社会に属する団体・結社・組織を総称して「市民社会組織（civil society organization; CSO）」と呼ぶ一方で、恒常的な組織としての実体をもたない社会運動・市民運動といった運動体も市民社会内部の存在として位置づけている[8]。

　上記の定義に基づけば、市民活動組織は市民社会に属する。そして、市民社会組織であっても市民活動組織ではないものは、市民主体や市民の広い参画に基づかない NPO である。例えば、多くの学校法人、医療法人などはその代表的なものである。さらに、市民主体や市民の広い参画による運動体は、市民活動「組織」とは言い難いものの、市民活動の主体として市民社会に位置づく。

　以上をまとめれば、我々の社会は政府、市場、親密圏、市民社会という四つのセクター（領域）から構成されており、このうち市民社会に属する組織（団体・結社）が市民社会組織、そのうち市民活動を実践するものを市民活動組織と呼ぶ、ということである。さらに、恒常的な組織の実体がない運動体も市民活動の主体として市民社会に位置づいている。共生という観点からみれば、市民活動組織は社会的に排除されやすい側の人々がそうでない側とともに主体性をもって「共に生きる社会」を創っていくための装置だと考えることが重要である。

1-2 歴史と現状

　次に、日本における市民活動がどのような変遷をたどって現在に至ったのかについて、第二次世界大戦後の復興期あたりからみてみよう[9]。戦争によって荒れ果てた国土を立て直すため、日本各地の住民は公民館等の拠り所となる施設に集い、そこを拠点として生活改善と産業振興に取り組んで郷土おこしの活動をすすめた。ところが、1950年代半ばからの高度経済成長によって公害等（産業、交通）の問題が起こり、60年代からは「新しい社会運動」の影響も受け、国・自治体や大手資本の事業展開などに対する対抗型の住民運動を含む多様な市民運動が活発化した。その後の停滞期を経て、80年代あるいは遅くとも90年代以降は、新しい社会の創造に向けた市民活動やそれらを基盤とするネットワーク、行政や企業を含む協働・パートナーシップの活動が広がってきた。さらに、高度情報化の進展に伴い、インターネットやSNSなどの活用によって、市民活動のネットワークの広がりが加速している。

　ここで、市民運動から市民活動への変化について、社会学者の高田昭彦は次のように述べている[10]。住民運動を含む対決型の市民運動が、1980年代にネットワーキングや行政・企業等とのパートナーシップの考え方を取り込み、オールターナティヴの提案・実現を目的に据えるようになった。この時点から、担い手自身が市民運動を市民活動と呼ぶようになり、1990年代にはNPOという具体的な組織形態を獲得したというのである。

　1998年には特定非営利活動促進法が制定され、「ボランティア活動をはじめとする市民が行う自由な社会貢献活動」（同法第1条）の発展が法的に後押しされることとなった。実際のところ、同法の制定後、特定非営利活動法人（NPO法人）の数は2000年度3800、2005年度2万6394、2010年度4万2385、2015年度5万0865と順調に増加の一途をたどった[11]。しかし、2017年度の5万1866団体をピークに微減傾向に転じ、2023年12月末現在では5万0047団体となっている。一方、公益性の基準を満たして税制上の優遇措置を受けることのできる認定NPO法人は、2023年12月末時点で1283団体であり、こちらは増加傾向を維持している。

　市民活動組織の代表的な組織形態であり、活動分野のデータが唯一整備されているNPO法人を例にとって、その分野構成（複数回答方式）をみると、保

険・医療・福祉 59.1％、社会教育 50.3％、子どもの健全育成 50.1％、助言・援助 48.1％、まちづくり 45.5％、学術・文化・芸術・スポーツ 37.0％となっている[12]。社会教育法では、「主として青少年及び成人を対象とする、学校教育以外の組織的な教育活動（体育及びレクリエーションの活動を含む）」が社会教育だと規定されている。ただし、実際には公民館等で乳幼児と保護者を対象とする事業も行われていることから、対象者層の年齢条件は割愛し、「学校教育以外の組織的な教育活動（体育及びレクリエーションの活動を含む）」を社会教育として扱うことが妥当である。なお、ここでいう学校教育とは正規の教育課程を指し、公開講座等の付帯的な事業は社会教育に含まれる。この前提に立てば、NPO 法人の活動分野のうち、社会教育以外でも子どもの健全育成、学術・文化・芸術・スポーツなどは社会教育の範囲に含めることができる。これらのことから、NPO 法人のかなり多くの団体は、社会教育の活動を実践しているとみてよい。

1-3　市民活動組織の特徴

　以上のような経緯をたどって現在に至る市民活動組織は、どのような特徴をもっているのだろうか。

　第一に、社会変革・社会創造への志向である。多くの市民活動組織はミッション（社会的使命）をもち、その達成に向けた活動を展開している。それは既存社会の変革であり、新しい社会の創造である。近年では、SDGs（持続可能な開発目標）における各目標の達成のため、市民活動組織に大きな役割が期待されている。SDGs のキーワード「誰一人取り残さない」は、人と人との共生、自然と人との共生を実現することで持続可能性を備えた新しい社会を創造することである。共生に基づく社会を創るために市民活動組織の役割は大きい。

　第二に、需給融合型の活動である。政府セクターは税収、市場セクターは受益者負担によって各種のサービスを提供する。そこでの需給関係をみれば、政府（行政）と企業が供給側、国民・住民と消費者が需要側である。市民社会セクターに属する市民活動組織以外の市民社会組織（学校法人、医療法人など）の多くも、市民社会組織の側が受益者負担等によりサービスを供給する。しかし、市民活動組織の場合は、需要側である市民自身が供給側ともなることが少

なくない。例えば、市民自身が企画・運営して市民活動として提供する市民大学、互助システムとしての子育て支援、各種の当事者団体の活動などである。これらは需給融合型の活動と表現することができ、「共に生きる」という理念に支えられているものといえる。

第三に、他のセクターとの関係である。市民活動組織は委託・助成や無償のボランティア活動によって政府（行政）を補完し、自らのミッションに合致する場合は企業のCSR等とも関係を強める。学校（公立の場合は政府セクター、法人立の場合は市民社会セクター内）に対しても、後述のとおり地域学校協働活動によってさまざまな支援機能を発揮する。このように、他セクター内にも浸透することによって、自らのミッションの及ぶ範囲を広げていくのである。

第四に、つながりの促進である。かつて内閣府が実施した調査に興味深い傾向が表れている。内閣府国民生活局「平成17年度市民活動団体基本調査」によれば、市民活動団体（本章でいう市民活動組織に相当）の71.5%が「人と人とのつながりをつくっている」と回答しており、自己評価を尋ねた項目の中では最も高い回答率であった。一方、内閣府大臣官房政府広報室「NPO（民間非営利組織）に関する世論調査」（2005年）によれば、国民の42.2%はNPOが「人と人との新しいつながりを作る」ことを期待しており、NPOへの期待を尋ねた項目の中では最も高い回答率であった。こうして、自他ともに認める市民活動組織の「つながり促進力」が調査結果から浮き彫りになる。市民活動組織がテーマ型コミュニティを形成するといわれるのも、このような「人と人とをつなぐ」機能に裏打ちされるものである。

第五に、新自由主義との関係である。新自由主義とは、国家（政府）の役割を最小限にし、自由な市場の役割を最大限に広げようとする考え方である。F. A. ハイエクやM. フリードマンなどによって提起され、1980年代のアメリカ（レーガノミクス）やイギリス（サッチャリズム）で顕著に台頭した。日本における1990年代後半から2000年代にかけての「構造改革」（行政サービスの民営化など）もその典型であり、その時期には行政に代わる市民活動の受け皿づくりが進み、特定非営利活動法人や新公益法人が創設されて市民社会組織の制度的基盤となった[13]。こうした状況の中で、市民社会組織（とくに市民活動組織）が行政の「下請け」的な立場になっていくのか、それとも社会創造の

機能を維持・発展させるのかは、民主主義に支えられた共生社会を育むうえで重要なポイントである。仁平典宏は自ら参加した実証研究の結果をもとに、行政と協働していてもメンバーが政治に対する問題意識をもち活発に議論する団体——つまり言説レベルで脱政治化しない団体——はアドボカシー活動も活発だと指摘している[14]。市民活動組織の主体的な政治意識が求められるといえるだろう。

1-4　国際比較からみた日本の位置

　市民活動組織といっても、国によってその制度はさまざまである。日本においても、前述のように特定非営利活動促進法の第1条で「市民の社会貢献活動を促進する」旨が明記されていることから、NPO法人はほぼ市民活動組織と考えてよいものの、他の法人制度においては市民活動組織といえるものがどの程度存在しているか明確ではない。そのため、正確な国際比較は容易ではないものの、久塚純一・岡沢憲芙らは「世界のNPO」と称して7か国の実態を調査して文献にまとめた[15]。

　澤村明は、日本のNPO法人に相当する団体の制度を4か国についてとりあげ、団体数を比較している[16]。それによると、アメリカでは、免税対象となる民間非営利法人の規定として内国歳入法501(c)(3)があり、そこで認められる団体は2012年で96万強、内国歳入庁の登録団体の全体では144万団体となる。イギリスでは、非営利で公益的な活動を行う組織をチャリティと呼んでおり、イングランドとウェールズを管轄するチャリティ委員会に登録される団体は2013年9月末で約18万団体である。フランスでは、法的に認められた届出非営利社団が約100万といわれ、そのうち国家から公益性が認められた公益社団は2015年10月の統計で1938団体となっている。ドイツでは、日本のNPO法人に近い登録社団という組織が約59万（2014年）あるとされている。いずれの国と比較しても、日本のNPO法人の数はかなり少ない。

　一方、内閣府は寄附金に関する日米英の比較表を作成している[17]。それによると、寄附金総額の対GDP比は、アメリカ2.01%、イギリス0.75%に対し、日本は0.18%にとどまる。寄附金の面からみても、英米に比べて日本の規模ははるかに小さい。

以上のような欧米との違いを根拠に、日本における市民活動やボランティア活動に対する意識がまだ成熟していないとか浸透していないといわれることが多い。しかし、相互扶助や互酬性の意識については、日本社会に昔から浸透しており、その意味で江戸時代は相互扶助による巨大なボランティア社会だったというとらえ方がある[18]。確かに、その時代の庶民が地域社会で自発的に助け合い、それによってとくに報酬を得ていたわけではないとすれば、ボランティアの原則に合致している。いわば輸入された概念である市民活動やボランティア活動を、このような「日本的な」相互扶助の精神との連続性・非連続性の観点からとらえることが重要といえるだろう。

2　社会教育と市民活動組織

　前節では、市民活動組織について、その定義、歴史と現状、特徴、国際比較を取りまとめた。本節以降では、市民活動組織と社会教育、学校教育との関係を考察する。

2-1　社会教育の変遷（沿革）

　ここでは、第二次世界大戦の終戦から現代まで、社会教育を担う主体が辿ってきた変遷を概観する[19]。社会教育の定義については種々の議論が可能であるものの、ここでは前節 1-2 の最終段落で述べた定義に準拠する。

　さて、戦後における日本の社会教育は、1946 年に出された文部次官通牒「公民館の設置運営について」（昭和 21 年 7 月 5 日　発社第 122 号　各地方長官あて　文部次官）から本格的にスタートしたといってよい。この通牒は、全国の町村に対して公民館の設置を働きかけるもので、公民館を「町村民の自主的な要望と努力によって設置」し、「町村自身の創意と財力によって維持」することが理想と述べている。そして、産業振興、民主主義の実現、住民相互の教養の高め合い、地域団体の交流促進などの役割を公民館に期待していた。こうして、地域づくりの総合的な拠点としての公民館がスタートしたのであった。

　住民主体の社会教育活動は、その後の高度経済成長期（1955〜70 年代初頭）には、都市化や工業化から住民生活を守るための手段として機能した。つまり、

政府や企業が推進する急激な地域開発や工業化から地域生活を守るため、学習活動に支えられた住民運動が各地でわき起こったのである。信濃生産大学をはじめとする農民大学運動、沼津・三島地区石油コンビナート進出阻止に代表されるような学習活動とリンクした公害反対運動などが有名である。その半面、公民館が教育行政の所管として明確に位置づくとともに、それぞれの地域課題に対応する施設が所管行政部門によって整備されるようになり、公民館の地域づくり拠点としての性格は薄れていった。

　高度経済成長の終了後、急速に拡大したカルチャーセンターや大学公開講座などの登場、都市化や消費社会化に伴う人々の地域離れ意識の浸透などにより、地域の学習拠点としての公民館の相対的な地位は低下した。加えて、教育委員会以外の行政部門において、それぞれの行政課題に関連する学習機会が活発に提供されるようになった。環境部門での地球温暖化問題の講演会、福祉部門での介護関連の講座、市民生活部門でのまちづくりワークショップなどである。

　さらに1990年代以降は、前述のように市民活動が台頭してきた。ここで、先に述べたNPO法人の活動分野のデータをふり返ると、NPO法人の多くは社会教育の活動を実践しているとみることができる。しかも、市民活動の促進を図るために地方自治体（一般行政部門）が設置する市民活動センターでは、市民活動のノウハウや社会的な課題に関する学びの場を提供している。こうして、市民活動組織や市民活動センターも、学習機会の提供という点で公民館や社会教育行政の競合相手となってきたのである。

　加えていえば、前述の新自由主義の浸透により、市民活動組織が社会教育行政から事業や施設管理の委託・助成を受ける傾向が強まっている。とくに指定管理者制度は企業のみならず、NPO法人などもその担い手となっている。市民活動組織は、このような立場でも社会教育を担う主体となっているのである。

　以上のように、現代においては企業、大学、市民活動組織、一般行政部門が、それぞれの目的や特性に応じて社会教育を実践するようになった。こうして社会教育の活動が多様に広がっている中で、公民館等の社会教育行政の役割が厳しく問われているということができる。

2-2　学びからみた市民活動組織

　ここで、市民活動組織と学びとの関係を整理する。

　第一に、社会教育の団体としての市民活動組織である。前述のとおり、社会教育に関する活動を実践しているNPO法人は多い。具体的には、社会教育50.3％、子どもの健全育成50.1％、学術・文化・芸術・スポーツ37.0％という数値であった。ただ、これはNPO法人が定款に記載した活動分野をもとに集計したものであり、いわば複数回答方式による結果である。これに対し、内閣府のアンケート調査[20]で主な活動分野を一つだけ回答してもらった結果をみると、保険・医療・福祉が38.1％で群を抜いて多く、次いで子どもの健全育成13.3％、学術・文化・芸術・スポーツ11.5％となっており、社会教育にいたってはわずか3.3％にすぎない。

　ここから見えてくるのは、次のような傾向である。市民活動組織は環境や福祉などそれぞれの分野での中心的なミッションを達成するために、ワークショップ、講演会、各種講座といった学習機会を提供し、各種メディアを活用した啓発活動も行っている。つまり、市民活動組織にとって、社会教育はミッション達成のために重要なツールとなっているということである。さまざまな学習機会の提供と啓発活動を行い、それを通して人々の理解と意識変容を促し、活動への参加者や支援者を獲得することを目指すという姿が浮かび上がってくる。

　さらにいえば、上記の学習機会の利用者が市民活動組織のスタッフと共に学び・学びあうことも頻繁に生じる。そして、学習を通してミッションを共有した外部の人々は、もはや単なる外部ではなく組織を支える同志となる。つまり、市民活動組織における社会教育の活動は内外の人々をつなぎ、共に生きる同志として学び・学びあう関係をつくっていく。

　ところで、社会教育法第10条によると、「法人であると否とを問わず、公の支配に属しない団体で社会教育に関する事業を行うことを主たる目的とするもの」は、社会教育関係団体と呼ばれる。そのため、主たる目的が社会教育であるNPO法人は、社会教育関係団体に位置づけられる。一方、社会教育を実践しているNPO法人のうち、主たる活動分野が社会教育以外のものは、ミッション達成のためのツールとして社会教育の方法を活用している団体といえる。

　第二に、実践コミュニティとしての市民活動組織である。実践コミュニティ

（コミュニティ・オブ・プラクティス）とは、「あるテーマに関する関心や問題、熱意などを共有し、その分野の知識や技能を、持続的な相互交流を通じて深めていく人々の集団」[21]を指し、組織が活力をもったり持続的に発展したりするためには、このような集団が内部に存在することが必要だといわれている。市民活動組織が小規模な場合は組織全体が一つの実践コミュニティであろうし、大規模な場合は多様な実践コミュニティが内部に存在し、それらの相乗効果が組織全体の活力を生み出していると考えられる。

　ところで、学習活動とボランティア活動との関係を分析した実証研究によれば、学習活動がボランティア活動を促し、それが次の学習関心を喚起する、つまり学習活動とボランティア活動が相互に影響を及ぼしあって連鎖の過程をたどっていく可能性が示されている[22]。ボランティア活動を市民活動に置き換えれば、学習活動と市民活動は相乗効果をもって豊かになっていくと表現することができる。実践コミュニティの中で、各個人はこのようなメカニズムを経験しながら市民活動者としての力量を高めていくのである。

　第三に、インフォーマル学習である。上記で述べた第一、第二の知見は、いずれも意図的な学習、つまり講座、学習グループ、教材などにより「学ぼう」と思って学ぶような学習を前提としている。しかし、市民活動の特徴の一つは、学ぶ意思がなくても活動をとおして知らず知らずのうちに学ぶという「偶発的学習」が生じることである。近年では、このような学習をインフォーマル学習と呼ぶことがある。そして、知識・技術等の習得のみならず、経験を通した意識・行動の変容も学習の範疇に含まれることから、市民活動やボランティア活動の経験を通した意識変容は、インフォーマル学習の一種である。これに関し、田中雅文は市民活動組織のボランティアに対するインタビュー調査をもとに、次のような知見を提示している[23]。

　多くのボランティアが人々とのつながり（信頼感、仲間意識、地域住民との関係など）の重要性を新たに認識した（先に述べたNPO（市民活動団体）の「つながり促進力」を裏付ける結果である）。さらに、彼ら／彼女らは次世代育成の重要性にも目が開かれた。こちらを時間軸のつながりと考えると、前述の信頼関係や仲間意識などのつながりは空間軸のつながりである。「共生」を考えるとき、人々のつながりを空間軸・時間軸の両方からとらえることにより、

第5章　共生への学びを創る市民活動組織の可能性　｜　91

持続可能な社会を創るためのつながりのあり方が見えてくるように思われる。

　以上の３点から、社会教育行政の刷新に向けた次の視点を指摘することができる。まず、市民活動組織が社会教育法で規定される社会教育関係団体とは異なるアプローチで社会教育を推進することから、社会教育に関する何らかの制度上の位置づけを検討してもよいのではないか。次に、学習活動と市民活動をつなげるためには、社会教育士（社会教育主事）の役割も重要である。最後に、地方自治体が設置する市民活動センターは市民活動に係る学びの場を提供するため、公民館との相乗効果を生むような連携のあり方を模索すべきである。

3　学校教育と市民活動組織

3-1　持続可能な社会の創り手の育成

　現行の学習指導要領の基本理念は「社会に開かれた教育課程」である。これは、文部科学省によれば、次の３点を満たす教育課程を意味している。

- ・よりよい学校教育を通じてよりよい社会を創るという目標を学校と社会とが共有する
- ・これからの社会を創り出していく子どもたちに必要な資質・能力が何かを明らかにし、それを学校教育で育成する
- ・地域と連携・協働しながら目指すべき学校教育を実現する

一言でいえば、「地域協働により社会を創る学校教育を生み出す」となる。

　では、いったいどのような社会を創ろうとしているのか。それは持続可能な社会、つまり SDGs が達成された社会であり、人と人との共生及び自然と人との共生が実体化した社会である。それは、学習指導要領が「持続可能な社会の創り手」を育てることを謳っており、2023 年に閣議決定された第４期教育振興基本計画のコンセプトの１つも同様であることから裏付けられる。このような社会を創るための教育は、従来から ESD（Education for Sustainable Development ＝持続可能な開発のための教育）と呼ばれていた。文部科学省は、この ESD を「持続可能な社会の創り手を育む教育」と表現し、SDGs を達成するための不可欠な教育と位置づけている[24]。

　ところで、第４期教育振興基本計画のコンセプトは２つあり、もう１つは

「日本社会に根差したウェルビーイングの向上」である。同計画が定義するウェルビーイングとは「（個々の人が）身体的・精神的・社会的に良い状態にあること」であり、「個人を取り巻く場や地域、社会が持続的に良い状態であること」である。SDGs の「誰一人取り残さない」というキーワードや共生社会につながる考え方は、ウェルビーイングの意味するところと通底する。ポイントは、いかにして諸個人の良好な状態と社会の持続可能性を実現し、両者を結びつけるかということである。

　ふり返れば、高度経済成長期の教育政策に大きな影響を与えたのは、人的資本論に立脚したマンパワー政策であった。そのため大学の新増設と学歴重視、結果としての厳しい受験競争を招いた。それから半世紀余が経ち、今では持続可能な社会の創り手の育成が教育政策のコンセプトになった。かつては経済成長を推進するために企業（市場セクター）があり、その基盤は高学歴者としての人的資本（human-capital）であった。それに対し、現代では持続可能な社会を推進するために市民活動組織（市民社会セクター）があり、その基盤は持続可能な社会の創造を学んだ人々だといえる。学校教育と社会のコンセプトが大きく転換しようとしている。「共生」は、この転換を適切に進めるための重要な視点ではないだろうか。

3-2　市民活動組織の役割

　以上のことから、それぞれの社会課題の解決に取り組む市民社会組織は、学校との協働によって持続可能な社会の創り手の育成に対して貢献することが期待される。里山保全の団体は人と自然との共生、高齢者支援の団体は福祉社会、移民の支援に尽力している団体は内なる国際化問題などの学習に対し、固有の学習支援機能を発揮することができる。

　しかし、持続可能な社会をつくるために取り組んでいるのは市民活動組織だけではない。企業もまた、それぞれの業態に応じて努力している。そのような企業と学校教育とを結ぶ役割を担っている市民活動組織もある。例えば、東京都杉並区を拠点とする NPO 法人スクール・アドバイス・ネットワーク[25]は、企業の CSR 活動や企業市民活動と学校教育をつなぐ役割を担っている。それぞれの企業の特色に応じて、出前授業、学習支援教材、企業現場での体験学習

などを企業とともに作り上げ、学校教育での活用に結びつけている。

　持続可能な社会を創るために学校教育が貢献するには、市民活動組織との協働が不可欠である。コミュニティ・スクールと地域学校協働活動の一体的推進の中で、市民活動組織の機能が最大限に発揮される仕組みを整えていくことが期待される。

4　学びのネットワークの構築へ

　以上、述べてきたように、市民活動組織は社会教育の団体としての機能を備え、しかもインフォーマル学習の装置としても効果を発揮している。とくに、人と人とをつなぐ力が強い。市民活動組織を拠点とする人のつながりと学びあいは、共に生きる社会を育むうえで貴重な契機となる。一方、学校教育に対しては、持続可能な社会の創り手を育成するための支援者として大きなポテンシャルを有し、コミュニティ・スクールと地域学校協働活動の中で有効に活用されることが期待される。近年の中央教育審議会答申をみても、社会教育分野か学校教育分野かによらず、NPOとの連携・協働が必ずといってよいほど提案されている。前述の第4期教育振興基本計画でも同様である。いまや、市民活動組織との連携を抜きにした教育振興は考えられないといっても過言ではない。

　社会教育と学校教育の充実に資するこのような市民活動組織を、共生への学びの構築に向けてどのように活かすことができるだろうか。そのための不可欠な視点はネットワークではないだろうか。グラフ理論によれば、ネットワークとは点（ノード）とそれらの点を結ぶ線（リンク）で構成されるものの総称である。点とは個々の社会教育組織やそこで活動する人々、さらには社会教育と学校教育及びそれらと関係するすべての組織・人・場所などである。線とは、協働などの協力関係、サービスの授受、物品のやり取り、言語・文字等を媒介とするコミュニケーションなど、共生への学びに関係するすべての相互あるいは一方向の行為である。これらの点と線の組み合わせによって、社会教育と学校教育をも包含するような総合的な「共生への学びのネットワーク」をつくりあげることが期待される。

　そのためのひとつのヒントが、市民大学事業「シブヤ大学」にある。これは、

94　第Ⅱ部　市民活動組織が育む共生への学び

東京都の渋谷地域を拠点に活動している NPO 法人シブヤ大学によって運営されるものである[26]。同法人は、2006 年に「シブヤの街がまるごとキャンパス」をコンセプトに設立され、これまでに 1700 講座以上を提供、4 万 5000 人以上が参加している（2024 年 3 月時点）。ゼミやサークル活動もあり、参加者は 20 ～40 歳代が大半を占める。ミッションは「自分の意志に基づいた選択や行動が社会に影響を与えることができると信じて大きく考え小さく行動する人にとっての学び場をつくる」である。HP トップページには「ここは、あなたが "何か" を見つける場所」とあり、"何か" の例として、好きなこと、豊かな暮らし、仲間、居場所、新しい自分、そして社会の変え方を示している。つまり、自分を大切にできるゆるやかな居場所としての学び場であると同時に、社会創造に向けた革新的な学びの場でもある。個人や企業・自治体からの寄附・協賛及び業務委託等による収入を得ていることから、授業料は原則無料で運営することが可能となっている。以下に運営上の特徴を抜粋する。

　第一に、450 名のボランティアが支えており、企画・コーディネート、授業日の運営・記録、イベントの運営、シブヤ大学の作戦会議への参加を担っている。第二に、授業の場所は公共・民間の各種施設、公園、商店、企業オフィスなど地域全体に広がっている。旅行型の講座は地方地域も「教室」になる。オンライン講座もある。第三に、姉妹校として全国の市民大学とのネットワークを形成している。第四に、異種の組織との連携が充実している。企業や自治体との多様なコラボレーション事業、大学（社会教育主事課程）や高校（キャリア教育）への出前授業など、特色ある連携事業を次々と生み出している。

　このようにシブヤ大学では、学びのネットワークが充実している。活動を通したボランティア間のつながり、学びを通した参加者間のつながり、教室間や姉妹校間のつながり、異種の組織とのつながりが豊かに醸成されており、人・場所・組織が事業を媒介に総合的なネットワークを形成している。市民活動組織から生まれる学びのネットワークの典型例といえるだろう。

　NPO 法人シブヤ大学は一つの市民活動組織にすぎない。しかし、他の NPO 法人、行政機関、企業、大学・学校などと連携し、多様な学びを生み出している。組織内でもボランティアや参加者がつながっている。市民活動組織のそれぞれがこのようなネットワークを醸成し、それらが相互につながりあって複合

的なネットワークを形成することは可能である。そのようなネットワークの中で多様な人々が出会い、それぞれの場でインクルージョン、SDGs、ウェルビーイング、自然共生、時間軸・空間軸のつながり、需給融合型や実践コミュニティの活動など、さまざまな角度から「共に生きる」という価値を学びあうことができれば、本書のテーマである「共生への学び」が社会の隅々にまで浸透していくことになるだろう。

1) 大阪ボランティア協会編、早瀬昇・水谷綾・永井美佳・岡村こず恵他著『テキスト市民活動論——ボランティア・NPOの実践から学ぶ［第2版］』（大阪ボランティア協会、2017年）、2頁

2) 早瀬昇「ボランティア活動の理解」大阪ボランティア協会編前掲書、2017年、18頁

3) 栗原彬「市民」大澤真幸・吉見俊哉・鷲田清一編『現代社会学事典』（弘文堂、2012年）、552頁

4) Salamon, L. et al. 2004, *Global Civil Society: Dimensions of the Nonprofit Sector*, vol. 2, Kumarian Press.

5) 水谷綾「NPOとは何か——パブリックな存在として」大阪ボランティア協会編前掲書、42-43頁

6) 内閣府NPOホームページ（https://www.npo-homepage.go.jp/）2024年1月31日取得。

7) 坂本治也「市民社会論の現在——なぜ市民社会が重要なのか」坂本治也編『市民社会論——理論と実証の最前線』（法律文化社、2017年）、2頁

8) 同上、2-3頁

9) 本段落は、田中雅文『ボランティア活動とおとなの学び——自己と社会の循環的発展』（学文社、2011年）14頁を再構成したものである。

10) 高田昭彦「現代市民社会における市民運動の変容——ネットワーキングの導入から『市民活動』・NPOへ」青井和夫・高橋徹・庄司興吉編『現代市民社会とアイデンティティ——21世紀の市民社会と共同性：理論と展望』（梓出版、1998年）、160-185頁

11) 内閣府NPOホームページ、前掲サイト

12) 同上

13) 仁平典宏「政治変容——新自由主義と市民社会」坂本治也編前掲書、172頁

14) 同上、176 頁

15) 久塚純一・岡沢憲芙編『世界の NPO——人と人との新しいつながり』（早稲田大学出版部、2006 年）

16) 澤村明「NPO とは何か」澤村明・田中敬文・黒田かをり・西出優子『はじめての NPO 論』（有斐閣、2017 年）、33-37 頁

17) 内閣府 NPO ホームページ（NPO 基礎情報）、前掲サイト

18) 石川英輔・田中優子『大江戸ボランティア事情』（講談社、1996 年）

19) 本項は田中雅文「学習と地域づくりからみた社会教育の可能性」田中雅文監修、柴田彩千子・宮地孝宜・山澤和子編著『生涯学習と地域づくりのハーモニー——社会教育の可能性』（学文社、2023 年）164-167 頁を再構成したものである。

20) 内閣府『令和 2 年度 特定非営利活動法人に関する実態調査報告書』（2021 年）7 頁

21) エティエンヌ・ウェンガー、リチャード・マクダーモット、ウィリアム・M・スナイダー、野村恭彦監修、野中郁次郎解説、櫻井祐子訳『コミュニティ・オブ・プラクティス——ナレッジ社会の新たな知識形態の実践』（翔泳社、2002 年）、33 頁

22) 田中前掲書、2011 年、168-171 頁

23) 田中前掲書、2011 年、65-132 頁

24) 文部科学省「持続可能な開発のための教育（ESD：Education for Sustainable Development）」（https://www.mext.go.jp/unesco/004/1339970.htm）2024 年 1 月 31 日取得。

25) スクール・アドバイス・ネットワーク HP（https://www.sanet.jp/）2024 年 1 月 31 日取得。

26) シブヤ大学については、①同大学の HP（https://www.shibuya-univ.net/）2024 年 1 月 31 日取得、②坂口緑「日本における市民大学の系譜と特徴」田中監修前掲書、136 頁を参照のこと。

第6章

教育と福祉の協働をすすめる市民活動

辻　　　浩

1　福祉教育をめぐる地域福祉と社会教育

1-1　地域福祉と社会教育の接近

　困難を抱える人の在宅生活を支える地域福祉は、今日、社会福祉の全体を貫く基本原理になっている。2000年に社会福祉事業法の名称も改正して生まれた社会福祉法では、「地域福祉の推進」（第4条）が総則に位置づけられ、「地域福祉の推進は、地域住民が相互に人格と個性を尊重し合いながら、参加し、共生する地域社会の実現を目指して行われなければならない」と規定された。住民が福祉を学んで活動に参加することは、ノーマライゼーションの実現に寄与し、厳しい財政の中できめ細かいサービスができる鍵になっている[1]。

　一方、生活課題を見つめそれに取り組むことで学びを深めてきた社会教育は、地域の福祉課題にも注目して学習を展開してきた。障害者の学習権や生活保障の課題に取り組み、地域の高齢者の生活課題を取り上げ、貧困や格差が広がる中で子ども・若者や生活困窮世帯のことを考えてきた。そして福祉と結びつけて実践を展開することは、国際的な成人教育の議論が困難を抱えた人の社会参加と主体形成に力点が置かれる中で、これまで以上に重要になってきている[2]。

　地域福祉と社会教育はこのように福祉教育をめぐって接近している。しかし、それは今はじめて起きたことではなく、これまでの歴史の中でも見られたことである。

　日本社会は明治維新によって産業化の道を歩みはじめ、1900年代に入ると、その構造的な矛盾が疾病や貧困、障害といった問題としてあらわれた。そのようなことから、内務省は篤志家による慈善事業では対応できないと考え、政策的に感化救済事業さらには社会事業を打ち出した。そこでは「夫れ救貧は末に

して防貧は本なり。防貧は委にして風化は源なり。詳言せば救貧なり防貧なり苟も其本旨を達せんと欲せば先づ其力を社会的風紀の善導に効さざるべからず」と考えられた[3]。貧しくなった人を救うよりも、貧しくなることを防ぐこと、さらには気づかないうちにまじめな暮らしを営むようにすること、そのような精神的救済が重要であると考えられた。

その一方で、同時期に、文部省は通俗教育という用語を社会教育に改めた。そのことは「社会進歩の為には時に高遠なる専門の知識思想を或特殊の階級又は社会に伝ふることも必要であつて、単に通俗的であることが社会教育にはならぬのである。又社会の欠陥に対して特に教育的救済の手段を講ずることも亦此の教育の施設の重要なる部分を形つくるものとなつたのである」と説明されている[4]。社会教育は社会への不満をもつ人に思想的に対応するとともに、困難を抱えた人に教育的な救済を行うことになった。

資本主義の矛盾が社会問題を生み出しているにもかかわらず、殖産興業と軍備拡充によって国力を増強する流れの中で、内務省の社会事業と文部省の社会教育は、ともに人びとの精神に働きかけ、社会の矛盾を覆い隠す役割を果たした。このような歴史をふまえると、今日の地域福祉と社会教育が接近していることも慎重に考えられなければならない。

1-2 福祉を担う市民活動組織と学習課題

地域福祉と社会教育が福祉教育をめぐって接近しているのは、福祉を担う市民活動においてであり、それは具体的には、ボランティア、NPO・協同組合、当事者団体というかたちになる。これらは企業のように営利を目的に組織されるわけではなく、行政のように税金で営まれるわけでもなく、活動に意義を感じた人たちの志や思いを結合原理にする。それだけに、その活動を維持し発展させるためには不断の学びが必要となる。

ボランティア活動は市民が自発的に社会性のある活動を無償で行うものである。その取り組みは福祉にかかわるものばかりではないが、高齢者や障害者、子ども・若者の支援にかかわるものは多く、被災者や性的マイノリティ、薬物依存、犯罪被害者の支援などのボランティア活動も福祉にかかわるものと考えられる。そこでは、自分たちの取り組みと時代の流れを見据えることで、新し

い課題の発見とそれに向かう力量が形成されている。また、ボランティア活動は自発的なものであるが活動をはじめると責任も発生する。そのような「自発性パラドクス」があることで、社会や自然や他の人との思いがけないかかわりが生まれ、それがボランティア活動における学びの源とも考えられている[5]。

また、福祉を担う市民活動として、NPOは志や思いをもちながら非営利で事業展開を行い、協同組合は経営と労働を統合して事業に取り組んでいる。それは経済優先の競争主義的な経済社会とは別の「もう一つの経済循環」を生み出すものであり、とりわけ地域における福祉や教育の分野で力を発揮する。福祉や教育はサービスを提供することと受けることが同時に進行する。このような生産過程と消費過程が一体化している場合には、市場関係の中でサービスを向上させるよりも、共同作業の中で向上させる方が有効であると指摘されている[6]。

さらに、福祉を担う市民活動として、当事者組織にも注目する必要がある。困難を抱えた人は長い間、専門家や支援者からコントロールされることが一般的であった。そのような関係を改め、困難を抱えた人が自己決定し、社会参加する必要が当事者から提起されている。そこでは当事者同士が学び合って、既存の社会サービスを有効に使うとともに、必要なサービスを求め、社会の変革にせまることが展望されている[7]。

1-3 「活動的な参加」と「文化的な参加」

地域福祉と社会教育が福祉教育をめぐって接近し、その中でボランティアやNPO・協同組合、当事者団体が活動することから、両者の連携をすすめることが必要であるとよくいわれる。しかし、今日、地域福祉は巨大な社会福祉システムを支える役割を果たし、そこには逼迫した財政問題も絡んでいる。また、市民と行政の協働が多くの自治体で唱えられているが、それは住民に無理な「共助」を押し付けることにもなりかねない。このような中で、地域福祉と社会教育の違いを考えることなく無限定に連携すれば、社会教育は行政施策の遂行に利用されるだけのものになる。両者の連携を求めるのであれば、まずそれぞれにどのような役割があるかを検討する必要がある。

そもそも社会福祉はシステムづくりを中心にした取り組みであるというのは

言い過ぎであろうか。社会福祉は人権を保障するという理念を掲げ、ノーマライゼーションを実現する方策なども考えるが、最終的には、人びとが幸せになるための社会的な仕組みをつくることがゴールである。したがってそこでは、社会問題を解決する政策や支援を効率的に展開することが使命になり、そこに住民の学習と参加が組み込まれる。そのようなことから現在力を入れて取り組まれているのは、地域包括相談支援という仕組みづくりである。そこでは、地域包括支援センター、障害者相談支援事業所、児童相談所、福祉事務所、医療機関、教育機関、雇用関係機関、農業関係機関、司法関係機関などが「地域における包括的な相談支援システムの構築」をすすめるとともに、地域資源の検討、生活援助、地域交流、見守りなど「ボランティア等と協働した新たな社会資源の創出」が求められている[8]。そこでは、困難を抱えた人がスムーズに相談支援を受ける効率的な仕組みが考案され、それを普及することをめざして学習が組織されている。このように地域福祉では、専門家が定めたゴールに向かって「活動的な参加」が住民に求められる。

　一方、社会教育は住民が学習や活動を通してどのような生活課題があるかを考え、主体的に生きる力を身につけることをめざすものである。したがって、そこでの学びはシステムづくりの前段になることもあれば、システムづくりにつながらないこともある。あるいは、政策的に提案されていることを批判することもあれば、実践をしながら行政に要求することもある。そして、自由に学ぶことによって、効率的な仕組みづくりでは視野に入らない幅広い領域の知見を取り入れることにもなる。このように社会教育では、社会変革の力も有する「文化的な参加」が展開される。戦後社会教育の理論と実践は、人びとが等しく自由に学ぶことを大切にして、生活課題に向きあい、住民の主体形成と地域・自治体づくりを行ってきた[9]。

2　教育福祉と福祉教育から考える市民活動組織

2-1　福祉教育と教育福祉

　福祉と教育の接点になる福祉教育とは、人びとが社会福祉について学ぶ取り組みである。それは単に福祉について理解を深めるだけでなく、地域福祉計画

の策定への参加、福祉行政の住民によるコントロール、福祉施設の運営への参加、計画的で有効な福祉教育の展開、ボランティア活動、当事者のピアカウンセリングなども課題となる[10]。

このような福祉教育は社会福祉協議会が中心となって、学校でも地域でも取り組まれていることから比較的よく知られているが、福祉と教育の接点の課題として、教育福祉があることを忘れてはならない。

教育福祉とは、安定した生活基盤と十分な教育の両方を実現して、人びとの豊かな人間発達をめざすことである。当たり前のように思われるが、福祉はその人が十分に能力を開花させることに関心をもたず、教育はその人をとりまく劣悪な環境に注意を払うことが弱かった。このようなことから、教育福祉は「教育と福祉の谷間」の問題といわれ、貧困や障害、差別によって教育を十分に受けることができない問題に取り組むことを提起してきた。そしてそれは、困難を抱えた人にかかわる取り組みであるだけではなく、熾烈な競争社会の中で追い詰められている多くの人にかかわることでもあるといわれている[11]。

このような福祉教育と教育福祉が社会福祉の中でどのように位置づけられるべきかを考えると、本来、福祉教育は社会福祉の「外延」であり、教育福祉は社会福祉に「内包」されるべきであるといわれている。しかし実態は、福祉教育が社会福祉に「内包」されるもののように重視され、教育福祉は社会福祉の「外延」のように扱われているとも指摘されてきた。貧困や障害、差別といった現実の問題を直視する教育福祉が位置づけられなければ、福祉教育は精神的・道徳的なものになり、そのことが社会福祉の中心を占めると、権利保障への政策的な取り組みが弱まりかねない[12]。したがって、教育と福祉の協働に取り組む市民活動は、現実の問題である教育福祉の理解を深めながら、福祉教育を組み立てていく必要がある。今日、EU諸国においてユースワークやソーシャル・ペダゴジーへの関心が高まっているのは、子ども・若者をめぐる現実の問題に注目して支援活動が展開されていることのあらわれである[13]。

2-2　学校と社会から見る教育福祉と福祉教育

教育福祉と福祉教育をかかわらせた共生の学びは、学校で取り組まれるとともに、社会でも取り組まれている。したがって、それはさしあたり、図「教育

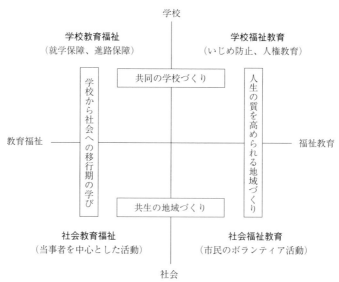

図1　教育と福祉の協働から考える地域づくりと学校づくり

と福祉の協働から考える地域づくりと学校づくり」に示されるように、学校教育福祉、学校福祉教育、社会教育福祉、社会福祉教育に分けることができる。

〈学校教育福祉〉とは、学校の中で困難を抱えた子ども・若者の生活を支援し発達を保障する取り組みである。そこではまず、学級の定員を減らして、教師が一人ひとりの生徒に向き合うことを可能にすることが大きな課題となるが、個別課題としては、授業料の無償化、奨学金や就学援助制度、学校保健や学校給食、医療的ケア、外国にルーツをもつ子どもへの支援、定時制高校の夜食補助、通信制高校サポート校の利用費補助、専門学校への公費補助、児童養護施設や生活保護世帯で暮らす子どもの大学進学の後押し、就学前教育や保育への公費補助、養護教諭やスクールソーシャルワーカーの配置などを充実させるといったことがある。また、卒業後につまずいた時のことを考えて、校内居場所カフェで高校生が若者支援のNPOと出会う機会を設けたり、学び直しが必要な場合には夜間中学や定時制・通信制高校があることを伝えたりすることも必要である。

〈学校福祉教育〉とは、学校の中で困難を抱えた人のことや社会福祉につい

て学ぶ機会を設けることである。アイマスクや車いす体験はわかりやすい取り組みではあるが、障害のない生徒が経験するだけでは、不自由さや怖さばかりが伝わるため、当事者からの話も聞くことで、障害のある人の暮らしの全体像を伝える工夫がなされている。また、老人ホームや特別支援学校との交流も行われているが、そこでは「支援される人─支援する人」という関係を超えて、ともに生きることにつながる実践になることが求められている。それに加えて、自分たちの学校の中で福祉課題を見つけることが必要であり、いじめや子どもの人権について考えることが重要である。そして、高校福祉科や大学の学部で社会福祉の専門的な教育を受けることも学校福祉教育ということができる。

　〈社会教育福祉〉とは、社会の中で困難を抱えた子ども・若者の生活を支援し発達を保障する取り組みである。戦後日本社会の再建のために構想された公民館は、当初、地域振興のための総合機関と考えられ、公民館が社会福祉と連携して、生活扶助や生業扶助、葬祭扶助、宿所提供、託児事業、授産事業などに取り組んだ。文部省が表彰した優良公民館の活動でも、母乳が十分に出ない母親への牛乳配給や妊産婦保護、女性の授産を目的とした生活相談、農繁期の託児所開設などが見られる。また、高校への進学が叶わなかった青年に対して、青年学級で学ぶ機会を提供し、さらに障害者青年学級を開設し、子育て中の人のために公民館保育室を設けた。そして図書館や博物館では障害のある人へのサービス提供に取り組んできた。このような行政による取り組みだけではなく、NPO や市民の活動でフリースクールや学習教室、子ども食堂、日本語教室、自主夜間中学、若者の就労支援なども展開されている。

　〈社会福祉教育〉とは、社会の中で困難を抱えた人のことや社会福祉について学ぶ機会を設けることである。そこでは、障害のある人とともに暮らすことや高齢社会への対応を中心に、行政による啓発とボランティア活動の推奨がなされたが、住民の創意はそれを凌ぐさまざまな活動を生み出してきた。たとえば高齢者の課題を見つめ話し合うと、年金、医療費負担、介護保険制度、一人暮らし、認知症介護、老老介護、成年後見制度の利用、近隣との付き合い、子どもとの関係、子どもの引きこもり・暴力、家族内での孤独、安否確認、治療の意思確認、孤独死・死後放置、遺産処理、負の遺産相続などさまざまな課題が浮かび上がってくる。また、NPO のように事業展開をする団体を発足させ

継続させるための学習が展開され、さらに、これまで自ら主張することがなかった困難を抱えた当事者が学び合い、社会に情報を発信するようになってきている。

2-3　教育と福祉の協働から考える地域づくりと学校づくり

このような〈学校教育福祉〉〈学校福祉教育〉〈社会教育福祉〉〈社会福祉教育〉にはそれぞれ充実させるべき課題があるが、今日ではそれらをつないで実践が展開されるようになってきている。

まず、〈社会教育福祉〉と〈社会福祉教育〉をつないで「共生の地域づくり」が展開されている。子ども・若者が抱えている地域や家庭での困難に取り組む教育福祉をふまえることで、住民が何を学んでどう取り組むべきかが明確になる。

たとえば、若者支援に取り組んできた認定特定非営利活動法人文化学習協同ネットワークの実践では、低められた自己イメージをつくり直して、自己肯定感をもつことができるようになることが必要であり、そのために、働くことができる自己と出会い、自分が働くことができる社会像を再構築することが必要であるといわれている。このような教育福祉実践に協力してくれる住民を増やすことにつながる福祉教育とはどのようなものであろうか。若者に必要なことは、「ものづくりなどの文化的実践共同体に参加することをとおして働くことの心地よさや働く仲間との関係の取り方とか身がまえ方といったものを身につけていく基礎的な経験」であるが[14]、厳しい経済社会の中にある企業や事業所が、このような若者が育つ場を提供することは簡単ではない。そこで、2017年に「わかもの就労支援ネットワーク」が結成され、東京中小企業家同友会に所属する経営者と文化学習協同ネットワークのスタッフがともに学んでいる。このような社会における教育福祉をベースに社会における福祉教育を展開する「共生の地域づくり」が求められている。

次に、〈社会教育福祉〉と〈学校教育福祉〉をつないで「学校から社会への移行期の学び」が展開されている。日本社会では学校の卒業が就職に直結していて、学校から社会への移行が瞬間的になされる。しかし、困難を抱えた人たちは、学校の中で社会のことを学び、社会に出てからも学校で学び直したいこ

とがある。

　たとえば、NPO で 18 歳以降の知的・発達障害のある人たちに全日制 4 年の大学教育を提供している見晴台学園大学では、一般就労を主な目的とした特別支援学校高等部のあり方を批判的にとらえて、青年期にじっくりと科学や文化に向き合い、ともに学ぶ仲間との関係を深める教育の場を提供している。このことで、「障害児・者の教育・福祉を支配してきた早期自立＝早期就労論に立つ伝統的な考え＝原理から脱皮」することがめざされている[15]。このような障害のある人の在学期間の延長をめざす取り組みは、学校教育法に規定されているもののあまり注目されてこなかった専攻科をつくることで実現し、それは今日、特別支援学校高等部に設けられるだけでなく（学校型専攻科）、社会福祉の生活介護事業の中でも設置されるようになっている（福祉事業所型専攻科）。このように、学校における教育福祉を社会における教育福祉に延長して「学校から社会への移行期の学び」を充実させることが求められている。

　さらに、〈社会福祉教育〉と〈学校福祉教育〉をつないで「人生の質を高められる地域づくり」が展開されている。学校教育は生徒を能力主義的に選別する役割を果たし、その中で自己評価を低くしている高校生が多い。このような中で、多様な価値観をもちながら暮らしをしている地域の人と出会うことで、人生への新しい展望がひらけ、自分と仲間を大切に思う気持ちが甦ってくる。

　たとえば、住民主体の村づくりを行ってきた長野県阿智村の総合計画では、「住民一人ひとりの人生の質を高められる村」が「目指す村の姿」になっている。ここでいう「人生の質」とは、経済的な豊かさや便利な暮らしで実現されるものではなく、自分の課題を見つめ、人と協力しながら、行政にも働きかけていくことで実現されるものであり、困難を抱えた人も含めて立場の違う人がお互いに尊重して折り合いをつけていくために、話し合い、学び合いが大切にされている。そして、史跡や伝統的な暮らし、景観、特産品、環境保全などを地域の価値あるものと認めて内外に発信する全村博物館構想が提起され、それは今日、村が条例を制定して、住民がつくる全村博物館協会に委託費を出して事業が展開されている[16]。このように住民と行政が連携した取り組みの中で、一定の経済効果を見込む若い世代の発想が生かされ、高校生も高齢者との交流の中で自分の存在価値に気づき、いつか地域で貢献することも進路選択の一つ

になっていく。このように、「住民一人ひとりの人生の質を高められる村」を
めざす中で、社会における福祉教育が学校における福祉教育と結びついている。

　そして、〈学校教育福祉〉と〈学校福祉教育〉をつないで「共同の学校づく
り」が展開されている。これまで述べてきたように、学校における教育福祉が
社会における教育福祉につながり、社会における福祉教育で学校における福祉
教育が豊かになることで、学校における教育福祉と福祉教育の循環が生まれる。

　たとえば、大阪市立大空小学校では、特別支援が必要な子どもと同じ教室で
学ぶことで、子どもたちが葛藤を乗り越えて主体的に学ぶ力を獲得し、その実
践を展開する学校は保護者やボランティアに支えられている[17]。学校におい
て、特別支援が必要な子どもはいじめのターゲットにされやすく、学校の教職
員がチームとしてこのことに取り組むことがすすめられているが、ここでは課
題を学校と保護者とボランティアが共有して教育実践が展開され、その関係の
中で教職員は自ら考えて学校づくりをすすめるようになっていく。このように、
地域の教育福祉と福祉教育に支えられながら、学校における教育福祉と福祉教
育がつながって、「共同の学校づくり」が展開されていく。

3　教育と福祉の協働による地域と学校の改革

3-1　専門分化との拮抗

　ここまで述べてきた〈学校教育福祉〉〈学校福祉教育〉〈社会教育福祉〉〈社
会福祉教育〉が連携することに対して、それぞれの領域が専門的に対応するこ
との方が急がれるのではないかという考えがあると思われる。

　学校教育福祉であれば困難を抱えた子どもを多職種で見守り、学校福祉教育
であればプログラム開発に力を入れ、社会教育福祉であれば引きこもりの若者
支援の技術を磨き、社会福祉教育であれば社会人ボランティアを組織する方策
を練る——そのように個々の領域の力量の向上が専門家として必要なことでは
ないかという考えは、社会的な理解を得やすいかもしれない。

　しかし、そのようにして専門分化がすすむと、教育福祉への理解は市民に広
がらず、福祉教育は道徳的な価値を押し付け、学校は地域から切り離され、地
域は学校に期待しなくなるということになりはしないだろうか。学校教育、社

会教育、地域福祉、若者支援の職員がNPOやボランティア、当事者など市民活動組織と連携することで、「共生の地域づくり」「学校から社会への移行期の学び」「人生の質を高められる地域づくり」「共同の学校づくり」がすすみ、各領域が専門的に対応することとは違った道筋で課題が解決ないし緩和される。

3-2 教育と福祉の連携による共生の学びの可能性

本章の前半で述べたように、教育と福祉は歴史的にも今日的にも接近しているが、それぞれの固有の役割を意識しない連携では、政策課題の実現のために住民の学習の自由が奪われることになりかねない。一方で、住民が自主的・主体的に考え、行動し、そこに行政も巻き込むことができれば、それは地域と学校を活気づける起爆剤になるのではないだろうか[18]。

地域づくりにかかわって、地域内経済循環の活性化によって排除されがちな人も働ける社会、暮らしの基盤を奪われた人たちの災害からの復興、人権が保障され自然と調和した持続可能な暮らしの創造がめざされるようになり、公的な社会教育はその動きを支えることが課題となってきている。このように、住民が自分たちの暮らしを見つめ、教育と福祉を連携させることが地域づくりに欠かせないことになってきている。また、学校教育にかかわって、すべての子どもにとって学びがいのある学校づくりにつながる地域と学校の協働を追求し、困難を抱えた人に高等教育機関を開放し、青年期の学校から社会への移行を支える総合教育政策をつくるという課題が見えている。このように、教育と福祉を連携させることが学校教育の改革に欠かせないことになってきている。

これらはこれまでの利益優先の地域開発政策や能力主義的な教育に比べれば、まだ脆弱で、傍系のように思われるかもしれない。しかし今日、経済のグローバル化や人工知能の急速な開発で、人間に求められる能力とは何かが問われている。このような新しい条件が人類の幸福につながる可能性もあるが、これらが実際には競争的な経済社会の中で活用されることを考えると、人びとの暮らしはこれまで以上に厳しくなると思われる。その競争に生き残ることをめざすのか、新しい経済循環をつくりながらすべての人が生きられることをめざすのか——地域と学校はその岐路に立っている。このような中で、教育と福祉が連携した共同の社会を展望し、学びを通して市民活動が生まれ、行政がそれと連

携することには大きな可能性がある。

1) 大橋謙策・宮城孝編『社会福祉構造改革と地域福祉の実践』（東洋堂企画出版社、1998 年）
2) 辻浩『住民参加型福祉と生涯学習——福祉のまちづくりへの主体形成を求めて』（ミネルヴァ書房、2003 年）
3) 井上友一『救済制度要義』（博文館、1909 年）
4) 乗杉嘉壽「序」江幡亀壽編著『社会教育の実践的研究』（博進館、1921 年）
5) 金子郁容『ボランティア——もうひとつの情報社会』（岩波書店、1992 年）
6) 川口清史・富沢賢治編著『社会福祉と非営利セクター・協働セクター——ヨーロッパの挑戦と日本の課題』（日本経済評論社、1999 年）
7) 定藤丈弘・岡本栄一・北野誠一編『自立生活の思想と展望——福祉のまちづくりと新しい地域福祉の創造をめざして』（ミネルヴァ書房、1993 年）
8) 厚生労働省「多機関の協働による包括的支援体制構築事業」2016 年
9) 辻浩『〈共生と自治〉の社会教育——教育福祉と地域づくりのポリフォニー』（旬報社、2022 年）
10) 大橋謙策『地域福祉の展開と福祉教育』（全国社会福祉協議会、1986 年）
11) 小川利夫『教育福祉の基本問題』（勁草書房、1985 年）
12) 小川利夫「教育と福祉の間——教育福祉論序説」小川利夫・土井洋一編著『教育と福祉の理論』（一粒社、1978 年）
13) 生田周二・大串隆吉・吉岡真佐樹『青少年育成・援助と教育——ドイツ社会教育の歴史、活動、専門性に学ぶ』（有信堂、2011 年）、平塚眞樹編・若者支援とユースワーク研究会『ユースワークとしての若者支援——場をつくる・場を描く』（大月書店、2023 年）
14) 佐藤洋作「〈不安〉を超えて〈働ける自分〉へ——ひきこもりの居場所から」佐藤洋作・平塚眞樹編著『未来への学力と日本の教育 5　ニート・フリーターと学力』（明石書店、2005 年）
15) 田中良三「見晴台学園大学がめざすもの」田中良三・大竹みちよ・平子輝美／法定外見晴台学園大学編『障がい青年の大学を拓く——インクルーシブな学びの創造』（クリエイツかもがわ、2016 年）
16) 大石真紀子「阿智村全村博物館構想を実現する自治と協働の協会づくり」辻浩・細山俊男・石井山竜平編著『地方自治の未来をひらく社会教育』（自治体研究社、2023 年）
17) 木村泰子『「みんなの学校」が教えてくれたこと——学び合いと育ち合いを見届

けた 3290 日』（小学館、2015 年）
18）辻浩『現代教育福祉論——子ども・若者の自立支援と地域づくり』（ミネルヴァ
　書房、2017 年）

主要参考文献
一番ケ瀬康子・小川利夫・木谷宜弘・大橋謙策編著『シリーズ福祉教育 1　福祉教育
　の理論と展開』（光生館、1987 年）
高橋満『コミュニティワークの教育的実践——教育と福祉を結ぶ』（東信堂、2013 年）
辻浩『現代教育福祉論——子ども・若者の自立支援と地域づくり』（ミネルヴァ書房、
　2017 年）

第7章

協同労働と共生への学び

若 原 幸 範

　働くこと＝労働は、人間にとって多様な意味を持つ。給料を得て生活を成り立たせる手段というだけでなく、労働を通して社会に参加し、自己のアイデンティティを確立する活動でもある。それゆえ、労働は個人の発達と社会の発展を媒介する重要な位置にある[1]。共生社会の実現への道を切り開き、その担い手を形成する労働とはいかなるものか。また、そのような労働と共生への学びはどのように関連するのだろうか。

　日本における労働と教育との関係をみると、旧教育基本法において「勤労の場所」における教育は社会教育の範疇と規定されていた。しかし、実際には労働問題に対応する教育は労働行政の担当とされ、社会教育行政においては必ずしも重要な領域とは扱われてこなかった。一方で、1970年代以降、生涯学習政策が展開するなかで、働く社会人が大学等において学び直し新たな職業能力を身につけるリスキリング支援等のリカレント教育が推進されている。しかし、長時間労働や不安定雇用の拡大等の働き方をめぐる諸問題を背景にその展開は限定的である。また、新自由主義政策下において、個人の能力向上が私事・自己責任と捉えられる傾向がみられ、その先に共生社会の実現を見通すことは難しい。

　本章では共生社会の実現へと向かう社会経済システムの変革を見通し、そのなかで重要な役割を果たしうる働き方＝生き方としての可能性を持つ「協同労働」に着目する。以下、まずは共生社会の実現に向けて協同労働が持つ意義をグローバルな文脈もふまえて検討する。その上で、日本における協同労働の展開を具体的な事例を含めて検討し、協同労働が持つ共生への学びの可能性を考察したい。

1　共生社会の実現への協同労働

1-1　持続可能で共生的な将来社会構想としての脱成長論

　持続可能で共生的な将来社会を目指す構想の一つとして、脱成長論が注目される。その日本における代表的な論者の一人である斎藤幸平は、現在直面している気候危機をはじめとする持続不可能性の根本原因は「新自由主義ではなく、資本主義」であるとし、経済成長を追求するような単なる「政策の転換」ではなく、よりラディカルな「社会システムの転換」を志す必要があるという[2]。

　斎藤が示す脱成長社会への構想を筆者なりに整理すると、その要点の第1は水やエネルギー資源等の生産手段のコモン（共有財）化、その水平的な共同管理である[3]。資本主義は、本来、コモンズとして潤沢にあった生産手段を解体して私的に囲い込み、人工的に希少性を生み出すことで成長してきた。この過程で自然—人間の関係性が破壊され、地球環境からの収奪が進み、人間—人間の分断・格差拡大がもたらされ、持続不可能性が増大している。したがって、この構造を再び転換し、生産手段の「社会的所有」が必要となる。ただし、それはかつてのソ連型社会主義のような「国家による所有」ではなく、協同組合や「〈市民〉営化」のような、水平的な関係を前提とする協働性に基づいた民主的な所有と管理である。

　第2に、そのために重要なのが民主主義の刷新である[4]。現在の議会制民主主義に基づくトップダウン型の統治形態ではなく、「市民参画の主体性を育み、市民の意見が国家に反映されるプロセスを制度化していく」ことが不可欠である。そのためには、「国家の力を前提にしながらも、〈コモン〉の領域を広げていくことによって、民主主義を議会の外へ広げ、生産の次元へと拡張していく」ことが必要である。その一例が、先に挙げた協同組合や「〈市民〉営化」である。これにより、経済成長路線を捨て（脱成長）、持続可能で公正な社会の実現を目指す。

　第3に、こうしたプロセスを進めるための基礎になるのは「信頼」と「相互扶助」である[5]。なぜなら、これらがない社会では、「非民主的トップダウンの解決策しか出てこないから」である。しかし、現代社会は新自由主義によって、他者への信頼や相互扶助が徹底的に解体されてしまっている。したがって、

「顔の見える関係であるコミュニティや地方自治体をベースにして信頼関係を回復していくしか道はない」と斎藤はいう。

ここで、斎藤はワーカーズコープ（労働者協同組合）に着目する[6]。資本家や株主なしに労働者たちが共同出資し、生産手段を共同所有し、共同管理する組織であるワーカーズコープは、労働の自治・自立への契機であり、労働者自身による「社会的所有」を現実のものにしているからである。ワーカーズコープはまた、「自分らしく働く」ことに力点を置き、労働を通じて地域の長期的な繁栄を計画する。この点を斎藤は「生産領域そのものを〈コモン〉にすることで、経済を民主化する試み」と評価する。

斎藤の議論をふまえれば、オルタナティブな将来社会構想としての「持続可能な社会」とは、コモンの民主的・共同的な管理を基礎として営まれる脱成長の公正な社会システムとして描くことができる。その実現に向けて求められるのは、各国・各地域におけるローカルな実践と社会システム構築の経験の蓄積及びそれらのグローバルな連帯といえるだろう。重要なのは地域における協働と自治であり、協同労働はその有力な担い手となりうる。

1-2　共生社会の経済システム——社会的連帯経済の展開

共生社会の基盤となる経済システムとして、ここでは社会的連帯経済を検討したい。社会的連帯経済は、「社会的経済」と「連帯経済」を合わせた概念である。

社会的経済は、協同組合やNPOなど非資本主義的な組織・経済活動の総称で、特にフランスやイタリア、スペインなどで伝統的に使われてきた概念である。藤井敦史によれば、「一人一票による民主的な組織ガバナンスを重視しつつも、グローバルな市場経済に適応しながら、事業化と同時に大規模組織化を進め、機能的に分化しながら成長してきた諸々の協同組合や共済組合を中心的な担い手とする組織概念、あるいは組織の集合としてのセクター概念」である[7]。

連帯経済は、新自由主義的な経済体制を批判し、公正で持続可能な社会を目指す社会運動から生まれた概念で、フェアトレードやマイクロクレジット、地域通貨などがその代表的な取り組みであり、1980年代以降、欧州や中南米で

盛んに展開している。連帯経済は、地域で自治的な公共空間を拡大しつつ、オルタナティブな経済のあり方を志向する社会運動概念としての性格が強い。

このように、両者は必ずしも予定調和的に統合される概念ではない。草の根の運動体を中心とする連帯経済からすれば、大規模な事業組織の多い社会的経済は市場経済に適応しすぎ、社会変革の要素を失っているとみえる側面もあるからである[8]。しかし、非資本主義的な経済を目指すという点では共通しており、1997年の「社会的連帯経済推進のための大陸間ネットワーク（RIPESS）」設立や、2014年にはフランスで「社会的連帯経済法」が成立するなど、近年では両者が合流し「社会的連帯経済」という言葉で表現されることが一般的になりつつある。

社会的連帯経済の捉え方について、藤井は経済循環のあらゆるフェーズ（出資・融資、生産・再生産、交換・分配、消費・利用等）において連帯関係を組み込み、経済を社会に埋め込みなおす運動とする[9]。ここでの連帯関係は、産直運動やフェアトレードのような生産と消費の連帯、労働者協同組合のような生産現場（職場）での連帯など多様な形態の連帯を含んでいる。それらは多くの場合、何らかの資源、知識、組織の共有を伴い、地域社会を基盤に「共」的な領域としてのコモンズを拡大していく実践を伴っている。先述の脱成長の社会システムとの共通点がここにあり、共生社会の基盤となる経済システムとして社会的連帯経済を構想することの意義を確認できる。

1-3 ミドル・レベルの創造への協同労働

以上のような議論をふまえれば、持続可能な共生社会の実現過程においては二重の意味でのミドル・レベルの実践が求められる。

第1に、「私」「公」の中間領域としての「共（コモン）」を創造する実践である。斎藤によれば気候危機をはじめ「自然─人間」間の深刻な対立を克服する道筋は、生産手段のコモン化とその民主的な共同管理であった。社会的連帯経済はそれを現実化する経済システムを構築する実践といえる。RIPESS憲章[10]（2008年）は、「人間の能力開発が世界の変革の根本であり、資源と知識の生産および交換、さらに共通プロジェクトの枠組みの中で協同アクションの調整に貢献するさまざまな規模の連帯ネットワークの結成を通じてこの開発が

可能となる」とし、新しい社会経済システムの担い手のエンパワーメントを重視している。そこでは、「どのように共有するか」「どのように参加するか」を常に問いながら、コモンの生産に向けて連帯し実践することを通した学習が必要となる[11]。

第2に、「個人」「社会」の中間領域としての「地域」を創造する実践である。自治の領域である地域は、生活を営む個別具体的な個人と普遍的な次元の社会システムを媒介する位置にある。オルタナティブな経済の実現と社会の変革を見通す社会的連帯経済が、地域社会を基盤に「共」的な領域としてのコモンズを拡大していく実践を展開していることは、その証左といえるだろう。私たちの暮らしの場である地域は社会システム変革を見通すレンズであり、地域をつくるプロセスにおける個人の学習が新しい社会の創り手形成への鍵となる。

この二重の意味でのミドル・レベルを創造する実践を地域に根ざして展開しているのが協同労働である。協同労働の実践は、ローカルな空間において「共」の領域を創造することを通し、足元の地域に根ざしながら新しい共生的な社会経済システムを創造していく試みといえる。節を変えて、この点を検討していこう。

2　協同労働と協同組合

2-1　協同組合運動の国際的な展開

社会的連帯経済のルーツであり、協同労働のルーツでもあるのが協同組合運動である。ここでは、その国際的な動向を概観する。

協同組合は19世紀に欧州各地で生まれ、農民や消費者、中小業者、労働者らが自らの経済的要求を実現し社会的地位を高めるために協同して経済活動や社会活動を行う組織として世界的に拡大した。特にイギリスのロッチデール公正先駆者組合はその先駆けとされている。その活動を通して定められた、民主的運営の原則（一人一票）や教育活動推進の原則（剰余の2.5%を教育費に充てて図書館等を整備し組合員の知的向上を図る[12]等の、いわゆるロッチデール原則）は、協同組合の基本的な考え方を示す原則として世界的に普及している。

国際協同組合連盟（ICA）は 1995 年に「協同組合のアイデンティティに関する ICA 声明」[13] を発出し、①自発的で開かれた組合員制、②組合員による民主的管理、③組合員の経済的参加、④自治と自立、⑤教育、研修および広報、⑥協同組合間の協同、⑦地域社会（コミュニティ）への関与、という 7 つの原則を示している。これらはロッチデール原則を引き継ぎながら、協同組合の民主的管理と組合員の経営参加についての積極的な提起を含み、さらに組合員の主体的力量の向上を目指す教育活動や協同組合間協同の意義を示している。ここではさらに、地域コミュニティの持続的な発展に寄与することが新たな原則として位置づけられた。このことは、現代の協同組合が組合員間の共益を超えて、公益的な活動を展開する理念的な基盤となっている。

　ICA 声明の第 7 原則の背景には、イタリアにおける協同組合の展開がある。イタリアは協同組合が特に発達している国のひとつとして知られており、2017 年の数字で 4 万 3500 組織、約 1200 万人の組合員と約 110 万人の労働者で、事業高は約 1300 億ユーロとなっており、GDP の 7.6%、労働者数で全体の 4.8% を占めている[14]。

　1970 年代、高度経済成長期終焉後のいわゆる「新しい貧困」（薬物依存、若年層の貧困、ホームレスの増加等）の深刻化に対し公的福祉が十分に機能しない状況が続く中、市民組織による活動が展開し始める[15]。その際に、社会的目的で事業活動を行うために選択された法人形態が協同組合であった。1991 年には「社会的協同組合法」が制定され、社会的協同組合と地方自治体が公共契約を結ぶことが認められることとなり、さらにその活動が発展することとなった。同法は、従来の協同組合が「相互扶助」（共益）を目的としてきたところ、社会的協同組合の目的を「人間発達及び市民の社会的統合というコミュニティの全般的利益の追求」とし公益の追求と定めている。これは、イタリアの社会的協同組合が社会的に不利な立場に置かれた人々の仕事を通じた社会参画（「労働による統合」）やサービス提供（薬物依存のリハビリテーション、グループホーム、在宅介護など）の活動を展開してきたこと、それ自体が地域社会における人々の協力関係を再構築する営みになっていたことが背景にある。

　協同組合の現代的な役割がここに示されており、こうした理念が ICA 声明の第 7 原則をはじめ世界的に広がっている。日本における協同労働の展開もま

た、このようなグローバルな協同組合運動の文脈のなかに位置づいているのである。

2-2　日本における協同労働の展開

　日本における協同労働の展開を探るため、ここではその代表的組織であるワーカーズコープとワーカーズ・コレクティブの歴史を概観する。

　①ワーカーズコープ　ワーカーズコープ[16]は戦後の失業者対策事業をルーツとしている。緊急失業対策法（1949 年）に基づく失業対策事業では、国や地方公共団体による公共事業に、失業者を日雇労働者として雇用した。その日雇労働者の全国組織「全日本自由労働組合（全日自労）」が 1957 年に結成され、賃上げや待遇改善を求めて活動が展開される。しかし、高度経済成長期を経た 1970 年代には失業対策事業の縮小・打ち切りが検討される中、就労者の非効率な働き方やそれを良しとする組合の姿勢への批判は強く、地域からも見放されるようになった。1971 年には失業対策事業の対象が「現に就労している者のみ」とされて新規就労は除外となり、その入口が完全に閉められてしまった。

　失業者を多く抱えることとなった全日自労は、活動の民主化や地域や社会への貢献を目指す「よい仕事」をするという方針に切り替え、1979 年に 36 事業団が参加する「中高年雇用・福祉事業団全国協議会」を結成した。1982 年には「全国協議会直轄東葛地域事業団」を設立し、千葉県流山市に「住民立」で設置された東葛病院を皮切りに清掃等の仕事を受けるようになる。この間、事業団では、一人ひとりが主体的に参加し協力しながら、地域で必要とされる誇りのある仕事を行うことが追求されていった。

　こうした中で、全国協議会は欧州に調査団を派遣し、イタリア等の協同組合に関する先行事例に学び、事業団の本質は労働者協同組合であるということが確認されていった。その後、事業団は 1986 年に「中高年雇用・福祉事業団（労働者協同組合）全国連合会」に改称され、1993 年には現在の「日本労働者協同組合連合会（ワーカーズコープ連合会）」へと発展することとなる。

　また、この間の 1986 年に事業団は 13 道府県につくっていた組織を一本化し、労働者協同組合員になるための出資金等の規約を定めた。翌 1987 年には東京

事業団とも統合し、「典型的労働者協同組合となる」ことを掲げた「労働者協同組合センター事業団」を設立した。センター事業団は全国連合会の人材養成、組織財政基盤充実に寄与するとともに、地域事業団への援助・協力を目的とした。このセンター事業団の設立には、労働者は雇われることが前提となっている日本社会に対する問題提起となることが期待されていた。

　1993年には規約が改正され、就労するには1口5万円以上の出資をして組合員にならなければならないと定められるなど、全員が出資し経営にも主体的に参画する一人一票の「全組合員経営」が確立する。さらに、労働者協同組合における「労働」とは何かを問うなかで、「協同労働」という言葉にたどり着く。ここでの「協同労働」は「労働者協同組合の新原則」（2002年）において、「働く人どうしが協同し、利用する人と協同し、地域に協同を広げる労働」と定義された。

　以上のように、ワーカーズコープ連合会において、組合員は「出資」「経営」「労働」のすべてを担いながら、働くことを通じて地域の課題に取り組む「協同労働」という働き方を確立していった。病院清掃から始まった事業は、現在では子育てや介護福祉等のケア、清掃や物流等の協同組合間連携事業、環境保全型の林業・農業、若者・困窮者支援等の多様な分野へと拡大している。

　②ワーカーズ・コレクティブ　ワーカーズ・コレクティブ[17]は、働く者同士が共同で出資し、それぞれが事業主として対等に働く協同組合の一種である。日本におけるワーカーズ・コレクティブは「生活クラブ生活協同組合（生活クラブ生協）」が起点となって展開した。

　生活クラブ生協の前史から辿ると、1965年に既存の政党や労働運動にとらわれない、地域に根ざした生活者運動を目指した「生活クラブ」が結成される。生活クラブは、主婦たちに牛乳の共同購入を呼びかけるところから始まった。その後、取り扱う品目が広がり、会員数が増えていく中で安定した経営基盤が必要になったことから、1968年に「生活クラブ生活協同組合」として新たに出発することとなった。

　1982年に神奈川県横浜市において生活クラブ生協の請負業務、スナック・仕出し弁当提供などの事業を行う「ワーカーズ・コレクティブ・にんじん」が

誕生したことに始まり、福祉や保育・子育て支援等、事業を多様な領域に広げながら各地に取り組みが広がっていく。そこでは、生活クラブ生協に参加していた主婦たちが主体となって、雇う—雇われる関係ではない、地域に根ざした、地域のための、「生活者」としての協同労働が模索されていた。その後、各地でワーカーズ・コレクティブの設立が進み、1989年には「市民事業連絡会」が発足し、神奈川・東京・千葉・埼玉のメンバーが定期的に集まって協同組合や法制化の学習会を行うようになり、1993年からは2年ごとに全国会議を開催している。

1995年には全国のワーカーズ・コレクティブが連携する組織として、ワーカーズ・コレクティブネットワークジャパンが設立され、ワーカーズ・コレクティブの働き方に合う法律を作る活動や、事業を通して見えてきた社会の課題に対する政策提言（介護保険制度への意見等）、新たなワーカーズ・コレクティブの設立支援等を行っている。

2-3 労働者協同組合法の制定

ワーカーズコープ連合会とワーカーズ・コレクティブネットワークジャパンは、1990年代以降、それぞれに法制化を目指す運動を展開してきた[18]。両者は互いに協力し合いながらも、それぞれ独自路線を取ってきたが、2007年の「協同労働の協同組合法の可及的速やかなる制定に賛同する」団体署名要請運動を契機に両者の運動が合流し、2008年には「共同出資・協同経営で働く協同組合法（仮称）を考える議員連盟」が発足した。その後、「雇用される労働」を前提とする労働観に起因する懸念（労働者保護が曖昧、反社会的組織による悪用等）が示される等、議論に多くの時間を要したが、2020年に「労働者協同組合法」が全党・全会派の賛同により成立した（2022年施行）。これにより、協同労働の理念を持って活動する団体が「労働者協同組合」として法人格を取得することができるようになったのである。

労働者協同組合法の制定はこのように市民主導で行われ、ワーカーズコープやワーカーズ・コレクティブを中心に絶えず実践当事者から発案し、法案作成の議論も実践の事実をベースに行われてきた。最終的には党派や立場を超えた協同労働の価値の共有が実現しており、市民による「下から」の真に民主的な

プロセスを経て制定された点は画期的といえる。

　労働者協同組合法は、その目的について「各人が生活との調和を保ちつつその意欲及び能力に応じて就労する機会が必ずしも十分に確保されていない現状等を踏まえ、組合員が出資し、それぞれの意見を反映して組合の事業が行われ、及び組合員自らが事業に従事することを基本原理とする組織に関し、設立、管理その他必要な事項を定めること等により、多様な就労の機会を創出することを促進するとともに、当該組織を通じて地域における多様な需要に応じた事業が行われることを促進し、もって持続可能で活力ある地域社会の実現に資すること」（第1条）と規定している。これまでの協同労働の実践の蓄積とそれに基づいて構築されてきた理念が直接に反映されているといえるが、特に「持続可能で活力ある地域社会の実現」が位置づけられていることは、イタリアの社会的協同組合法や1995年に追加されたICAの第7原則とも合致する。日本における労働者協同組合もまた、組合員の「共益」のみならず、地域社会に根ざした「公益」が明確な目的とされているのである[19]。

　また、第76条第5項では「組合は、組合員の組合の事業に関する知識の向上を図るために必要な費用に充てるため、毎事業年度の剰余金の二十分の一以上を教育繰越金として翌事業年度に繰り越さなければならない」と規定している。労働者協同組合では地域のために働きたいと考える多様な人々が各自のライフスタイルに合った働き方を選択することを認めており、「教育繰越金」はそれぞれに合った教育を行うために設けられた「人づくり」のための資金である[20]。ロッチデール原則以来の組合員教育の原則が反映されており、日本における協同労働普及の重要な基盤になると考えられる。

3　協同労働の実践と共生への学び

　本節では、日本における協同労働の具体的な事例を見ていく。ここではワーカーズコープの取り組みを2つ取り上げ、その特徴を考えてみたい[21]。

3-1　ワーカーズコープ深谷とうふ工房（埼玉県・深谷市）

　ワーカーズコープ埼玉北部事業所は、1987年に生協から共同購入センター

の業務の一部を委託され、生協の組合員でもある30代の女性たちを中心に30人で就労を開始した。その仕事ぶりは委託者である生協から高く評価され、委託される業務も拡大し組合員も倍増するなど、当初はうまく進んでいた。しかし、生協の合併を機に突然仕事が激減することになり、大きな壁にぶつかった。

受託業務のみでは委託先の事情で仕事がなくなってしまうと、組合員たちは全員で仕事おこしに向けた会議を開き、弁当店や喫茶店などさまざまな案の検討を重ねた。そうしたなか、地元の原料にこだわった豆腐やパンを作っている長野県の女性グループを視察したことを契機に、安心安全な豆腐を作り、高齢者の給食なども目指すことでまとまった。大豆の調達は地域の生産者の協力を得るとともに自分たちでも栽培することとし、地域の人から出資も集め、1995年に「深谷とうふ工房」をオープンした。

工房の豆腐は口コミで評判が広がり、生産が追い付かないほどの人気となった。売上好調のなか、買いに来られない人にも食べてもらいたい、おからを食材にしたお弁当を高齢者に届けたいと、健康弁当の店をオープンする。さらに、地域で高齢者を支える仕組みが必要と、深谷市福祉課と懇談し、行政の協力を得ながらヘルパー養成講座を30回開き、約1000名のヘルパーを育て、訪問介護の事業所も立ち上げるなど、その事業範囲は拡大・多様化している。現在、埼玉北部地域では、食、介護、学童保育、障害者就労支援などを展開し、事業所は10か所に広がり、事業高は5億円を超えたという。

このようにみると順風満帆に発展してきたようにみえるが、実際にはそうではない。例えば、とうふ工房立ち上げ時には、地域からの出資も集まり開店まで1か月に迫った段階で、組合員の不安の声が高まり「白紙に戻そう」という声まで上がるほどだったという。ヘルパー養成講座やデイサービス事業なども同様に、新しい事業を始める際には必ずといってよいほど不安や困難さを表明する慎重な意見が出て、組合員間で厳しい対立が起こることも少なくない。

こうしたことは、トップダウン型の一般の雇用労働の場では起こりにくく、全員が労働者であり経営者でもある協同労働の場だからこそといえるだろう。時に深刻な対立が生じたとしても、互いに本音を出し合える関係をつくり、話し合いを重ねて合意をつくりながら共に自分たちの仕事をつくっていく。実に人間らしい働き方がここにある。

3-2 コミュニティセンターの指定管理者と放課後等デイサービス事業
（北海道・苫小牧市）

　ワーカーズコープは、2008年に苫小牧市のコミュニティセンターの指定管理者に選定され、4館を運営している。選定当初は協同労働がまだ知られていない時代背景もあり、「よそ者」などと地域から批判的な目を向けられていたという。また、館長を除き職員は全員地元採用であり、連続学習会を開催して協同労働を理解する機会をつくったものの、十分な理解を得るには時間を要した。

　2012年、ワーカーズコープ・センター事業団北海道事業本部の呼びかけで開催した「北海道協同集会」の際に、地域を歩いたことが変化のきっかけになった。地域の人から「あなたたちは指定管理の業者だと思っていたが、まちづくりとか福祉を考える団体なんだね」と見られるようになり、組合員たちも自分たちはそういう組織ではたらいているのだと認識が変わっていったのだという。

　地域のことを知る中で、障害がある子どもたちの居場所が少ない現実を知り、2013年に放課後等デイサービス「ぽっけ」を地域の人々と共に立ち上げた。「ぽっけ」は子どもたちを地域で見守り育ててもらうため、町内会ぐるみの「おしゃべりサロン」を開いたり、衰退していた地元の「秋祭り」を一大イベントとして再生したりするなど、地域の人々と共に活動しながらの地域のつながりを回復する取り組みを行っている。

　2015年には、さらに地域の課題を知るため連合町内会約1000戸への全戸訪問を実施している。それを通し、地域には「こちらから動かない限り出会えない人」がいることや、独居やひとり親家庭という環境によって社会と分断されている人がいるという課題への気づき、同時に地域が持つ力への気づきも得ることができた。そこから、みんなの居場所「Hugぽっけ」や、社会的困窮と食品ロスに立ち向かう「ばんくとまこまい」（フードバンク・衣類バンク・学用品バンク・家電バンク）などへ活動が展開している。

　地域に向き合い、課題克服に向けて共に活動する中で地域から認められ、そのことが自らの協同労働の仕事の価値を理解し、やりがいを実感する機会になる。そのような地域との相互関係、好循環が多くの協同労働の現場においてみ

られている。

3-3　対話的協同実践と学び合い

　これらの事例にみられるように、協同労働の実践においては「対話」が重要な契機となっている。それは時に厳しい対立も生じるような本音の話し合いであり、そのことが組合員間の深い協同関係を構築する基盤になっている。また、「持続可能で活力ある地域社会の実現」を理念とする協同労働において、その対話は地域の課題克服を目指す行動と結びついて展開しており、そこでは地域の人々との対話と協働が必然的に求められることとなる。したがって、協同労働の実践は、組合内に留まらず地域へと広がる「対話的協同実践」[22]と特徴づけることができる。

　重要なのは、このような対話的協同実践に組み込まれている学び合いである。それは地域の課題や資源への気づきと理解、地域の担い手としての意識形成、そして課題克服への行動へと至る学び合いであり、同時に行動を通して地域や自己への理解を深める学びの循環過程といえる。

　多様性を尊重する協同労働の現場では、組合内においても地域においても必然的に矛盾や葛藤が生じることとなる。それが先に述べたような厳しい対立が生じる要因でもあるが、持続可能な共生社会の実現への過程においては、そうした矛盾・葛藤は避けるべきものではなく、向き合い克服し続けることが求められる。対話的協同実践としての協同労働は、以上のような学び合いによってそれを実践しているのである。それは、地域における協働から、自治の主体形成へと展開するための鍵を示唆しているといえるだろう。

4　協同労働が示す希望

　本章では、持続可能な共生社会の実現を見通し、その中で重要な役割を果たしうる可能性を持つ協同労働に着目し、そこに内在する共生への学びとはいかなるものかを探ってきた。行動と結びつく対話的協同実践としての協同労働に内在する学びは、地域を基盤に協働と自治を育みながら「共」の領域を広げる実践過程において展開している。それは、個人の発達と社会の発展を媒介する、

本来的な労働と学習・教育のあり方を示しているといえるだろう。協同労働の発展は、共生社会の実現への重要な鍵になり得る。

　ただし、その道程は必ずしも楽観的ではない。はじめに述べたように、日本の産業・労働をめぐる政策動向は依然として新自由主義的な傾向が根強くある。協同労働もまたその流れに飲み込まれる懸念があり、実際、多くの労働者協同組合は経営と組合員の収入の安定化に苦心しているのが現状である。教育政策の動向もまた同様であり、既成の経済・産業界へ教育が従属化させられる傾向が見られ、例えば大学などは少子化が深刻化する中で生き残り策に追われ、こうした傾向に対する対抗力は弱まる一方になっているといわざるを得ない。

　それでも、今日まで蓄積されてきた協同労働の実践は、このような労働のあり方、そして社会のあり方を変える可能性を確かに示している。その可能性を現実化していく重要な基盤になり得る労働者協同組合法が成立・施行されたことは、私たちの社会が確かに前進していることを示している。オルタナティブな社会・経済を目指すグローバルな連帯の中で、私たちも希望を失わずに歩んでいきたい。

1）池上惇・二宮厚美『人間発達と公共性の経済学』（桜井書店、2005 年）など参照。
2）斎藤幸平『「人新世」の資本論』集英社、2020 年、353 頁
3）斎藤前掲、第 6 章参照。
4）斎藤前掲、355-356 頁
5）斎藤前掲、357 頁
6）斎藤前掲、261-265 頁
7）藤井敦史編『地域で社会のつながりをつくり直す——社会的連帯経済』（彩流社、2022 年）、37 頁
8）同上
9）同上、17 頁
10）RIPESS 憲章については、廣田裕之『社会的連帯経済入門——みんなが幸せに生活できる経済システムとは』（集広舎、2016 年）206-211 頁の全文日本語訳を参照。
11）立見淳哉「新しい地域発展理論」小田切徳美編『新しい地域をつくる——持続的農村発展論』（岩波書店、2022 年）、第 1 章
12）Holyoake, G. J. "Self-Help by the People; History of the Rochdale Pioneers" 財団法人協同組合経営研究所訳『ロッチデールの先駆者たち』（財団法人協同組合経営

研究所、1968 年）、319-321 頁［原文は 1892 年］

13）協同組合のアイデンティティに関する ICA 声明については、廣田前掲書 13-15 頁を参照。

14）田中夏子（2020）「イタリアの社会的協同組合と労働組合の協働」『連合総研レポート DIO』（公益財団法人連合総合生活開発研究所、2020 年）第 33 巻第 2 号

15）田中夏子「イタリアにおける社会的企業の展開過程——その課題と示唆」藤井前掲書

16）日本労働者協同組合連合会編『〈必要〉から始める仕事おこし——「協同労働」の可能性』（岩波書店、2022 年）。なおワーカーズコープとワーカーズ・コレクティブの概要については小島明子・福田隆行『協同労働入門』（経営書院、2022 年）の整理を参考にした。

17）藤木千草「ワーカーズ・コレクティブのこれまでとこれから」柏井宏之・樋口兼次・平山昇編『西暦二〇三〇年における協同組合——コロナ時代と社会的連帯経済への道』（社会評論社、2020 年）、100-111 頁。村上潔「「主婦によるオルタナティブな労働実践」の岐路——ワーカーズ・コレクティブはどう変わっていくのか」『生存学研究センター報告書』（立命館大学生存学研究センター）第 14 巻　https://www.ritsumei-arsvi.org/publication/center_report/publication-center14/（2024 年 9 月 28 日閲覧）

18）石澤香哉子（2022）「労働者協同組合法法制化運動の流れと論点の整理」『生協総研レポート』（公益財団法人生協総合研究所）第 96 巻

19）高瀬雅男「労働者協同組合法の特徴と課題」『行政社会論集』（福島大学行政社会学会、2022 年）第 35 巻第 1・2 号

20）桝屋敬悟議員の答弁より、「第 203 回国会参議院厚生労働委員会会議録第 7 号」8 頁

21）以下の事例については、日本労働者協同組合連合会前掲書（注 16）を参照。

22）大高研道「協同実践で拓く学び」鈴木敏正・朝岡幸彦編『改訂版　社会教育・生涯学習論：自分と世界を変える学び』（学文社、2023 年）、第 8 章

― コラム2 ―

地域住民とともに地域をつくる協同労働実践

――ワーカーズコープ登米地域福祉事業所

竹森幸太（ワーカーズコープ宮城北エリアマネージャー）

私たちの組織と働き方

　労働者協同組合ワーカーズコープ・センター事業団（以下、ワーカーズ）は、働く者が雇われるのではなく、1人ひとりが出資をし、民主的に経営し、責任を分かち合う働き方を基本原理とし、市民自身が地域の困りごとやもったいないこと（空家・農地・地域の伝統など）、自身のやってみたいことなど、生活と地域の必要・困難を働くことにつなげ、多様な人びととの協同の力で人間らしい労働と暮らしを実現することを目指しています。

　登米地域福祉事業所は、東日本大震災直後の2011年10月、起業型人材育成事業（緊急雇用創出事業）の取り組みからスタートしました。主な事業は、共生型福祉の担い手づくりと南三陸町からの被災求職者の就労支援で、当初から単なる職業訓練ではなく、受講者が主体になった持続可能な仕事おこしを目指してきました。現在では、登米地域福祉事業所から3つの事業所に事業を拡大し、20代から70代の組合員が福祉、林業、就労支援、生活困窮者による生活支援の仕事に従事しています。

困りごとや生きづらさから始まる仕事おこし

　ワーカーズでは、さまざまな困難を抱えている仲間が働いています。障がい児をもつシングルマザー、高校受験に失敗したがやりがいのある仕事に就きたいと願う若者などです。放課後等デイサービスや生活支援の事業は、こうした働く人たちの背景や身の回りの困難を仕事に変えていこうという取り組みから生まれました。

　しかしながら、仲間と協同して仕事を起こすには、どこかで他者と折り合いをつけていかなければなりません。話し合いを大切にしながら互いの違いを受け止め合うことには苦労をしますが、その学びあいのプロセスにこそ、この働き方の意味や価値があると考えています。

竹森整備の様子（著者提供）

中山間地域での仕事おこしと地域との関係性の変化

　私たちは山村の暮らしや生業に学ぶ林業の仕事おこしにも取り組んでいます。初めは全員が素人で、なかなか相手にしてもらえませんでしたが、耕作放棄地の草刈りや寺の支障木伐採の仕事を頂き、その活動の様子を紹介する「林業通信」を地域の全戸に手渡しで配布しました。こうした取り組みを担っている一人は高校を中退して引きこもり状態だった元若者サポートステーション利用者の若者です。自分自身を認められない悩みがありましたが、地域の方たちと接するなかで、今では地域の人たちが差し入れにきてくれるまでの関係になりました。地域の人たちから「ありがとう」と言われることがやりがいにつながっています。また、衰退する地域へのあきらめや自身の存在の意味を見失いつつあった地域の高齢者も、ワーカーズの取り組みへの参加・協力・支援を通してどんどん元気になり、主体的に休耕地での野菜づくりや地域行事を再開する動きが生まれています。このように、ワーカーズが地域で活動する中で、共に働き共に生きる関係が少しずつ地域に根づいています。

（たけもり・こうた）

第Ⅲ部

地域学習の展開と社会教育の再構築

第Ⅲ部　地域学習の展開と社会教育の再構築

　第Ⅲ部では、持続可能な地域づくりと課題解決にむけて市民主体の地域学習が各地に広がっている状況に焦点を当てる。第8章では災害復興の地域づくりを中心に市民の学習の展開をあとづけ、第9章では、国際的に必須の課題となっているSDGsと日本における公害学習・環境学習の実態と課題を検討する。第10章では社会教育行政、社会教育施設が共生への学びにどう向き合うか、社会教育の可能性と課題を考察する。

第 8 章

地域再生への学びあいにみる社会教育・学校教育の可能性

石井山竜平

1 「正直な意見」が言えるということ

2011 年 3 月の東日本大震災から、国が定めた「復興期間」の 10 年がすぎ、さらに年月が経過したものの、福島第一原発事故の影響が色濃いエリアは、いまなお大きく取り残されている。その一方で、原発事故の影響から逃れられた地域においては、一定の「再生」を果たしたかに見える。知らなければ、かつてそこを甚大な津波が襲い、まちが壊滅し、多くの人命が失われたことなど、まるで想像できないほどに、である。

そうした東北の沿岸部には、震災の記憶を伝承し、教訓を学び直すための学習施設が、各地に創られている。震災伝承ネットワーク協議会（国土交通省東北地方整備局企画部）に登録された「震災伝承施設」は 2024 年 2 月現在で 344 件に達する。地元のみならず、全国の未来に教訓を伝えようとする、新たなタイプの社会教育施設群といえよう。

そのうちの一つ、岩手県釜石市鵜住居地区に設置された「いのちをつなぐ未来館」のスタッフ、菊地のどかの言葉を紹介したい。菊地は中学 3 年生の時に被災を経験。大学卒業後、故郷にもどり、自身の震災経験を伝えるなど、地域の防災学習に携わっている。YouTube 上にある、この菊地のインタビューの映像[1]で、彼女は以下のように語る。

> 震災のとき、たくさんの小・中学生は防災教育によって命を救われました。その一方で、この町ではたくさんの人が同時に命を落としました。地域の方々が防災についてまず知る場所、どう行動したらいいのか、みんなで考える場所を作りたいと思い、ここで働いています。

133

これからの釜石に求めることは、まず地域の人たちが自分の意見をたくさん言える
こと。正直な意見を言える、ということです。それから、未来の人たちが「自分たち
のまちってすごく楽しいよね」と言えるようなまちにすることが私の願いです。

　さて、いかがだろうか。彼女は「これからの釜石に求められること」という
問いに対し、「自分の意見をたくさん言えること」「正直な意見が言えること」
と答えている。震災から復興途上のまちに「求められること」とは何か、を問
われての回答が、なぜ、「正直な意見が言えること」なのか。よくよく考える
と不思議な回答であると思われる方は少なくないのではないか。
　しかし、被災地の地域再生のプロセスに多少なりとも触れてきた私たちから
すれば、この言葉は、極めて的を射ているように思われる。想像するに、おそ
らく彼女は、この言葉とは裏腹の現実を、少なからず目の当たりにしてきたの
ではないか。つまり、地域再生の過程では、多くの人たちが自分の意見が言え
ていなかった。正直な意見が言えていなかった。そして、この壁を越えること
こそが、ふるさとの再生の要であると、彼女はそれまでを振り返って思い至っ
ている、ということなのではないか、と。

2　もちこまれた再生計画を地域で修正することの困難

2-1　震災で浮き彫りになる災害以前の社会の性格

　以下では、社会教育職員の学びの場面で実際に論じられた内容を通して、上
述の具体を確認していくことにする。
　東日本大震災から10年目、国が定めた「復興期間」の最後の年の2020年6
月、宮城県教育委員会主催で、宮城県社会教育・公民館職員研修会 特別企画
オンライン・シンポジウム「地域再生と社会教育」が企画・実施された[2]。こ
こには、石巻、女川、気仙沼のそれぞれから、社会教育にゆかりのある学校教
職員ないしは教職員 OB が登壇し、①震災からのあゆみの概略、②このかんを
通して「何が学ばれた」のか、③10年目の今、被災地の残された課題とは何
か、について論じあった。
　当初は対面事業として計画された事業であったが、計画の途上でコロナ禍に

134　第Ⅲ部　地域学習の展開と社会教育の再構築

入り、中止もやむなしという状況であった。しかし、この発信は被災地の責務であるとの思いを関係者で共有するなか、当時は未知のツールであったZOOMを駆使し、宮城県教委としてはコロナ禍初のオンラインを用いた職員研修として配信されたものである。

このシンポジウムで大きく話題とされたのは、国主導の地域再生計画が地域に持ち込まれた際、そのことが地域にもたらす「分断」の恐れと、そこに異なる意見を物申すことの難しさであった。

震災当初の報道では、災害以前において地域での人間関係が厚く累積されていた農村、漁村地域では、その人間関係が生かされ、多くの命が救われ、その後の生活が支えられた、そうした「共助」をめぐるトピックが多くあったことは、多くの人々の記憶にあるのではないか。しかし、その後の展開においては、そうした「共助」力が発揮された地域であっても、その後の地域再生計画を機に分断が生じたケースは少なくない。

被災地の再生にむけて大規模公共事業が計画される段階に入ると、それは当然ながら政府主導となり、そこでは相当の「スピード感」が求められる。その際、その計画が仮に、いくら住民感覚からすれば違和感を孕む内容であったとしても、「その計画に乗る方が得策なのではないか」「乗らないと先はないのではないか」という憶測が舞う中、地域に分断が生じていく。計画に疑問や意義を唱える意見が受け止められない中、地域をあきらめ、去るという判断も広がっていく。こうしたことを、その後の多くの被災地が経験するところとなった。

その象徴的な場面は、防潮堤計画をめぐって現れている。今後も現れることが予測される同規模の災害を防ぐべく、巨大公共工事で防潮堤を作る計画が立てられ、実際に総事業費約1兆円をかけて、岩手から福島まで、計約600か所、総延長400キロメートルの防潮堤が実際に作られていった。

そのことをめぐって、パネラーの一人からは、(防潮堤の地域説明会では)「合意をどう形成するかの説明もなく、何も質問がなければ合意という捉え方をされました。とにかく早期復旧復興が正義でした。そこには、学際的かつ総合的な視点はありませんでした」(阿部正人)との述懐に加え、以下の新聞記事が紹介された[3]。

第8章　地域再生への学びあいにみる社会教育・学校教育の可能性 │ 135

費用対効果や代替案を少しでも言おうものなら、その最中に野次が飛ぶ。4人の高校生が参加して、そのうちの1人が意見を述べた。「僕たちは気仙沼の復興のために頑張る。防潮堤はいらないと思う」と発表した途端、推進派らしき人からやじが飛んだ。その言葉に圧倒された高校生は、それ以上しゃべることをやめた。

　司会者の「後はいいですか？」に、「もういいです」と彼は座ったが、よほど悔しかったのだろう、背中が泣いていた。

　高校生は最後の説明会だから参加しようと決めたのだ。会場には県職員はもちろん、市職員や県・市議会議員も同席していた。しかし、誰も注意する人はいなかった。

　230億円もの血税を使うというのに、住民が自由に意見を言えないのはどういうことなのだろう。ワーキンググループは若者も女性もいない場所で、委員が言いたいことが言えないからと、非公開で開かれてきたという。

　この発言をうけて、震災遺構をめぐる話し合いでも「まったく同じことが起こった」との発言が続いた[4]。

　対話は、利害関係で異なる人たちとの間でやるべきものなんだと思います。仲間内の議論ばかりだと、異なる人に対しては、相手を打ち負かして、自分の正当性を優位に立たせて、相手を変えるための議論になってしまう。本当の対話は「今までこうだから」ではなく、こうでもない、ああでもないといいながら、AとBと混ぜ合わせて新しいCの道を探るもの。そのためには大事なのは、「相手を知る」ことだと思います。

　震災遺構をめぐる話し合いでは、まったく同じことが起こった。「見たくないから壊したい」とか「お金がかかるから壊そう」とか、間違いではない意見が一杯あった。問題はそこに、対話の場が創れなかった。震災遺構に関しては、残すか、壊すかしかない。でもそこに議論がなかった。「早くしないと復興予算は使えないぞ」という人もいて。そこで声を上げたのは中学生と高校生だった。だれも言わないのに、声を上げた。そしたらやっぱり「子どものくせに何を言っているんだ」「だれかに言わされたんではないか」と。これはひどかったと思います。とてもひどかったです。

　こうした発言を経ながら確認されたのは、「私たちはまだ、地域で、立場の異なる者同士が建設的な話し合いをする、そのための基礎的な構えと方法を学び取れていないのではないか」ということであった。加えて、こうした分断や排除に至ってしまう、この社会の性格は、「災前」の社会の性格に由来するも

のなのではないか、という指摘もなされた。

　すなわち、災後には、災害以前の社会の性格（弱さ）がそのまま浮き彫りになって現れており、そのことが、住民主体の地域再生を阻んでしまっている。そのことが確認、共有しえた機会となった。

2-2　海と生きてきた人たちの防潮堤計画への違和感

　ところで、被災地との縁がさほどない人々の中には、「防潮堤計画に疑問を持つ地元の方々がなぜ存在するのか」という疑問を持つ人が、決して少なくないのではないか。「より命を守れる可能性の高い公共事業がまちに入るのは、喜ばしいことなのではないか」「そこに将来また、まちを失うほどの津波がくる可能性があるのなら、そこに住み続けるより、そこではない場所を選択して住む方が、よほど合理的なのではないか」と考える人が多勢なのではないか。そうした、いわば「合理的」判断を越えた判断が現れる所以をめぐって、若干の補助線を示しておきたい。

　東日本大震災によって被災した地域の多くは、農民や漁民によって形成されてきた地域である。筆者自身、震災以前には、そうした生業者との接点がほとんどなかったのだが、震災後、被災地をめぐる中で、必然的にこうした仕事を代々の生業とし、代々その地に住み続けてこられてきた人々と深くお付き合いすることとなった。

　そこで気付かされたことの一つが、彼らの仕事は、曜日等を基礎に機械的に定められた、いわゆるサラリーマンのルーティンとは大きく異なり、自然を五感で感じ取り、分析し、それに対応して柔軟に仕事の段取りが定められているという、当たり前の事実であった。

　その生活は、天候に左右されており、これが収入にも直結する。であるからこそ、「自然を読む」技術が極めて重要である。年間を通して取り組むべきことは、自然からサインを読み取りながら、適切な時期が見定められ、取り組まれる。野に咲く花や虫や生育の様子が、次なる手順のサインとなることもある。だから、震災後の地域再生においては、そうしたサインを与えてくれる多様な生物群も、当然に再生すべき対象であった。

　この、私たちの生活にかけがえのない恩恵を与えてくれている「自然」が、

第 8 章　地域再生への学びあいにみる社会教育・学校教育の可能性　｜　137

稀に巨大な牙をむき、甚大な災害が発生する。自然とはそうした二面性を持ち、その二面は切り離せるものではなく、そして人間には制御しきれない存在である。その自然と共に生きてきた人々からすれば、リスクから身を守るためには、常に五感でその存在を身近に感じ、畏敬の念をもちつつ、それと共生する知恵や自然観を培っておくことこそが大事なことであって、危機管理上それと人とを遮断する、という発想はありえない、という。そう考える方々の思想には、一理あるとは思えないだろうか。

　以下、現れた防潮堤計画の見直しに向けて動き出した住民の述懐を紹介しよう。気仙沼にて、国の防潮堤計画に違和感を覚え、「防潮堤を勉強する会」を立ち上げ、取り組んできた商工会議所のリーダーの述懐である[5]。

　　防潮堤計画には異議、というより、とてつもない違和感を覚えたんです。私たちは自然と共生して暮らしてきた。それを生かしたまちづくりをしていこう。私たちはここまで、海と呼吸して生きてきたのだから。これを振りほどく理由はないでしょう。
　　それと一番大きいのは、震災で私たちは、自然には勝てないということを学んだ。それを抜きに、そこに対抗するような防潮堤を作っていいのかという、違和感です。
　　スローフードをしてきた人たちからすれば、防潮堤で囲うという発想はありえないんです。おかしいだろう。なぜ自然と人間を分断するんだ。それも自然に勝とうだなんて発想をどうやったら持てるのか。もう、超違和感ですね。

2-3　行政の計画に対峙しうる力量と経験

　気仙沼の「防潮堤を勉強する会」の場合、中心になって取り取り組んだ地元の産業界には、行政との対話をめぐって一定の経験が蓄積されていた。その経験を踏まえて、対話のルールづくりと学習が取り組まれていた[6]。

　　行政との長年の付き合いからわかってきたことですが、行政と話しあうためには、彼らと同じ情報量を持たないと話にならないのですよ。とくに防潮堤の場合は。とっかかりは地区説明会です。そこに、住民は防潮堤の話だなんて思わずに、自分たちの住まいがどう再建できるのかが気になって集まってくる。そうしたら、県や市や林野庁が並んで、みんな専門用語を使うでしょ。L1、L2（津波の種類を示す語）から始ま

って、地域の人はわからないですよ。「質問はありませんか」と言われても、ぽかんです。

　地域の全体像の話にはまったくならない。行政は「異論はありませんでした」という話を上に上げて、「ここはつぶしました」みたいな話になる。ここに対等に話し合いを進めるためには、まず「彼らはそもそもどういう法律からこんなことを考え出したのか」ということを勉強しなければならない。

　そこに、賛成反対を言わない、というルールを作った。防潮堤を作っていいという人たちもいっぱいいます。海と接していないエリアや、事業所を海辺に抱える人たちは、防潮堤が高かろうがやむを得ない。一方で、震災前から防潮堤を作らせていない、絶対反対の地域の人もいるので、同じ会場で意見交換したら絶対分断する。だから、賛成反対は言わない。それを仕切る人には勇気が必要です。それができたのは、権威権力ではなく、震災前にまちづくりの別のルートで経験してきた合意形成のノウハウがあってのことです。

3　「みんな」をつくるということ

3-1　南三陸「かもめの虹色会議」

以上のように、防潮堤計画のような巨大な行政計画を、民的な立場から物申し、修正していくには、行政との対話をめぐる経験と力量をいかに備えておくかが重要な課題となる。その基礎に求められるのは、地域に、「われわれ」「わたしたち」「みんな」といった一人称の主語からなる「民意」をつくるための思想と方法である。

　先に紹介したシンポジウム「地域再生と社会教育」の結論を改めて言い換えるなら、それは、個々人がそれぞれ自由で平等でありながら、皆がおよそ納得できる「民意」をつくる、という経験を日常の中に累積しておくことが、今後の予期せぬリスクへの備えとして重要でありながら、そこが極めて弱い、とりわけ、肝心の地域というレベルでの累積が弱い、ということの確認であった。では、そこからいったいどのようにすれば、分断のリスクを越え、「みんな」をつくることができるのであろうか。

　人が大勢集まったところでは、一定の段取りさえあれば、全員がきちんと等分に意見が言えるわけでは決してない。人間関係には様々にパワーの濃淡があ

第8章　地域再生への学びあいにみる社会教育・学校教育の可能性　　139

って、声を出せる人もいれば全くそうでない人たちもいる。そうした様々な方々の中に話し合いをきちんと成り立たせていくための思想と方法とはいかなるものなのか。

この問いとのかかわりで、紹介したい実践が、南三陸町の「かもめの虹色会議」である。

南三陸町では、町職員らを含む43名が犠牲となった旧町防災対策庁舎跡地を含む、南三陸町震災復興祈念公園（6.3 ha）が、2020年12月、全体開園した。この祈念公園計画にむけては、震災翌年の段階から、町からの要請を受けた「まちづくり協議会」での検討が開始された。その「公園部会」の議論の開始の段階で、公園の内容より防潮堤のありようが問題とされ、その問題を検討する機会として、地元神社（上山八幡宮）の禰宜（神主）である工藤真弓の呼びかけで、2013年5月に開始されたのが「かもめの虹色会議」である。以来今日まで、地元神社の社務所で月に2回、100回以上の学習会が重ねられている。そして、その過程において、防潮堤計画の一部修正を達成している。

工藤は、自らの生業である「神主」について「その場をとりもつ、つなぐ、そういうのが凝縮している役割であることが、神主をしながらわかってきた。場が良くなるように工夫する、全体の中で、みなさんがどういう感じでここにいらっしゃるのか気配りする、というのは、そこで学んできたのかもしれないなと思います」と語っている。

以下、工藤に加え、会議を共に続けてきた太齋彰浩（一般社団法人サスティナビリティセンター代表理事）、鈴木卓也（南三陸ネイチャーセンター友の会会長）に話を聞いた記録[7]から、防潮堤計画の修正の実現を導き出したこの会議の内実をとらえていく。以下、この「かもめ」がどのような場であったかをめぐる三者の述懐である。

工藤 「かもめ」は、移住された方が三割、町にずっといる人が三割、帰ってきた人が三割と、色んな暮らし方をした人が集まって話している場です。サケとアユとニジマスで、コクガンのような珍しい方も時々いるし、多様性を考えると、志津川湾と同じだな、と環境と重なって思ってみたり。こんな色んな生まれの、色んな経緯をたどった方々が集まることで、素敵な場が生まれるんだなと思いますね。かけがえのない

存在感がそれぞれにある。その場の中で容認されていく。そういう場所って普通だと思っていたんですけど、そうでもないようですね。

太齋 「かもめ」って、メンバーは入れ替わっていくんだけど、100回も続いているということはすごいことだと思う。そんな会議、他にあるかな、といつも思っています。場の空気感がいい。真弓さんが作る「かもめ」の雰囲気がすごくフラットだし、自由に意見が言えるし、柔らかいですしね。

鈴木 基本、対話をする人なんです。対話を打ち切ったり、拒絶をしたりしない人なんだよな。人は意外とそれができない。自分の意見が通らないと「相手が馬鹿だから俺の意見は聞いてもらえないんだ」と切っちゃう、大体の人って。真弓さんはそこがすごいと思いますね。

太齋 天性のファシリテーターだと思います。ちゃんと話を聞いた上で、みんなの意見を取り入れて、まとめていく。そして、あきらめないですね。やり続ける。それと、柔らかいので、色んな人が入りやすい場を作ってくださるというところが、続いた要因だろうと思います。

3-2 「かもめ」で何が学ばれてきたのか

工藤 ここは「練習の場」でした。住民と役場とが話し合うということをしてこなかったので、いざ公式な場にみんな出ても、結構喋れないで終わっちゃう、というのが、2～3回出て分ったことでした。これはだめだ、伝える力が弱い、自分も含めて。それで、「かもめの虹色会議」という名前をつけて、会議なんだけど愉しい場であって、何でも話していいんだよ、とか、話す時にはこんな工夫があったほうがいいよねとか。誰かが教えるわけではないのだけど、上手い人の話し方を見て、みんなで知らず知らずのうちに学んでいく場であったことは間違いないかな、と思います。それを持って公園部会に行くので、みんなしっかり話せたり、話せなくても、うなずくだけでも力になることがわかったり。みんなで伝えるということをみんなで磨き上げていった。

　2時間の大事な会議。役場の側は実は何かを求めてはいなかったかもしれないのですけど（笑）、そうはさせないというのが「かもめ」。だってこの2時間に、月に2回集まって話してくれたことがちゃんと上がっていかないと、その場も無駄になっちゃうわけだから、緊張するけど、ちゃんと言う、とか、勇気を持って手を挙げる、とかができるように、その練習会だった気がします。

鈴木 真弓さんが言ったことに尽きるかな。自分の言いたいことをとにかく言う人、役場をなじって終わっちゃう人、ひとつ上の世代はそういう人ばっかり。それじゃやっぱりいけないよね。どうすれば地域の考えを、それこそ中継して伝えられるのかを、

本当にここで学んだ、ということをすごく感じています。

太齋 本会議に向けての戦略は全てそこで練られているんですね。そこに差し込むだけ、という状態にまで高めてから、皆さん臨んでいた。まさに準備会議でしたね。それから、真弓さんは、絵とか、模型とか、みんなが直感的に感じられるものを、色々準備されていて、みんなで俯瞰的に同じものを見て、共有して話ができる場が良かったかな、と思います。

工藤 毎回、町から示された地図をもとにラフに書いたマップを作って、何でも書き込めるものは用意していました。土台の絵は作って、そこにみんなで付箋を貼ったり、書き込んでいったり、時にはそれを小さい紙に書いて持ち帰って、書いて提出してもらうとか。みんなで描く、というのはすごく大事にしていました。見える形にして、みんなで俯瞰して落とすというのが毎回ゴールにあったような気がします。絵は端折らずに、逆に絵しかなくてもいいくらいの資料作りを毎回していたような気がします。

鈴木 この地域に育った人で、防潮堤があったほうが良いと思う人はまずいない。そこはみな同じだったと思うんですけど、それを行政に伝え、交渉する言葉を持たなかったんです。私達は、「かもめ」という場を通してそれができたので、たまたま残せたのかな。

太齋 場があって、そこに色んな人が集まって、戦略を共有して、組織的に動いたことで、一人でなら絶対できないことができた。

工藤 その時は役場に太齋さんがいらっしゃいましたし、自然については（鈴木）卓也さんに聞けばわかるし、昔あの場がどういう場だったのかもご存知です。そこに設計に携わっているコンサルの方にも来てもらって、町が今どんな段階で、本当の期限はいつか、という情報も教えてもらいながら、次の会議に必要な言葉は何か、どこまでできるのかを整理して、持っていく、ということができたと思います。

3-3 対立ではなく、寄せていく

工藤 その時の町の指針の一つに「自然と共生するまち」というのが謳われていて、行政との話し合いでは、それをかなり拠り所にしていました。「自然の声を聞いて、自然がどう戻ろうとしているのか、どうなろうとしているのかを聞いて、それに沿った自分たちのまちを作り直す、というのが『自然と共生するまち』づくり」「行政はそう謳っているんだから、そうしましょうよ」と。なので、ぶつかるというよりは、合わせていく、寄せていく、寄り添う、削る。

　それから、役場の人に最初アクションを起こすのは私ですけど、「みんながそう思っているんです」というところは意識してきました。「私」の部分は消して「みんな」にする。最終的には総意にならないと上がっていかない。「その時に誰が言うと町の

方々は聞いてくれるのか」、そこはすごく丁寧に考えました。

そのタイミングも丁寧にして。いま言わないほうがいいときには言わないし、言わないとだめな時は、頑張って手を上げて言う。それで全てが成功するわけではないんですけど、それはそれできっと良かったんだ、と思って進んできました。なので、何かにぶつかり合う、というのは、あまり記憶がないですね。

太齋　対立をあえて作らない、ということを真弓さんはされてきたと思います。ただ、譲らない線はあって、微調整しながら、残したいのは絶対だから、そのためにどういう譲歩、交渉をするのか、をずっと意識されてこられた。それと、やはり真弓さんの人間性で、うまいこと対立を作らないようにやってこられた。

工藤　震災後、兵庫の方、中越の方が経験談を語りに来られる時に「行政の方とは仲良くしてください」ということはどこの方も言ってらっしゃった。経験からなのでしょうね。やっぱり最後は「人」なので、どう接すれば聞いてくれるのか。そこがすごく大事なんだな、ということは、素直に自分の中に入ったので、意識的にお名前で呼ぶとか、仲良くする作戦は細かく取って（笑）。やっぱり、繋がりを大事にすることがベースにないと、いいことも聞いてくれなくなっちゃう。あの当時は、行政の方はみんな耳をふさぎたくなるような忙しさの中にあったので、そこはすごく大事にしてきました。

鈴木　やはり成功談ばかりではないですね。実際、もっと広く残せればよかった、という思いはありますが、最終的に一箇所だけですが、あそこだけでも残せたことが突破口になる。「やっぱり残してよかったよね」という将来的の評価につながる。だから、あそこだけでも残す、ということに、みんな戦略的にやりました。

ずっと交渉でしたよね。交渉をこちらから打ち切ってしまうことは絶対なし、という感じで。ああいう戦略性って、震災前の我々は持っていなかったと思います。今ならもっとうまくできるのかもしれないけど、当時はなんとかあれだけやった。[後略]

工藤　防潮堤のセットバックが決まった、それから先も長かったですね。浜をどう管理するのか、何かあった時誰の責任か、ということで県と町がボールを投げ合うのに一年くらい（笑）。

それでも、「かもめ」の皆さんは、次の難題がきたら、それに柔軟に対応する考えをさらに上乗せしていける皆さんだったので、「だめだといわれた」「じゃあこれはどう」という案が何案も来るというのがすごかったですね。それでおしまいにならない。全部受け入れながら、最終的には残したいところだけは譲らない案を上げていけた。[後略]

4 地域再生への教育の展望

4-1 共同性の再構築を模索する地域

ここまで、津波という、突発的な災害後の再生をめぐる課題とそこへの民的な対応をみてきた。だが、地域に迫る危機は、こうした突発的なものばかりではない。多くの人々が無関心のうちにゆっくりと、しかし着実に近づき、それが間近にまで来た時には取り返しがつかない、という類のものもある。少子高齢化、人口減少はまさにそうした課題であり、今日の日本の地域社会の多勢が、このリスクに迫られている。

その危機が迫っていることを自覚し、公的な社会教育施設（公民館）で、「みんな」をつくることにむけた新たな挑戦に踏み出す民意も少なからず現れている。2019 年度の文部科学省優良公民館表彰で最優秀館に選ばれた斎川公民館（宮城県白石市）もまた、まさにそのことへの挑戦を累積してきた館の一つである[8]。

白石市は、指定管理者制度の創設（2003 年）を受けて、宮城県では最も早く（2005 年）、この制度に基づく公設公民館の地域委託に踏み切った自治体である。その一地区である斎川では、小学校の廃校（2017 年 3 月）、次いで中学校の廃校決定を機に高まった地域存続への危機意識から、地域の年配者層が本気になって行動し始めた。その行動の一つが、地域住民の思いを把握するための中学生以上の全地区民アンケート調査である。回収率は 85.5％であり、このアンケートが地域の未来にとっていかに大事であるかを実に丁寧に周知して取り組まれたものであることが、この数値に表れている。集約後は、分析結果が報告会で周知されるほか、報告書が全家庭に配布された。その後は、この取り組みで確認された「若い人たちの声を聞く」という課題にむけ、あえて年配者は顔を出さない若者だけの話し合いの場づくり等をふくむ、世代別学習会を開催したり、若年世代と高齢世代が共に SNS を活用できるようにする学習会の開催など、若い世代が無理なく参加できる仕掛けがさまざまに講じられてきた。そうして繋がった次世代に、無理なく託せるよう、地域の諸組織や諸行事の統合・整理等に踏み出している。以下は、斎川公民館の事務長、佐藤幸枝の言葉である[9]。

私たちの地域にも、なかなか理解をいただけない方もおられます。年配で、これまで地域の重要な役割を担ってこられたような方のなかには、これまでのやり方を変えることにとても抵抗感があり、若い者は自分たちの言うことを聞いて、手となり足となり動いて当たり前、自分たちもそうしてきたのだ、という考え方が根強い方もいます。

　若者会議の際にも、「会議に出て何か言えというから話したら、途中でさえ話を遮られ、否定され、話が通っても言い出しっぺの君がやれと言われるのが嫌だ」と言っていました。振り返ると私も同じような思いをしていました。このようなことを繰り返していれば、当然ながら若い世代は地域に出ていこうとは思わなくなります。このような負の連鎖はどこかで断ち切らなくてはなりません。私たち事務局が、間に入り何度も丁寧に理解を得られるようしっかりとお話をすることが役割であると思っています。

　従来、自治体と地域の関係においては、自治体から地域へは、地域の年配者を中核にした組織を窓口に、いわゆる上意下達に従順に対応してもらう関係が一般的であった。そうした行政と地域の関係が保持されるなか、地縁組織には一定の「古さ」が温存され、従来を踏襲することが越えられないでいるきらいがある。しかし、今日の激しい人口減少、高齢化をうけ、そうした古さを自ら脱却しようとする意志が、少なからずの地域で現れているといえよう。

4-2　民に官・学が参加し、広がる包摂のシステム

　「かもめ」や、上記の斎川地区等の地域の挑戦は、地域が従前の性格を越え、一人の意見でも大事にしていく地域になり、そこに「みんな」を創り上げていくことが、これからの社会で果たして可能か、という問いに対し、一定の展望を示しているとみてよいだろう。

　両者に共通するのは、まず民的な立場から、地域の切実な課題を、自分たちの共同のテーマにして取り組み始めていることである。そこに専門家や支援者が加わったり、自治体職員の支援が入るという関係がその後に表れ、そうしたなかで合意形成のシステムが構築されている、という点である。こうしたシステムの成り立ち方を基盤に、これからの時代の地域再生への展望は見いだされ

るのであろう。

　その際に重要なのは、一人一人が異なる人生を生きてきた、そのなかで培われてきた人格が認められ、包摂されていく関係性づくりである。従来であれば受け入れることが難しいマイノリティが現れた際、その存在も受け入れられるようにする、その場を練り直していく姿勢である。このことに関連して、先に紹介した「かもめ」に加えて、もう一つ、ここでは元教員で、現在は被災した石巻・雄勝に若者が根付ける就労条件を創り出そうと取り組む、徳水博志の言葉を紹介したい。本章の最初に紹介したオンライン・シンポジウム「地域再生と社会教育」のパネラーの一人である。ここにも、一人の意見でも大事にしていく思想こそが、地域再生にむけた計画へのその後の共感と参加を広げていくことがみてとれる[10]。

　　「雄勝花物語」は、最初は妻が、母の供養のために花を一輪植えたところから始まりました。私たちが一歩行動を起こすことが縦糸です。すると、外部の人たちが横糸としてつながってくれる。すると、花畑にしてみようかという目標が生まれてくる。それが希望となる。小さな目標が積み重なって大きな希望となり、2000㎡のローズガーデンが完成しました。希望とは未来からやって来るものではなくて、足元から自ら紡ぎ出すのだ。
　　つまり「歴史をつくる」とは、私たちの足元から一つ一つ、人と連帯をしながら積み上げていくことなのだ。これが、震災復興の中から学んだことです。
　　地域とは、色々な人が住んでいるものです。みんながみんな「持続可能な雄勝を創りたい」なんて思ってはいない。今日のご飯、明日の商売がうまく行けばそれでいい、という人もいる。防潮堤に賛成という土建業者の人もいる。そういう人たちも含めて地域なのですね。その地域を否定せずに受け入れて、少しでもつながっていけばいいわけです。

4-3　変化が難しいところに変化をもたらす思想と方法

　こうした場を広げていく上で、学校教育のアップデートに連動して取り組むことの重要性への気づきも、本章の最後に指摘しておきたい。

　以下は、先に紹介した、非常に強い連帯力のあった地域が防潮堤計画によって分断していくところを経験した教員の、その後の述懐である。「かもめ」実

践にも触発されながらの言葉である。

　　僕たちの経験した防潮堤の議論には、そこに「学び」がないんです。選択肢もなか
　った。そういうものの持ってこられ方だった。
　　その経験を経て、民主主義って、少数意見が生かされることなのだと、教員であり
　ながら、初めて気が付いた。僕は、自分が少数意見の側に立ったことがなかった。そ
　の時はじめてその立場を体験して、ああそうか、こういうことを自分はやってきてし
　まった、多数決で切り落としてきたのだ、と気づいた。児童会でも６年生の意見で決
　めてきてしまった。年配者の意見で決めてしまっている地域の構図と同じ。それを進
　めてしまってきた、って気づいた。
　　学校がこうだったから、行政職員はできないんですよ。少数意見を大事にして対話
　を重ねて「みんな」をつくる経験をしていない。だからしようがない、と思います。
　だから、学校教育が大事なのです。学校教員が、30 年後にどのような大人としてふる
　まって欲しいか、そのためにどのような経験をしてもらいたいか、というイメージを
　もって、学校で教育しているのかということが大事だなと思わされました。

　　　　　　　　　　　　　　　　　　　　　（2022 年 8 月、南三陸にて、阿部正人発言）

　ところで、この「少数意見を大事にして対話を重ねて『みんな』をつくる」
ことにむけては、個人、すなわち一人一人の資質にこそ、その姿勢を求めるア
プローチが多勢であったのが従来であったのではないか。本章第 2 節で筆者は、
「私たちはまだ、地域で、立場の異なる者同士が建設的な話し合いをする、そ
のための基礎的な構えと方法を学び取れていないのではないか」と論じた。そ
の論じ方もまた、その「基礎的な構えと方法」を、私たち一人一人の資質の範
疇ととらえ、それを個々人が獲得することを求めた問いかけとなっていた。
　それに対し、「かもめ」や斎川は、行政と対話しうる「みんな」を地域につ
くるうえでは、成員一人一人に（とりわけ、マジョリティを代表する立場に）
そうした資質を求めることに限界をみている。だからこそ、少数者こそが意見
を出しやすい仕掛け、その意見の可視化につながる工夫、そうした一連の営み
が成り立ちうる時間と空間の確保が、創造的に取り組まれている、ととらえる
ことができるだろう。
　このように事態を捉えるなら、声を上げることに躊躇している立場こそが声

第 8 章　地域再生への学びあいにみる社会教育・学校教育の可能性　｜　147

を上げられる、そうした時間や空間を創り、それを学校、そして地域に持ち込む存在としての社会教育の再定位が、これからに求められているのではないだろうか。

では一方で、学校は、変われるのか。

事態は動きはじめている。気仙沼に震災後立ち上がったNPO「底上げ」（2011 年〜）の成宮崇史は、被災地の青年たちが「やりたい」と表現したことを実践、実現するところを支えることに徹してきた。「自らの言葉が押し付けになっていないか」「しっかりと主体的な思いが見つかるまで待つことができているか」を自問自答しながらの取り組みであったという。そして今日では、その取り組みの延長に「気仙沼の高校生マイプロジェクトアワード」という市主催の事業が成立し、そうしたところにつながる学びを中学校段階から学校内で展開できるように学校を支援する「探究学習コーディネーター」という新たな職が創られ、その立場を成宮氏自らが担い、市内の中学校の総合的な学習がいかに探究的なものになっていくかということを、教員とともに話し合いつづけているという[11]。

福島の青砥和希もまた、子どもたちの「主体的な意思を尊重し、応援」することにこだわる一人である。東日本大震災後、地元の福島に戻り、母校（高校）を訪問した際、そこが「震災前と何も変わっていなかった」ことに愕然としたという。「このままでいいのか」と思い立った青砥は、福島・白河に「高校生びいきのカフェ」EMANON を立ち上げ（2016 年〜）、高校生たちが、自ら立てたプロジェクトを支援する事業を展開。その活動の延長に、市と高校とNPO 地元の三者で協定が結ばれ、高校 2 校に、「地域おこし協力隊」制度を活用して、EMANON が雇用するユースワーカーを置くという体制が構築されている[12]。

まずは学校の外側で、学校の中では展開しづらい実践を積み重ねていく。その後、学校に関わり、教育行政に関わり、学校の内と外をつなぐ人材の雇用をもつくりだしながら、学校に、従来の学校においては異質な存在が加わり、深く関わり、新たな質の学びが学校に持ち込まれている。こうした事実をつくりだしている人々と、既存の社会教育行政、既存の社会教育運動が、深く混ざり合い、知見を共有していくのは、これからである。

1）「語り部ガイドの菊池のどかさん／岩手県復興PR動画「復興新時代をいわてから。〜いのちをつなぐ未来館・菊池のどかさん〜編」」（https://www.youtube.com/watch?v=Cpf66MhgzjM、2024年9月2日取得）

2）徳水博志・佐藤敏郎・阿部正人・石井山竜平「オンライン・シンポジウム　地域再生と社会教育　震災復興に向き合い続ける学校関係者の経験と省察に学ぶ　宮城県社会教育・公民館等職員研修会特別企画①」『月刊社会教育』（2020年9月号、旬報社）、53-63頁、徳永博志・佐藤敏郎・阿部正人・荒井文昭・細山俊男・石井山竜平、同②『月刊社会教育』（2020年10月号、旬報社）、52-61頁

3）小野寺恵喜「禍根を残す防潮堤とやじ」『三陸新報』2020年8月8日

4）佐藤敏郎の発言。前掲シンポジウム「地域再生と社会教育②」『月刊社会教育』（2020年10月号）、59-60頁

5）菅原昭彦・山内宏泰・阿部正人「座談会 気仙沼の復興思想とリアス・アーク美術館（その1）スローフードと「方舟日記」の出会い」『月刊社会教育』（2021年7月号、旬報社）、24-31頁、「同（その2）震災後も「海と生きる」まちをめざす」『月刊社会教育』（2021年8月号）、48-53頁。引用は菅原昭彦の発言（その2所収）、50頁

6）菅原昭彦の発言。同前「（その2）」『月刊社会教育』（2021年8月号）、50頁

7）工藤真弓・鈴木卓也・太齋彰浩「インタビュー『かもめの虹色会議』で守った渚をこれからに活かす──『いのちめぐるまち』づくりのこれまでとこれから」『月刊社会教育』2021年7月号、旬報社、3-11頁

8）半沢弘道・高橋としみ・畑中多賀男・佐藤幸枝・石井山竜平「未来に託せる地域を目指した公民館の経営　白石市公民館の取り組みから学ぶ──白石市主催 宮城県社会教育・公民館等職員研修会Ⅱ［オンライン開催］(1)」『月刊社会教育』（2021年1月号、旬報社）、50-58頁、佐々木さつき・遠藤智栄・石井山竜平「同（2）」『月刊社会教育』（2022年2月号、旬報社）、52-59頁

9）佐藤幸枝の発言。同前「未来に託せる地域を目指した公民館の経営（1）」『月刊社会教育』（2021年1月号）、58頁

10）徳水博志の発言。前掲「地域再生と社会教育（2）」『月刊社会教育』（2020年10月号）、61頁

11）成宮崇史「気仙沼の子どもたちと共に歩んできた10年間──できる感覚を、うごく楽しみを、生きる喜びを、すべての若者に」『月刊社会教育』（2021年7月号）、38-43頁

12）本間悠資・成宮崇史・青砥和希「民から学校をアップデートする」『月刊社会教育』（2024年9月号）、15-27頁

第9章

SDGsにむきあう環境学習と地域づくり

岩 松 真 紀

1 SDGsと地域での環境学習と地域づくり

1-1 SDGsと地域に根差した公害学習に共通する「変革」

本章では、自然との共生までを視野に入れた環境学習と持続可能な社会に向けての共生・協働を考える。SDGsは、いうまでもなく、2015年9月国連総会で採択された「我々の世界を変革する――持続可能な開発のための2030アジェンダ」の具体的な目標のことであり、先進国を含む国際社会全体の、環境・社会・経済の包括的な目標となっている。SDGsウエディングケーキモデル（図1）では、17の目標を経済圏、社会圏、生物圏の層に分け、経済圏は社会圏に支えられ、社会圏はその下の生物圏によって支えられている。

土台となっている生物圏、自然や人間の命をも破壊するような公害についていえば、四大公害についての場所・症状・原因等は学校教育の段階で広く学ばれているものの、今現在も被害に苦しむ人々がいることや解決していない問題が残っていること、さらには当時の市民の学習内容や運動などまでは、学ぶ機会がない人のほうが多いはずだ。公害に抗う運動のなかにも学習があったことさえ忘れ去られる傾向にあるのが今だろう。

かつて宮原誠一は、「公害反対運動の発展過程には、かならず住民自身の集団的、科学的な調査と学習が不可欠の力としてはたらいている」、と学習が公害反対運動のなかで行われることを指摘し、「公害学習は、事実にそくして公害の本質や公害発生の因果関係と責任の所在をあきらかにしようとする」、「学習要求は、現実的必要の自覚であり、住民みずからの生命と生活にたいする権利意識の確立にほかならない」と、その学習が権利意識を確立していくものであると指摘する。「公害学習運動は、国民教育と国民的科学の発展方向をさし

151

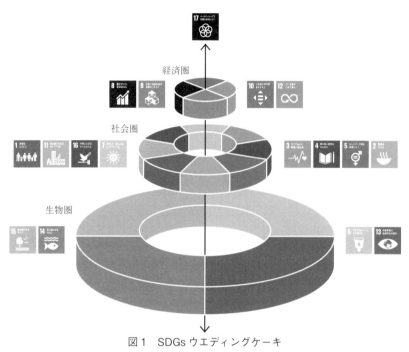

図 1　SDGs ウエディングケーキ
出典：Azote for Stockholm Resilience Centre, Stockholm University CC BY-ND 3.0.

しめす、現代の自己教育活動である」とまとめ、そこに学問の国民化を見出した[1]。

　北田耕也[2]は、経済第一主義的な価値観の社会的滲透に支えられた高度経済成長政策が、1970年代に教育の荒廃、伝統的な行動様式の崩壊、環境汚染・自然破壊の問題をもたらしたなかで、地域に根ざす学習・文化運動を3つに類型化した（第一、住民運動、とりわけ公害反対運動と学習との結びつきのあるもの、第二、地域住民の生活上の課題や要求に即した学習、第三、地域の歴史、文化遺産の掘り起こしやそれに依拠する学習・文化活動）。どの形態のものであっても、「その深まりを通して、やがては地域を越え、地域と地域を結び、そこに生きる人間相互の連帯を生み出す力を育てている」、「運動が創り出す不変的な価値が、連帯や共同の紐帯となるのである」[3]と述べている。地域に根ざす学習の文脈のなかで自己変革は他者との関係の変革となり、「ひとつひと

つの問題の解決をはかっていくことが地域の変革、ひいては地域の民主的な再編成に通じる」と個人と地域の変革のかかわりを整理している[4]。

　現在に戻って、SDGs の達成のためにはいうまでもなく変革（transform）がキーワードになる。そのヒントになるように、まず過去の地域での公害学習の例から変革に至るまでの過程について、現在の地域づくりにつながる環境学習や公害資料館をつなぐネットワークを中心に記述する。

1-2　人びとと地域を変えた過去の公害学習

　「公害予防闘争の先駆」[5]と呼ばれる 1964 年の沼津・三島コンビナート建設反対闘争は、公害が起こる前に市民の学習や運動が誘致をとめたものである。多くの学者を集めた政府委嘱の調査団（黒川調査団）に対して、沼津工業高校の 4 人の教師を含む調査団（松村調査団）を三島市が独自に委嘱し、「公害のおそれは十分にある」と結論をだした。その過程では、県や企業の情宣活動に疑問をもち、市民組織と教師たちが何度も研究会・学習会をもった。例として、沼津市では医師会の公害対策委員会が公害の人体に及ぼす各種影響の文献抄録を作成、沼津工業高校や沼津東高校の生徒が海流調査や各種アンケートを実施、講師団として沼津工業高校教師が毎夜学習会場に参加し資料をつくることによって「この問題を」学んだ。「公害問題を学習会の中で語る教師たちは、こうして市民と共に」学び、さらに「学習会で知識が交換され討論が広が」り、結果としてコンビナート建設の阻止につながった[6]のである。

　1963 年から北九州市戸畑区で社会教育主事であった林えいだいが援助した公害学習も有名だ。地域課題であり切実な生活課題であった公害問題が学習要求へ導かれたものだ。「子どもがゼンソクで苦しむ。掃除や洗たくで疲れてしまう。医療費がかさみ生活破綻寸前の中でも生きなければならない現実」があり、なぜこんなに苦しまなければならないのか疑問がでて、「従来の"承り学習"をいっさいやめて、公害の事実をみんなで探り出す"事実を知る学習"」がはじまった。グループでの、新聞記事の切りぬき、市役所公害課での資料づくり、公害の実態をカメラで記録、ワイシャツの箱で降じん調査、等を全体で討議する。専門家から知識を得、科学分析も依頼した。戸畑区三六地域の全部の個人病院と私立戸畑病院で罹患状況を調査し「三六ゼンソク」「戸畑ゼンソ

第 9 章　SDGs にむきあう環境学習と地域づくり ｜ 153

ク」があることを確かめ、ばい煙規制法も学習し、最後に、三六地域全世帯に対してアンケートによる意識調査も行った。企業の圧力と妨害があるなか、「なぜ、企業が反対するのか」、「自分だったらどうするのか。その人の立場になって、みんなで、全体討議を繰り返し」行ったこれらの学習や運動の結果、企業側もだんだん社会的責任を果たすようになり、ひとつの企業と婦人会の間で集塵装置の設置の約束にも至った。また、「公害対策費や、職員が他の工業都市より少ない」ことを知り、市の予算書、決算書の分析を行い「自分たちの支払った税金はどのように使われているか」までを調査し「人間の基本的人権にかかわる公害学習を、国民の権利として受けとめ」婦人学級や共同研究の発表費等まで公費で賄うという保障に結びつけた[7]。

　社会教育主事であった重田統子の援助によって 1971 年から 3 年間続いた目黒区での公害学習もあげておこう。東京都目黒区教育委員会と目黒区婦人団体連合会共催の「主婦大学講座」での公害学習である。重田は「公害学習とは、みる、ふれる、調べる学習であり、実生活と自然科学学習の結合である」といい、また学習の過程で「住民が最もスピーディーに体得する（他の学習ではみられない）のは、主権者意識であり、住民自治の憲法解釈の再認識である」という。「自分たちの住む町が、こんなに汚れ、基本的人権（生命の危機）＝生存権、環境権が奪われようとしている」[8]と、主権者意識を体得する理由を表現している[9]。

2　公害学習とその後の ESD、SDGs

　朝岡幸彦は 2009 年時点で、公害教育に内在する論理が地域づくり・まちづくり学習への発展の契機をもつものであり、持続可能な開発のための教育（ESD）への展開を可能にするものであることを明らかにした[10]。朝岡は公害教育のその後の「新しい住民運動に生きづく学習」として、公害反対運動から生まれた地域づくり教育の事例を 2 つあげている。大阪市の公益財団法人公害地域再生センター（愛称：あおぞら財団）と廃棄物対策豊島住民会議の事例である。あおぞら財団は、1978 年からの西淀川大気汚染公害裁判が 1995 年に和解し、和解金をもとにして 1996 年に公害地域再生を願って設立されたもので

ある。廃棄物対策豊島住民会議の再結成は 1990 年、住民会議の行う豊島・島の学校第 1 回は 2003 年（公害調停は 1994 〜 2000 年）のことである[11]。

　この「公害教育と地域づくり・まちづくり学習」の朝岡論文に関しては 2009 年段階で批判[12]もあったものの公害のあった地域での学習が地域づくりにつながっている例は確かに存在する。過去の公害教育や環境学習を、その後にでてきた ESD や SDGs への教育であるといまの時点から位置づけることにはあまり意味はないが、SDGs の達成に対して地域での環境学習がどのように寄与するのかを過去から考えることは意味があるだろう。

　SDGs と ESD の関係を整理してみよう。17 ある目標のひとつ SDG 4（教育）は、包括的な EFA（万人のための教育、Education for All）の後継目標として位置づけられており、さらにそのうちのターゲット 4.7 は「2030 年までに、持続可能な開発のための教育及び持続可能なライフスタイル、人権、男女の平等、平和及び非暴力的文化の推進、グローバル・シチズンシップ、文化多様性と文化の持続可能な開発への貢献の理解の教育を通して、全ての学習者が、持続可能な開発を促進するために必要な知識及び技能を習得できるようにする」である。ESD が文中に明記され、SDGs 全体を進める人づくり、すなわちエンジンとして ESD が位置づけられている。また、2019 年 12 月、第 74 回国連総会において、国際社会に対し、SDGs を達成するために ESD を拡大するよう呼びかける "Education for Sustainable Development: Towards achieving the SDGs"（ESD for 2030）が採択された。

　ESD とは Education for Sustainable Development の略で「持続可能な開発のための教育」と訳される。2002 年持続可能な開発に関する世界首脳会議（ヨハネスブルグサミット）において日本政府と NGO が「国連持続可能な開発のための教育の 10 年（DESD）」を共同提案し、国連総会で採択されて以来、ESD が名称として定着した。国際的な議論の中で誕生し発展してきた概念であり、1972 年の国連人間環境宣言、1975 年ベオグラード憲章、1977 年トビリシ宣言・勧告といった一連の環境教育の流れを源流とするが、「持続可能な開発」概念の発展に伴って進化してきたものである。ESD は持続可能な開発という文脈に即して、その具体的実施を意図した教育および教育実践としてとらえることが必要である[13]とされてきた。また、2003 年 6 月発表の DESD の国

際実施計画フレームワークでは、『学習——秘められた宝』（ユネスコ「21世紀教育国際委員会」報告書）の学習四本柱が示され、国際実施計画最終案において「万民のための教育」などユネスコが推進する他の教育目標との連携が強調されている。ESDの思想的起源は、環境と人権を結びつけようとするユネスコによる一連の教育的取り組みとみることができる[14]。

　ESD-J[15]がESDを「課題の解決のために必要な力、考え方、価値観を学びあいながら育み、意識を変えることにとどまらず、行動の変容を起こすこと」と表現しているように、意識変容、行動変容が大切とされるのもESDの特徴である。

　実際にESDが実践されるなかでどんな影響があったのか。DESDの終了に際し2015年に執筆された総説[16]により、国内の環境教育研究・実践にESD概念の導入が与えた影響として「第一に挙げるべきは、持続可能な地域づくりのプロセスに内在する教育・学習への着目と、それによる『教育』概念の広がり、それを下支えするための社会教育学との連携である」とされ、「国内では環境教育の源流といわれる公害教育・自然保護教育の中で既に地域の複合的な開発的課題に向き合う営みが積み重ねられていたが」、「持続可能性を総合的に実現する地域づくりへの参画を通じその主体を形成する教育・学習の意義に関する議論と実践が、DESDを機に広がり進展した」と分析されている。

　ここで先ほど朝岡が挙げたあおぞら財団の事例を振り返ってみる。定款によると「わが国の公害経験とその教訓を踏まえ、市民の力を結集し、行政、事業者、各種団体などの協力を得て、公害により疲弊した地域の再生や公害のない良好な環境の再生をめざした調査研究活動、情報発信活動、交流事業、支援事業等を行うことにより、現在及び将来の世代が安心して暮らせる環境の創出及び地域づくりに寄与することを目的とする」財団である。より具体的な活動を2022年度の事業報告からピックアップすると、継続したアートを軸にした地域づくりの取り組み、公害健康被害補償法（公健法）被認定者の療養生活に係る調査の実施、コロナ対応を行いつつ講師派遣・研修受け入れの増加、資料研究会を重ね編集委員会を開きつつ資料集の作成を進めたこと等があげられる。2010年に事務所のビル1階に地域交流スペース「あおぞらイコバ」をつくって貸し出しに供したり、あおぞら市も開催している。2017年にはクラウドフ

ァンディングを行い、古民家を再生して環境や公害を学べるゲストハウス（姫里ゲストハウスいこね&くじらカフェ）をオープンさせた。そのほかにも、にしよど親子防災部の事務局をしたり、地元で矢倉海岸・緑陰道路探鳥会を主催したりと、地域でさまざまな取り組みをしている。大学の授業やゼミ、企業や官公庁、司法修習生、海外のNGO等の研修の受け入れ、公害資料館エコミューズの運営、ウェブサイトや機関誌などでの発信等々外へ向けての取り組みだけでなく、地域内の再生そして地域づくりを担う組織までになっている。公害資料館として資料を置いて展示し利用者を待つことにとどまらず、地域づくりをも含む広範な活動をしている。

3 公民館における環境学習の展開と住民との協働

3-1 調査学習が育てる地域づくりの担い手

本節では公害学習以外の環境学習から地域づくりへつながる事例を2つあげる。

東京都福生市のNPO法人自然環境アカデミーは、「会員相互の協力により、環境学習の普及と自然環境のしくみに関する調査研究を行い、未来を指向しながら地域社会に貢献する」ことを目的に2001年に設立された特定非営利活動法人（NPO法人）である。主な5つの事業（環境教育事業、野生生物保護事業、調査研究事業、環境創造支援事業、交流事業）を掲げ活動している。単なる自然観察や保護活動にとどまらず、例えば環境創造支援事業（カワラノギクプロジェクト、里山保全）では、生物多様性に配慮したまちづくりを支援するため、立地条件やニーズなどを踏まえた計画づくり、行政への提案、市民を巻き込んだ保全作業などまでを行い、交流事業（会員交流、活動内容PR、情報交換、地域づくりなど）として、環境教育、環境保全、野生動物の保護、子どもの健全育成、まちづくりなど、当法人が行う全ての分野で、関係する様々な団体と交流を深め、共に活動を進めている団体である[17]。「都内にあって都市化の進行には逆らえず、身近な自然環境のありがたさを痛感した市民から、緑地の利用や管理などに対する多様な要求が示されるようになり」、「自然環境に関心が高く専門的な学習を積み重ねてきた市民が集まって」設立されたもので

第9章 SDGsにむきあう環境学習と地域づくり 157

ある[18]。

　この「自然環境に関心が高く専門的な学習を積み重ねてきた市民」が育つには公民館が関係し、さらに市内の市民活動のネットワークがかかわっている。「自然環境アカデミー」の嚆矢は1979年に公民館職員になった伊東静一が22年間、市民を対象に年間10回以上の自然観察会と、年間20回以上の子どもを対象とした自然体験学習を実施し、事業参加者に向けて福生市内での自然観察や自然体験学習を系統的・継続的に支援したことによる。具体的には、公民館が実施した自然観察会や自然体験学習などに継続して参加する子どもの中から野鳥に関してより深く学習を求める者に対し、福生以外での野鳥の観察や野生鳥類標識調査に誘い、野鳥の生態全般に関する学習も深めた。公民館外の活動は、「福生自然観察グループ」（1974年に結成）の活動として行われていた。結果として、学術調査を行えるだけの力量を身につける者も輩出し、その専門性をもとに社会的貢献を果たす力量も向上した。これらの力量形成には、市内在住の生物学教授、野鳥の標識調査を行う高校教諭、昆虫や野鳥に詳しい小学校の理科教諭、自治体に勤務する水生昆虫研究者などの野生生物に関する専門家集団の社会教育活動への協力が大きかった[19]。

　これらの経緯は「少年期から大人になるまで、地域を基にした自然体験や継続的な学習活動を積み重ねたことが、結果的に環境問題に関心を深め専門的な知識・技術を取得する人間を複数輩出できた要因といえるでしょう」と公民館30周年誌[20]でまとめられている。

　「福生自然観察グループ」が成立し活動できたのは、当時の福生市社会教育課社会教育係の職員のアドバイスが大きかったという。そのひとつに「自然を花鳥風月的にとらえるのではなく、人間の生命と暮らしが自然とどのようにつながっているか、という視点を常に持っていなければならない」がある[21]。自然と暮らしをむすぶ、共生につながる視点がすでにあったからこそ、地域づくりにまで発展できた事例だろう。

3-2　公民館を中心とした岡山市でのESD・SDGs

　2022年度第75回優良公民館表彰最優秀館に、岡山市立京山公民館が選ばれた。京山地区は公民館を拠点としたESD活動が長く行われてきたところであ

る。今回の受賞にあたっての事例集内[22]では、2003 年以来継続される「環境てんけん」と、2005 年から続く「ESD・SDGs フェスティバル」（2019 年度までは ESD フェスティバル）の活動があげられている。それによると、「『環境てんけん』活動に参加していた中学生からの提案をもとに、住環境が悪化していた観音寺用水沿いが、官学民の連携により、地域の憩いの場（緑と水の道）として整備された。また、希少淡水魚の生息が確認されたこともあり、地域全体で野生生物の生息環境を保全する活動に発展している」ことや、「活動分野が、当初の環境や国際理解に加えて、少子高齢化、消費者教育、安全・安心なまちづくり、防災等、幅広くなり、『自分ごと』として学び行動する人が増加した」ことなどが取り組みの効果や成果としてあげられている。さらに取り組みによる成果・効果には「活動を継続することで、世代間交流がすすみ、活動開始当初、小学生だった子どもが大人となり、再び公民館活動に参加する好循環がうまれている」こともあげられている。自治体レベル・地域社会レベルでの ESD から SDGs へ向けた推進体制については、荻野亮吾らの論文[23]に詳しく、そのなかでは公民館が事務局をする岡山市京山地区 ESD 推進協議会[24]の池田満之の存在も取り上げられている。

　岡山市全体について視線を移すと、2005 年に、大学、教育機関、市民団体、企業、メディア、行政等により岡山 ESD 推進協議会が設立され ESD プロジェクトがスタートしており、2014 年 10 月には、ESD 推進のための公民館-CLC 国際会議が開催され、2018 年 6 月に国が進める「SDGs 未来都市」に選定されている。

　2019 年 3 月、岡山市教育委員会は、岡山市立公民館基本方針を初めて定めた。スローガンは、「ともに わたしたちが 未来をつくる 開かれた公民館 〜出会う つながる 学び合う 活躍する〜」である。「基本方針づくりのプロセスで、多くの市民、関係者から、新たな公民館づくりへの熱い思いや意欲が寄せられた。それは戦後の公民館の出発の時の公民館づくりの息吹にも通じるものであった」というプロセスを経てできたこの基本方針の実現は、「世界や岡山市がめざす SDGs の達成に向けて、ESD の学びを活かした課題解決の取組を地域で進めるものである」とされている[25]。この基本計画策定に携わった内田光俊は、「公民館をそのまま起点とした住民の地域づくりプロセス」（図2）には、

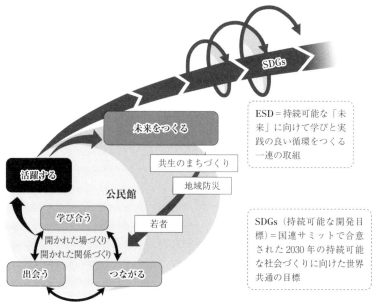

図2　公民館を起点とした住民の地域づくりプロセス
出典：岡山市立公民館基本方針より

「公民館を拠点とした、出会いからつながり学び合う中で培った力やつながりを活かして、あるべき未来像を描いてその実現に向けて地域で活躍していくことが示されている。特に地域防災や若者の地域での活躍が当面の重点であり、そうした取組が共生のまちづくりにつながり、その学びと地域での実践の循環を発展させていくことで、公民館がSDGsの達成に貢献することが描かれている」[26]とこの図を表現し、トップダウン的に進められるSDGsの取り組みとは一線を画すものとなっている。

4　支えてつなぐ公害資料館ネットワーク

「国連持続可能な開発のための教育の10年（2005-14年）ジャパンレポート」内で、「公害は、コミュニティーを分断してしまい［中略］地域づくりを行うことは非常に困難ですが、ESDがこれらの断絶をつなぎ直す役割を担った」

事例として、前述あおぞら財団の取り組みが掲載され、DESD の成果として、岡山市や宮城県気仙沼市における「地域の多様な主体からなる協議会を通じた地域ぐるみの先駆的取組」とともに、公害資料館やその連携ネットワーク化の取り組みが「公害経験を教訓とした社会教育と地域再生の取組」として評価されている。そこには「地域での公害学習や、持続可能な社会の構築という視点を盛り込んだ社会教育の推進の結果、過去の教訓の普及を超えて、被害者、原因企業、行政、学校、福祉関係者など多様な主体が協力して、良好な環境保全を軸とした地域おこしの取組が、北九州市、熊本県水俣市、大阪市西淀川区などで進められています」[27]と書かれている。

　各資料館でさまざまに行われている地域づくりにつながるなにかを、支えることのできるのが公害資料館ネットワークである。

4-1　公害資料館とは

　この項で扱う公害資料館とは、公害資料館ネットワークの協働ビジョンで描かれる次の定義によるものとする。「公害資料館とは、公害地域で、公害の経験を伝えようとしている施設や団体のことを指します。公害資料館の機能としては、展示機能・アーカイブズ機能・研修受け入れ（フィールドミュージアム）の 3 分野のどれかを担っており、必ずしもハードとしての建物の有無は問いません。また、運営主体についても国・地方自治体・学校・NPO などがあり、公立／民間など様々な運営形態があります。したがって、各公害資料館の間には立場による運営方針や主張の違いがあってもよいと考えています」[28]。さらにステークホルダーの関係性として、公害資料館同士は協働ビジョンの達成を目指すとされるものの、その関係性は「ここに関わる人たちは、各地域でそれぞれ異なる事情や難しさがあることへの理解が重要」[29]とされる多様性を尊重するゆるやかなネットワークである。

　「公害資料館ネットワークにおける協働ビジョン」の内容は、「各地で実践されてきた『公害を伝える』取り組みを公害資料館ネットワーク内で共有して、多様な主体と連携・協働しながら、ともに二度と公害を起こさない未来を築く知恵を全国、そして世界に発信する」と記載され、さらに、①公害資料館ネットワークから各地方の公害資料館への願いとして「地域の期待やニーズに耳を

第 9 章　SDGs にむきあう環境学習と地域づくり｜ 161

傾け、『公害の歴史と資料と経験』を踏まえ、世代、地域、立場、状況の異なる様々な主体とのつなぎ役となって、信頼関係を構築しつつ、今よりも良い地域をつくっていきます」、②公害資料館ネットワークから全国規模の主体に向けた呼びかけとして「環境、教育、福祉などの発展・向上に取り組む全国規模の主体と協力して、『公害を伝える』意義を再構築しつつ、ともに二度と公害を起こさない持続可能な社会の実現を目指していきたい」という内容が続いている[30]。

　これらのことから、公害資料館は、そこを訪れる学習者の主体的な学びを視野に入れた社会教育も担っている組織・機関や施設と考えられるが、運営形態は多様である。公害資料館ネットワークはその多様性をおおらかに許容しながら、さらにネットワーク自身を変えていくことができうることを目指してつくられたものであることがわかる。公的なものではなくとも、「公害の経験を伝えようとしている」という観点でつながり、公共性をもつのが公害資料館ネットワークである。

4-2　公害資料館を支える「公害資料館ネットワーク」と「公害資料館連携フォーラム」

　公害資料館ネットワーク（以下、ネットワーク）はウェブサイト（https://kougai.info/）で情報を公開しており、基本的にはその情報と公害資料館連携フォーラム（以下、フォーラム）の資料集、報告書の内容に基づきこの項を記述する。

　公害教育を実施している組織の交流を図ることを目的として、新潟県立環境と人間のふれあい館の塚田眞弘館長（当時）とあおぞら財団（公益財団法人公害地域再生センター）から、ネットワークの結成が呼びかけられ、2013年12月7日に結成された。年1回のフォーラム[31]、研究会を開催し活動している。構成団体は徐々に増えており（2013年12月で13団体）[32]、2024年2月で26の公害資料館（患者団体等含む）で構成されている官・民を超えたネットワークである。全国のすべての公害資料館を網羅しているわけではないが、いわゆる四大公害病（水俣病・新潟水俣病（第二水俣病）・四日市ぜんそく・イタイイタイ病）、また四大公害裁判（新潟水俣病・富山イタイイタイ病・四

162　第Ⅲ部　地域学習の展開と社会教育の再構築

日市大気汚染・熊本水俣病）関係以外にも、多くの資料館や団体が参加している。2015 年から研究会（「資料」「公害教育（旧：学校）」「企業」）がフォーラムの際やそれ以外の時期に継続して開催されている。資料研究会は法政大学大原社会問題研究所環境アーカイブズと（2016-20 年）、教育研究会は日本環境教育学会と（2016 年～）、それぞれ共同で行われてきた。

　コロナ禍の 2022 年度から全国にある公害資料館の魅力を伝えることを目的とし、ネットワークの役員が聞き手となって活動をアピールしてもらう取り組み「公害資料館バザール」という動画配信を YouTube チャンネル[33]で開始している。2024 年 1 月までに、アトリエ泉南石綿の館、原子力災害考証館 furusato、水俣病情報センター、みずしま資料交流館（愛称：あさがおギャラリー）、あおぞら財団付属西淀川・公害と環境資料館（愛称：エコミューズ）、等が取り上げられ 15 ～ 40 分程度の動画が配信されている。

　次にフォーラムの移り変わりを確認してみる。第 2 回において、「公害資料館連携とは」が合意された。第 4 回では「公害資料館ネットワーク協働ビジョン」が公表されている。参加者全体で聴く基調講演が毎回なされ、第 2 回以降は毎回フィールドワークやナイトクルーズという、そこでなければ学べないものも企画されている。最終日に全体会という形で、参加者同士で学びを深めるための話し合いや共有の時間が設けられているのも特徴である。第 1 ～ 3 回はネットワークが主催、第 4 回からは開催地に実行委員会を立ち上げる実行委員会形式がとられている（第 8 回のみ、主催がネットワークと第 8 回公害資料館連携フォーラム in 長崎実行委員会の両方）。回を追うごとに、共催や後援団体が増え、フォーラムを実施することがネットワークやフォーラムにかかわるステークホルダーをひろげていく様子がわかる。

　ここからは分科会に着目して記述する。特に初期のころのフォーラムでは、ネットワーク関係者向けにマネジメントを学ぶような分科会もひらかれており、フォーラムを開催しながら資料館やネットワークの運営方法を学んでいく状況がみてとれる（第 1 回「公害資料館の運営マネジメント」、第 3 回「協働がうまれる会議をどうつくるのか？」）。回を重ねるうちに「公害入門」のように初めて参加する者向けの分科会を用意したことで、公害を知る人のすそ野をひろげるのに役立ったであろう。

第 9 章　SDGs にむきあう環境学習と地域づくり

大きな特徴として企業研究会があり、フォーラムでも企業にかかわる内容を
テーマにした分科会が開催されることがある。例えば、第2回の「信頼関係構
築に向けた目的の共有化、その創造的解決を目指して」分科会にはゲストとし
て神岡鉱業株式会社の方が参加し、「被害者団体と原因企業、資料館が協力し
て信頼関係を構築し、共有目的に向かい協力していけるかを神岡鉱業株式会社
とイタイイタイ病対策協議会との長年の立入調査の過程から得られた『緊張感
ある信頼関係』を例にして考えていく」ことが目指された。公害の原因企業に
限らず企業と公害を考えることも行われている。

フォーラム時以外にも各研究会を重ね、年に1度フォーラムという「公論の
場」があるとも考えられ、フォーラムを行っていくことを起点とした学習の組
織化が行われているともいえるだろう。

地域づくりに関しては継続した研究会はないものの、現地でのフィールドワ
ークなども行いながら第6回まで分科会がもたれている。第1回「公害発生地
における地域再生について・今日の日本における地域再生について」、第2回
「地域の資源を活かした学びの場の展開」、第3回「地域の資源を活かした学び
の場の展開」、第4回地域づくり「公害地域の関係性をつくる」、第5回地域づ
くり「公害患者が望む『公害の教訓』の活かされ方とは」、第6回地域づくり
「公害地域再生のまちづくり戦略：患者会と自治体の効果的な連携を目指して」。
このような継続した他の地域の取り組みを学ぶ機会が設けられ、学習が深めら
れている。

5　地域づくりにつながるような変革を伴う環境学習

SDGs全体を進めるエンジンとしてESDは重要な役割をもち、そのESDに
おいては、単に学んで終わりではなく、意識変容、行動変容が大切とされる。
少なくともこの章でみてきた過去の公害学習の例からは、地域の中であるから
こそ乗り越えなければならないしがらみ等があればそれを乗り越えようとし、
自分と地域を変えてきた様子がわかる。そのように乗り越えてまで守ろうとし
た地域だからこそ、その後の地域づくりにもつながっていくのであろう。その
地域にすでに起こっているもしくはこれから起ころうとする公害に声をあげる

ということは、それらをすでに推進したり計画したりしている側となんらかの対立があるということだ。見えるものでは、沼津・三島の例は国の調査団との対立が、北九州の例は企業との対立があったが、先にあげた目黒区の公害学習の実施中にも乗り越えなければならない困難があった。重田統子は「この学習・調査にはさまざまな圧力を受け、何回かつぶされそうになった」と退職時に刊行した冊子に書き、その状況を救ったのは以下の 3 点であるとしている。

①婦人団体役員の志気、②後に東京都市民講座の実現となる 60 年代末に、室俊司・藤岡貞彦・奥田道大の 3 氏が東京都主催事業の指標となる「都民自治大学構想」を打ち出していたこと、③ 1972 年、東京都社会教育委員の会議答申「主体的市民の形成」である。この答申は「高度経済成長下で都市破壊が進む中で起こる住民運動の学習的側面に学び、支援せよ」という趣旨であった[34]。困難を乗り越えるにあたり職員や学習者のみではなく、その外側にいる研究者や市民との協働や外への働きかけがあったことがわかるが、ここまでを記載する文献などはあまりみない。

沼津・三島の石油コンビナート建設反対運動の中心人物であった西岡昭夫が、コンビナート建設反対運動から生まれたその後の地域の変化や学習（松植え運動と PCB の研究学習）を執筆したものがある。「住民組織は、いかなる場合においても行政を監視し、機会をいっせず、的確な意見を、住民パワーとして行政に進言し、その結果をチェックするだけの能力をそなえていなければならない」、沼津にかぎらず、各地の人びとがここ 10 年間にその能力を身に付ける運動を経験してきたという。そして「学習活動による知識だけでなく、その活動そのものを、次の世代の人びとに、そしてまたまだ経験をせぬ地域の人びとにもつたえる運動が必要である」といい、「この歴史性を運動がそなえたときにこそ、市民運動の名が冠されるであろうし、その運動によってこそ市民が誕生する」[35]と述べる。

解決した結果だけでなく、困難を乗り越えた活動の内容も含めて伝えることで、地域に根差した学習がどのような変革の過程を経たのか、地域がどのように再編成されたのかまでをあとの世代が学ぶことにつながるからではないだろうか。すなわち、変革の過程やなされた学習までを学ぶことにつながるのだ。公害資料館やネットワークはその力となりえる。また、市民が的確な意見を述

べるためには、自らの住む地域のことを知らねばならず、何も起こっていない
ときの普段の環境学習はその力になる。

1) 宮原誠一『生涯学習』（東洋経済新報社、1974年）、125-130頁

2)～5) 北田耕也『大衆文化を超えて——民衆文化の創造と社会教育』（国土社、1986年）、124-140頁

6) 西岡昭夫「科学はだれのものか」国民教育研究所編『全書・国民教育 第6巻 公害と教育』（明治図書、1970年）、185-205頁

7) 林えいだい「北九州市民の公害学習」同上『全書・国民教育 第6巻 公害と教育』、168-184頁

8) 9) 重田統子「公害学習と社会教育行政の任務」「月刊社会教育」実践史刊行委員会編著『70年代社会教育実践史Ⅰ 地域に根ざす社会教育実践』（国土社、1980年）、47-56頁

10) 朝岡幸彦「公害教育と地域づくり・まちづくり学習」『環境教育』（第19巻1号、2009年）、81-90頁

11) 豊島（てしま）・島の学校ウェブサイト「豊島事件史年表」(https://www.teshima-school.jp/archive/chronological/ 2024年2月24日取得)

12) 安藤聡彦「コメント」『環境教育』（第19巻1号、2009年）、93-94頁

13) 14) 阿部治・降旗信一「ESD（持続可能な開発のための教育）」日本環境教育学会編『環境教育辞典』（教育出版、2013年）、330-331頁

15) 持続可能な開発のための教育（ESD）を推進するため、2003年6月21日にネットワーク組織「持続可能な開発のための教育の10年」推進会議として発足。2004年12月10日に特定非営利活動法人となり、2015年9月7日に現在の、特定非営利活動法人 持続可能な開発のための教育推進会議に名称変更。同法人ウェブサイト「団体概要」(https://www.esd-j.org/aboutus/introduction/ および https://www.esd-j.org/concept/ 2024年2月24日取得)。

16) 二ノ宮リムさち・阿部治「国連・持続可能な開発のための教育の10年（DESD）を通じた国内の環境教育研究・実践における成果と今後の課題」『環境教育』 第24巻3号、2015年）、18-31頁

17) 18) NPO法人自然環境アカデミーウェブサイト「自然環境アカデミーとは？」(http://www.shizen-academy.org/about/ 2024年2月24日取得)

19) 伊東静一「自然環境調査に市民が参加する意味を考える」社会教育推進全国協議会『日本の社会教育実践2016』第56回社会教育研究全国集会資料集

20) 福生市公民館『福生市公民館 30 周年記念誌』(2008 年 3 月 31 日)、7-8 頁

21) 伊東静一「福生市公民館と福生自然観察グループの活動」『月刊社会教育』(1981 年 7 月号、国土社)、20-27 頁

22) 文部科学省ウェブサイト「優良公民館表彰」(https://www.mext.go.jp/a_menu/01_l/08052911/mext_00479.html 2024 年 2 月 24 日取得)

23) 荻野亮吾・田中治彦・近藤牧子・二ノ宮リムさち・岩本泰・湯本浩之「持続可能な地域の形成条件に関する事例研究(1)——岡山市における ESD・SDGs 推進体制を事例にして」『佐賀大学大学院学校教育学研究科紀要』第 7 巻、2023 年、216-233 頁

24) 「岡山市京山地区 ESD・SDGs の活動」ウェブサイト (https://www.kc-d.net/pages/esd/ 2024 年 2 月 24 日取得)

25) 「岡山市立公民館基本方針」(2019 年 3 月) より

26) 内田光俊「SDGs の達成を目指す岡山市の公民館」『日本公民館学会年報』(第 17 号、2020 年)、103-106 頁

27) 「ジャパンレポート——国連持続可能な開発のための教育の 10 年(2005 ～ 2014 年)」「国連持続可能な開発のための教育の 10 年」(関係省庁連絡会議、2014 年 10 月)

28) ～ 30) 公害資料館ネットワーク「公害資料館ネットワークの協働ビジョン」(2016 年 3 月 4 日)

31) コロナ禍を経て 2020 年、2022 年のフォーラム開催は見送られたが、2020 年にはオンラインでの研究会、2022 年には「公害資料館連携フォーラム in 福島 2023 プレ企画」としてトークセッション「福島の経験を継承する」と浜通り現地見学が行われている。

32) 第 1 回公害資料館連携フォーラムチラシより

33) 「公害資料館ネットワーク」YouTube チャンネル (https://www.youtube.com/@kougai_nw 2024 年 2 月 24 日取得)

34) 重田統子『社会教育ブックレット 6　社会教育の同時代史』(社会教育推進全国協議会東京 23 区支部、1992 年)、32-38 頁

35) 西岡昭夫「沼津・三島からの十年」千野陽一・野呂隆・酒匂一雄編著『現代社会教育実践講座』第 3 巻 (民衆社、1974 年)、307-330 頁

第10章
共生を育む地域社会教育施設

上 野 景 三

　ここで言う共生社会とは、性別や年齢、障がいの有無などにかかわらず、誰もが平和で幸せに暮らすことのできる社会のことを言う。一人ひとりの基本的人権が尊重され、お互いに認め合い幸せを追求しながら暮らすことのできる社会イメージのことをさす。共生社会のイメージは、あるべき社会像というより、現在の地域社会が抱える諸問題を解決しつつ、共生の実現にむけて歩んでいく社会のことである。

　しかし地域社会が自然とその歩みを進めていくかといえば、必ずしもそうではない。歩みを進めるためには、それを可能とする条件が必要となるからだ。その条件のひとつが社会教育である。共生への関心を育む学習活動の媒介が必要不可欠である。したがって学習活動を媒介とした共生を育む営みが、地域社会教育施設の基本的役割となる。本章では、地域社会教育施設が共生社会実現のために果たす役割について考えみたい。

1　地域社会と地域社会教育施設の現在

1-1　地域社会の現在と社会教育

　最初に、現在の地域社会が抱える問題と社会教育との関係についてみておこう。日本の地域社会を特徴づける主要な問題は、超少子高齢化の進展による人口減少である[1]。人口減少という人口構造の転換は、地域社会と社会教育に次のような影響を及ぼすと考えられる。とりあえず、次の5点に整理しておこう。

　1つは平均寿命の延長による人生設計の再構築である。人生80年時代から人生100年時代への変化は、平均寿命の延長という時間軸だけでとらえられるものではない。これまでのライフステージとは異なった人生のライフステージ

の登場を意味しており、一人ひとりの人生において自らの人生設計を再構築する学習機会を求めている。さらに21世紀後半には、科学技術の進展によりこれまでとは異なった生活スタイルへの適応が求められる社会になる。

2つには、家族形態の変化である。とくに世帯の単身化とひとり親世帯の増加である。21世紀に入り、地域社会における単独世帯と単独世帯化が急速に増加しており、とくに高齢者と若年層の両方で単身化が進んでいる。今井照も指摘するように、社会政策のほとんどが世帯単位（家族単位）を前提としてきたように[2]、社会教育もその影響を受け、世帯単位（家族単位）を前提としてきたのではないだろうか。非婚・離婚率の増加によるひとり親家庭の増加は、将来的には社会保障制度から取り残された女性たちが一定数を占めることが予測される。現在の母子家庭の一定数が生活困窮状態にあることを考えると、女性の貧困問題は高齢期に至るまでの21世紀後半まで継続する可能性が高くなる。世帯構造の変化は、今まで以上に地域福祉と地域社会教育の包括的な連携を強く求めることになる。

3つには、労働力人口の減少による多文化共生社会の本格的到来である。1947～49年生まれの第1次ベビーブームの出生数は約250万人、第2次ベビーブームは約200万人であった。だが第3次ベビーブームはみられず、日本社会の少子化に拍車がかかり、労働力不足を生起させた。日本社会は、労働力を外国人に依拠せざるを得ず、すでにサービス業・観光業、介護施設等の福祉現場、農林漁業の第一次産業では後継者は外国人となる傾向がみられ、定住化も進む[3]。どこの地域社会であっても多文化共生の社会に移行し、外国人労働者家族と地域社会との共生が求められている。

4つには、自治体社会教育の多様化と再編である。人口構造の転換は地域的な偏倚を伴っていることから、地域の社会教育の課題はそれぞれの地域の特色を伴いながら現出し、社会教育の課題を一律的に議論することを難しくさせている。そのことが、自治体社会教育の在り様を多様化させている。「平成の大合併」以降、地方自治体の在り様が変容する中で、教育行政は一方でコミュニティスクールや学校と地域の連携を進めながら、他方で社会教育行政は教育行政から分離する形で再編が進められることになる。

5つには、社会教育施設の目的・役割の再検討である。すでに社会教育施設

170　第Ⅲ部　地域学習の展開と社会教育の再構築

は、指定管理者制度の導入により運営主体も多様化し、職員の任用形態も多様化した。さらに社会教育施設の一般行政への移管は、地域振興や集客施設としての性格をもたせるところに目的があり、社会教育施設本来の姿が後景に退けられている。この変容の中で、地域社会教育施設の在り様を問うこと自体が課題となっている。

　日本の地域社会が抱えている多様化する諸課題に対して、社会教育施設は、何をなすべきなのだろうか。共生を育むためにどのような理論と実践が求められているのだろうか。従来の考え方や方法を見直し、共生社会の実現に資する公共空間としての地域社会教育施設の在り方を考えてみたい。

1-2　地域社会と地域社会集団・社会教育施設の関係の変化

　日本の社会教育は、近代に入り年齢階梯集団のような地域社会集団を前史的な基盤としながら成立をしてきた。戸主会や壮年団、婦人会・処女会、若者仲間・青年団、子ども会や少年団、老人クラブといったように年齢別の地域団体として組織されてきた歴史をもっている。地域に生きることは、家族を基本とした地域集団への帰属を意味していた。地域社会集団は、集会所や泊り宿、作業小屋のような公共的な空間をもち、その後、社交を行う倶楽部や会館、公会堂、そして図書館のような社会教育活動を行う空間を有するようになっていった。地域社会における公共空間は、まずは集まる場所、共同で作業をする場所から始まり、交流や社交を行う機能が付加され、図書室や研修室を備えた教育的空間へと機能を備えたものになっていった。それらの施設は、地域社会集団が集団活動を行う拠点でもあった。

　第二次世界大戦後の社会教育施設は、憲法、教育基本法に連なる社会教育法に根拠づけられている。社会教育施設は、社会教育法の第3条「国及び地方公共団体は、この法律の定めるところにより、社会教育の奨励に必要な施設の設置及び運営、集会の開催、資料の作成、頒布その他の方法により、すべての国民があらゆる機会、あらゆる場所を利用して、自らの実際生活に即する文化的教養を高め得るような環境を醸成するように努めなければならない」として設置されている。本条文は、公共施設としての社会教育の条件を整備すると同時に、社会教育行政や施設運営への住民参加はもちろん、社会教育事業の企画や

第10章　共生を育む地域社会教育施設　│　171

実施の過程への住民参加や住民の自由で多様な活動への援助も含めた住民の学習権を保障すると考えられていた[4]。戦後の社会教育関係団体は、社会教育施設との関係でいえば、社会教育施設の運営へ参加する基盤という性格をもったのである。

　しかし現在では、このような地域社会集団を継承した社会教育関係団体は、衰退してきた。人口移動は、地域の青年集団を衰退させ、家族形態の変化は、家族と地域との関係性を希薄化させた。そのことは、団体活動に基礎づけられた施設・空間に対する認識の変容をも意味した。施設は、地域社会集団が行政・施設への運営参加ができ、団体活動を行う拠点なのではなく、市民・住民が一利用者として研修室を利用しイベントに参加・動員させられる施設へと変容させられつつある。

　1990年代後半から地域社会教育関係団体に代わって期待されたのが、ひとつはNPOのような市民セクターであり、もうひとつが既存の地域団体を再編したまちづくり・コミュニティ協議会である。これらの団体は、一方で新しい市民自治の担い手として期待されたが、他方で2000年代に入り「公の施設」の新しい運営形態である指定管理者制度の受託者としての役割も担わされた。

　2010年代には社会教育施設の一般行政部局への移管が進められ、さらには「公共施設等総合管理化計画」の策定が求められるようになった。地域社会・地域社会教育関係団体と社会教育施設との関係も意識されなくなってしまった。社会教育法第3条に掲げられた国及び地方公共団体の役割は、縮小再編・転換の段階に入ったのである。

2　地域社会教育施設の歴史的展開

2-1　社会教育施設の推移[5]

　縮小再編・転換の段階に入った社会教育施設だが、その特徴をみておきたい。表1と表2をみてほしい。1999（平成11）年と2021（令和3）年度の社会教育調査の約20年間の推移である。表1では、公民館（類似施設を含む）、青少年教育施設、社会体育施設は、かなりの減少をみせている。その一方で、図書館、博物館、生涯学習センターは増加している。表2の職員数についても、劇

表1　社会教育施設数の推移

	公民館（類似施設を含む）	図書館	博物館	博物館類似施設	青少年教育施設	女性教育施設	社会体育施設	劇場・音楽堂等	生涯学習センター
1999 年度	19,063	2,592	1,045	4,064	1,263	207	46,554	1,751	384[1]
2021 年度	13,798	3,400	1,306	4,465	840	358	45,680	1,832	496
増減	▲5,265	808	261	401	▲423	151	▲874	81	112
指定管理者の割合[2]	10.7%	20.8%	26.5%	30.8%	46.3%	36.2%	42.1%	60.1%	33.5%

表2　社会教育職員数（指導系職員）の推移

	社会教育主事	公民館主事	司書	学芸員	学芸員（類似施設）	青少年教育施設	女性教育施設	社会体育施設	劇場・音楽堂等	生涯学習センター
2002 年度	5,383	18,591	10,977	3,393	2,243	2,921	290	8,963	1,592	881[3]
2021 年度	1,451	11,795	21,523	5,357	3,684	2,720	455	18,799	2,254	907
増減	▲3,932	▲6,796	10,543	1,964	1,441	▲201	165	9,836	662	26

(1) 1999 年のデータがないため 2008 年、(2) 公立の施設数に占める指定管理者の割合、(3) 2002 年のデータがないため 2008 年。

的に減少しているのは社会教育主事と公民館主事である。青少年教育施設は微減であり、図書館、博物館、社会体育施設、劇場・音楽堂は増加している。

　この 20 年間の推移を見る限りでは、一括りにして社会教育施設が縮小再編・転換の段階に入ったと断じるわけにはいかないだろう。

　社会教育主事の減少は、平成の市町村合併に起因している。市町村合併は、教育委員会の合併でもあり、社会教育主事の発令の減少にもつながる。社会教育主事の職務は、社会教育活動を行う者への指導・助言であることから、前述のように社会教育活動を行う団体が衰退すれば、指導・助言の対象を失う。自治体によっては、社会教育主事を発令しないケースもあり、社会教育委員の会議の機能低減や、社会教育計画が策定されないケースも少なくない。

　公民館と公民館主事の減少は、市町村合併の影響による統廃合、及び一般行政局への移管によって公民館からコミュニティ・センターへと衣替えをした

からである。市町村合併によって、小さな町村の公民館は廃止、もしくは自治公民館へと切り替えられたケースも少なくない。

合併や一般行政部局への移管問題の問題点のひとつは、施設合理化もしくは施設の性格の変化が簡単に進められるようになった点である。一般行政部局への移管は、とくに公民館において著しく進められてきた。後述するように一般行政への移管は住民自治の軽視につながる。一般行政への移管の際には、行政サービスの向上がうたわれるが、住民はサービスの対象者としてとらえられているため、住民自治は軽視されてしまう。さらに行政職員は議会対応を優先課題とするため、住民自治は後景に退けられる。

住民自治の軽視は、深刻な問題を抱える。誤解を恐れずに言えば、住民自治を団体自治の従属変数ととらえることによって、住民の諸活動を団体自治の目的へと誘導させかねない。団体自治の目的に合致しない住民自治は不要となる。一般行政への移管とは、団体自治の目的に社会教育施設を収斂させていくことになる。その結果、住民自身の思考と活動を停止させかねない。一方で住民自治を軽視しながら、他方で住民主体の地域運営組織の組織化をはからなければならないというジレンマを抱える。

2-2　社会教育施設概念の歴史的変化

次に社会教育施設概念の歴史的展開をみておこう。社会教育施設は、時間の経過とともにその概念をしだいに変えてきた。ここでは社会教育学の代表的な事典・辞典類によってその定義を確認しておこう。

1955年『社会教育事典』（岩崎書店）では社会教育施設の項目はみあたらない。社会教育施設が、まだ十分に整備されていないことがわかる。1968年『現代社会教育事典』（進々堂、山吉長執筆）では、公民館を中心的な施設としたうえで類型化していることは、この時期から社会教育施設が拡大し、関連施設も増加の途上にあることがわかる。

1971年『社会教育辞典』（第一法規出版）は、寺中作雄の執筆である。寺中は施設概念をこの時期に誕生する青年の家、視聴覚ライブラリー、社会体育施設等に拡大し、期待を寄せている。1979年の『生涯教育事典』（ぎょうせい、小林文人・末本誠執筆）では、初めて生涯教育との関連で社会教育施設を論じ

174　第Ⅲ部　地域学習の展開と社会教育の再構築

表3　代表的な事・辞典類による社会教育施設の定義

発行年	辞典・事典名 （出版社）	執筆者	定義
1955	社会教育事典（岩崎書店）	平沢薫	社会教育の形態として、①団体形態、②学校開放形態、③施設形態、④機会教育形態、4つに整理され、そのうちの一つとして記述。
1968	現代社会教育事典 （進々堂）	山吉長	公民館を中心的な施設とし、ア．一般施設　公会堂・市民会館・文化会館等、広く一般利用に供するもの、イ．分化（ママ）施設　児童館・青少年センター・婦人会館・老人会館・福祉会館・農業センター等、社会の機能分化に即応して設置されるもの、ウ．専門施設　図書館・博物館・青年の家等、社会教育関係法規によって定められた施設、と3つに類型化。
1971	社会教育辞典 （第一法規出版）	寺中作雄	社会教育施設はその名称、形態は何であれ、それが社会教育の機能を果たすためには、以上述べたような相互教育、環境教育、実践教育、実用教育実現の場にふさわしいものである必要があり、何らかの意味でそうした要請に沿うような色彩をもつべきもの。
1979	生涯教育事典 （ぎょうせい）	小林文人・末本誠	一般行政施設あるいは単純な集会施設と異なって、社会教育機能を営む施設。
1983	新社会教育事典 （第一法規出版）	伊藤俊夫	主な社会教育施設として公民館、図書館、博物館、青年の家、少年自然の家、総合社会教育施設（社会教育会館、社会教育センター、生涯教育会館、生涯教育センター）、視聴覚センター、婦人教育会館、児童文化センター、その他体育施設、文化施設。
1990	生涯学習事典 （東京書籍）	湯上二郎	公共サービスとして市民に教育的・文化的サービスを提供するとともに、市民の利用に供することを目的とする「公の施設」また「教育機関」。
1993	教育法学辞典 （学陽書房）	小川剛	すべての人々に公開され、その利用に供される社会教育振興のための公的施設。社会教育施設とは公民館や図書館等を総称するもの。
2012	社会教育・生涯学習辞典 （朝倉書店）	内田和浩	公民館・図書館・博物館や青少年教育施設・女性など、社会教育活動を展開するために国及び地方公共団体によって設置された施設。

ている。社会教育施設のほかに、同和対策集会所・隣保館、少年自然の家、児童文化センター、児童館、コミュニティ・センターを含め関連づけていこうとする。1983年の『新社会教育事典』（第一法規出版、伊藤俊夫執筆）でも『生涯教育事典』と同様に幅広く社会教育施設としてとらえていこうとしている。

　1990年の『生涯学習事典』（東京書籍、湯上二郎）では、公的施設であることが強調されるようになる。この背景には、カルチャーセンターの登場がある。

1993年の『教育法学辞典』（学陽書房、小川剛執筆）も同様であり、社会教育施設とは総称であることを明記している。同辞典では、「社会教育施設の委託問題」という項目を取り上げており、財団・公社問題が登場してきていることがわかる。2012年『社会教育・生涯学習辞典』（朝倉書店、内田和浩執筆）では、社会教育法第3条に基づき、国及び地方公共団体によって設置された施設と定義づけている。

　これらの定義からみる社会教育施設概念は、国及び地方公共団体が設置した社会教育活動を展開するための各種施設の総称であることがわかる。これらの定義の変遷から次の3点が指摘できる。

　1つは、社会教育施設の種類の拡大である。社会教育法制定時から1950年代にかけて貧弱な施設状況であったが、1960年代後半に入ると青年の家や視聴覚ライブラリー、婦人教育施設等が社会教育施設として位置づけられ、社会教育施設の種類が拡大していく。2つには、行政の所管は異なるものの、社会教育活動が行われる児童館や老人施設等を関連する施設として意識的に位置づけていこうとしている。3つには、社会教育施設の運営をめぐり、生涯教育・生涯学習との関係性、及び運営委託問題との関連で議論されてきたことがわかる。

　現在では、社会教育施設は社会教育活動を行う施設の総称であるが、その内容はその時代の必要に応じて考えられてきた。固定的に考えられていたというよりも、社会教育活動を発展させるという社会的要請に応じ、施設の種類と量を拡大し、目的が類似するような施設へも関係性を拡張してきた歴史をもっていた。

　社会教育施設が縮小再編・転換の段階に入ってきたとしても、社会教育活動自体が縮小段階に入ってきたわけではない。そうであれば、既存の社会教育施設のみならず、社会教育活動を支える公共施設、また民間施設も含めて社会教育施設概念を拡張する議論も求められる。

3　地域学習と地域社会教育施設
——住民自治を創造する地域社会教育施設

3-1　住民自治と社会教育の諸制度

　憲法92条は、「地方公共団体の組織及び運営に関する事項は、地方自治の本旨に基いて、法律でこれを定める」と定めている。「地方自治の本旨」は、住民自治と団体自治の2つの要素から成り立っている。

　社会教育法制度は、社会教育を住民自治と団体自治を繋ぐ環として位置づけた。社会教育法の制定過程をみると、社会教育行政は、行政の責任で社会教育施設を設置する。社会教育施設は市民に対して学習機会を提供し、市民は社会教育委員制度や公民館運営審議会委員、図書館協議会委員、博物館協議会委員として運営に参加し、住民の意見を行政に届けることができる。社会教育行政は社会教育関係団体に対してコントロールはせず、団体はサポートを受けず自由に活動することができる。その構造によって日本社会の民主主義の実現が達成されると考えられた。したがって社会教育関係団体が民主的に運営されることはもとより、民主的な団体の代表者が各種の委員として選出され、行政・施設に対して運営参加できる構造になっていた。社会教育関係団体は、これら各種委員を選出する基盤であった[6]。

　しかし、社会教育行政は市町村合併によって縮小し、社会教育主事は激減した。社会教育施設は縮小再編・転換の方向に入り、社会教育関係団体は地域社会の変貌とともに衰退の一途をたどった。そうすると、社会教育法に示された住民自治を具体化する枠組みの有効性を保持することが難しくなってしまった。このままでは、法が期待した「地方自治の本旨」の実現は困難なものになってしまう。再度、社会教育法に示された枠組みに即して再構築するか、もしくは法理念に即した住民自治を具体化する別の枠組みを創造していくことが求められる。

3-2　公共施設の縮減下での共生の拠点の創造

　前述したように、社会教育施設が縮小再編・転換期に入ったとしても、社会教育活動の必要性まで縮減してしまったわけではない。現在、「公共施設等総

合管理化計画」によって公共施設の縮減が進められている。この計画は量的側面だけで一律に進められており、学習権保障という立場からは問題であるが、自治体財政の立場からは、人口減少に伴う税収減を根拠にその正当性を主張するであろう。

　自治体財政に即して議論を進めるとすれば、寺中作雄が期待した戦後社会の再建をめざす「相互教育の場」創出の議論は吹き飛んでしまい、日本社会の民主化や地方自治の実現など、社会がそれを具体化する装置を持たなくなってしまう。

　社会が構想されるとき、その社会の実現をめざす装置が必要となる。その代表例が田園都市構想である。1898 年のハワードの田園都市構想でも都市と農村の共存のために、コミュニティの中心に学校とコミュニティ・センターを配置し、人が育つ社会を構想した。

　それから約 100 年が経過した 1980 年代に再び注目された田園都市構想は、都市の内部にそれを実現する教育的な装置を含み込むように設計されている。大都市と地方都市や農山漁村の文化的格差をなくし、そのために図書館、博物館、美術館、劇場、音楽堂、公民館、各種スポーツ施設が建設されることを求めていた[7]。しかし現在の地方創生策は、人口流出を食い止める都市経営・自治体経営に重点がかかり、都市計画と社会教育施設との関連は考慮されていない。

　一方で、住民自治の在り方が社会教育法制定時とは大きく異なってきたことも看過できない。その理由は、地域社会内における各種の分断である。1 つは世帯間の分断である。自治の基礎単位であり地域社会を構成する家庭そのものの脆弱化が進んでいる。世帯の単身化は、地域社会との接点を持ちにくくなってしまった。生活困窮層であれば、住民自治に参加する機会すら乏しくなっている。

　2 つには、地域社会における世代間の分断である。前期高齢期においても働き続けることを求める現代にあっては、地域活動に参加し安心して暮らす時期の到来を遅らせ、地域社会への帰属を不安定なものとする。帰属意識をもたない世代は、住民自治への関心を持ちづらく世代間ギャップを生む。

　3 つには、外国人労働者の増加による日本人と外国人の分断である。日本社

会の将来図として都市部の「団地」が着目されるが、「団地」においては外国人の文化や生活習慣の相互理解がはかられず、近隣社会でさまざまなトラブルが生じている。一方でそれを打開する取り組みもみられ始めている[8]。

4つには、団体自治と住民自治の分断である。広域行政の進展は、住民自治の相対的軽視を生む。その理由は、①平成の大合併による自治体の大規模化が進み、住民の声を反映させていく機会と方法が縮小したこと、②自治体が県域を越えて広域連合を組む場合もみられ、住民自治と団体自治が整合しなくなる場合が出てきたことである。

地域社会における個人・家族の生活変容と地方自治体の経営手法の変容は、根本的には地方自治はなんのためにあるのか、という根源的な問いを含んでいる。このような現状においては、社会教育法が描いていた「地方自治の本旨」を前提とした住民自治と団体自治の環としての役割は、果たしづらくなってきたのも事実である。そうであれば、住民自治が実現できるような仕組みを考え、社会教育施設の役割を創造していかなければならない。

人口減少期にあって、社会教育施設の量的増加は望みにくい。したがって社会教育活動が行われる公共施設との連携を重視し、機能拡大をはかることは求められるところであろう。だが、この議論だけでは十分ではない。なぜなら施設の機能的側面からの量的な連携・拡大論だけでは、住民自治の創造に結び付かないからである。

社会教育の条件整備の原理に立ち戻って、地域社会にはいかなる教育的装置が必置されなければならないのか。共生社会の実現のために必要とされる住民自治とはいかなるものか。地域社会教育施設を核として多様な施設との連携をはかり、公共施設に社会教育条件整備の原理である「学習の自由」や「市民・住民の参加」を埋め込んでいくことができるのか。その上で施設機能の拡大や施設間連携の原理を考えなければならない。

4　共生を育む地域社会教育施設職員の役割と使命

4-1　共生社会実現のための社会的装置
これまで述べてきたように、地域社会は人間を育む装置を失いつつある。地

域社会の中での人間形成機能の消失である。

ここには、2つの問題がある。1つは、人口減少や市町村合併による学校や公民館といった公共施設の統廃合による物理的な学習拠点が喪失してしまい、学習活動や地域づくり活動が活動拠点を失うことである。

もう1つは、人間形成機能をもたない社会が構想されていることである。田園都市構想でも社会における教育的装置の重要性は認識されていた。しかし、現段階での地方創生策は、都市経営・地域経営の原理が優位とされ教育的装置は後景に退けられている。その理由は、社会の構成原理として人間形成機能をもつことへの関心が払われていないからである。そのことは地方自治体の変容も生む。市民・住民を住民自治の担い手ではなく、自治体存続のための経営資源としてみなし始めているのではないだろうか。見方を変えれば、市民・住民が有する社会を構想する権利やそれを保障する学習機会を消失させ、さらには地域社会の運営に参加する機会を喪失させていくということである。同時に、地方自治体が地方自治を軽視するということでもある。

なぜ、いま共生を育む社会教育施設なのか。社会教育施設は、地域社会が抱える諸問題に対して、地域課題解決のための処方箋を担う必要があることは言うまでもない。これからの社会が共生を必要とするのであれば、共生社会実現のために社会教育施設は、地域社会にどういう課題があるのかを地域の人々とともに発見・精査し、共生社会の実現にむけての課題の共有と解決の方策を考える機会を提供する役割がある。

その際に、いったい誰が地域課題を提示するのか。社会教育施設職員ではなく自治体の地方創生担当であるはずもない。それは、直接の当事者である住民自身が考えることである。その上での公民パートナーシップである。なぜなら、地域社会の課題は、自治体行政目的から導かれるものではないからだ。課題解決の最適解や結論は、自治体の首長が考え住民に宛がっていく性格のものでもないからだ。

しかし自治体経営が前面に出されるとき、本末転倒の事態が生じてしまう。地域課題は自治体の行政目的に沿って提案され、学習課題は職員が誘導する。それ以外の学習は予算を名目として自然と排除されてしまう。自治体が地方自治を忘れてしまったとき、どこにでも起きる問題である。地域社会教育施設は、

市民・住民が自らの未来を考え、いかなる共生社会を構想するのか。そのための学習活動から実現に至る道筋を保障する施設である。

4-2　共生社会を育む社会的基盤の形成

　共生を育むためには、社会教育施設職員は何をなすべきであろうか。保健・医療・福祉系の自治体職員も「地域共生社会」の実現にむけて取り組みを進めている。これらの福祉・医療系職員と社会教育施設職員の違いはどこにあるのだろうか。

　「健康づくりためには生きがいづくりが必要です。だから生涯学習が大事なんです」と保健師が言ったとき、頷く人は多いだろう。誤りではないからだ。行政目的が健康づくりであれば、健康づくりに資する生きがいづくりは必須のものとなる。そこには疑問を挟む余地はない。ところがこの言葉には、「健康づくりのためにならない生きがいは、不要である」という意味が込められているとしたらどうだろうか。

　同じように「地域活性化のために地域づくりは必要である」と地方創生の担当者が言ったとき、地域活性化に資する地域資源を求めていることは明白である。地域活性化に役立たない活動は、求められていないのである。

　共生社会の実現についても同じことである。自治体職員は、「地域共生社会の実現」に資する資源だけを求めがちになる。ごみ屋敷の清掃ボランティアや、デマンドタクシーの運転手、地域高齢者サロンの運営補助者を、「地域のために」を名目に性急に求めようとする。しかし、地域社会への関心の高まりや問題の共有化なしには、かかわろうとする人は出てこない。

　ここに一般行政職員と、社会教育職員の違いが明確にでてくる。社会教育職員は、「何が本人にとって生きがいなのか」から出発する。「地域にとって必要なことは何か」、それを地域の人たちと一緒に考えることから始める。本人や地域の人たちのなにげない一言をキャッチし、本人や地域の人たちとともに横に座って考える。さらに地域社会の関係者とともに考える場へと拡大し、地域社会全体の共通課題として設定する。

　しかし一般行政職員にも、このような意識がまったくないわけではない。市民・住民に寄り添いながら、懸命に取り組んでいる保健・福祉・医療系職員が

いることも確かである。共生社会実現にむけた取り組みをしているすべての公務労働にあたっている職員・スタッフが、地域の諸課題を共有し、課題の解決にむけた取り組みが行えるような体制づくりが不可欠である。それは公務労働だけではなく、関係機関や市民活動も含めた取り組みへの拡張も求められる。したがって共通認識の形成や活動の共有化をはかることのできる社会的基盤が不可欠となる。その基盤形成の役割を地域社会教育施設の職員は担っている。

4-3　共生社会を育む社会教育職員の職能の創造

　共生を育むことを地域社会教育施設の目標に置き、その基盤形成をはかることを職員の任務としたとき、それを可能とする職員の職能向上の方策が探求されていかなければならない。社会教育施設職員は、学校教職員に比して研修の体系的なシステムを確立しえず、それぞれの自治体の裁量の範囲内で研修が実施されていた。今日においても、体系的・系統的に研修を実施している自治体は少ない[9]。

　しかし一方では、社会教育職員は自主的な研修の機会を創造していった。歴史を振り返れば、全国各地で近畿社会教育研究会、福岡社会教育研究会、東京都三多摩社会教育懇談会などが組織され、理論と実践の両面を開拓していった。今でも各地で、公民館主事会や社会教育主事会、社会教育研究会が開催されている事実がある[10]。

　このような職員相互による研修のスタイルの嚆矢となったものが、長野県の飯田・下伊那公民館主事会である。1960年代に「下伊那テーゼ」を生みだした飯田・下伊那公民館主事会の有志は、職員集団として継続的な研修を重ねていた。時代の転換期であった高度経済成長の荒波の時代にあって、自治体労働者と教育専門職の統一をはかり公民館職員の役割を考える集団であった[11]。

　社会教育施設が縮減し、かつコミュニティ・センターへの衣替えがはかられつつある現在、再び、社会教育職員としての集団的な職能発達のための取り組みが求められているのではないだろうか。飯田・下伊那公民館主事会を範にとりながらも、さらに発展拡大した形での職員の研修スタイルを創造していかなければならない。

　この10年前後の間、北部九州ではさまざまなレベルでの集団的な研修機会

の創出をめざしたネットワーク形成に取り組んできた。そのささやかな実践を
もとに見えてきた課題を提示しておきたい。

　北部九州は、福岡、佐賀、長崎、大分にわたる地理的範囲であるが、自治体
の範域を超えて社会教育職員・関係者の重層的な構造を意識して取り組まれて
いる点に特徴をもっている。またこの範域は、九州大学の社会教育主事講習の
募集単位ともほぼ重なっている。次の三層でのネットワーク形成に取り組んで
きた。

　1つは、北部九州の大学間ネットワーク形成である。ここには2つのネット
ワークがある。1つは、学生間ネットワーク形成（北九州大学、九州大学、福
岡大学、佐賀大学、熊本大学）である。2012年から開始された。大学の社会
教育ポストの削減は、学生が多様な社会教育観を学ぶ機会の減少に直結する。
参加大学教員による学生への集団的な指導体制の構築である。各大学持ち回り
で年2回開催され、合同発表会、合同院生指導、地域社会教育のエクスカーシ
ョンを行っている。2つには、研究者間ネットワーク（北九州大学、九州大学、
福岡大学、佐賀大学、別府大学、熊本大学、鹿児島大学）である。大学のポス
トの減少は、国立大学において顕著である。しかし北部九州の社会教育・生涯
学習研究者は、九州大学及び熊本大学の社会教育主事講習の講師を担当してい
ることから、研究者間をつなぐ営みとして2014年から九州大学の科研研究の
共同研究者として組織された[12]。これら研究チームは、九州の社会教育実践
の理論的課題について議論を重ね、その成果を現場にフィードバックする役割
を担っている。

　2つには、職員間ネットワーク形成である。「北部九州公民館ネットワーク」
というゆるやかな組織体である。2017年に佐賀大学において日本公民館学会
が開催されたことを契機に実行委員であった職員たちによって形成された。北
九州市、福岡市、大牟田市、佐賀市、佐世保市、日田市の公民館職員が自治体
の範域をこえて集い、年1回の研究会を開催しそれぞれの自治体の公民館施策
について問題を共有し、事業発展のための議論を重ね、2024年には第6回め
の研究大会を開催した。

　3つには、九州大学社会教育主事講習の修了者たちを核として組織された
「社会教育士ネットワーク九州」である。2023年に設立された。「社会教育士

が交流・連携と学びあいを深め、社会教育士の役割や可能性を社会に発信することを通して、人々の暮らしと社会の発展に寄与すること」を目的としている。

　これらの三層の取り組みが有機的な連関をもちながら、長いもので10年をこえる取り組みとなった。養成から持続的な研修機会の創造、社会教育の理論と実践の往還をめざすものである。最初から計画的に取り組まれていたわけではなく、必要に応じて形づくられていったといってよい。そのときどきに日本社会教育学会や日本公民館学会の開催、社会教育推進全国協議会の全国集会の開催等の取り組みがあり、各種のネットワークの取り組みの励みになってきた。これらの基礎には、各地で取り組まれている社会教育研究会の存在がある。

　今日、大学及び国立教育政策研究所社会教育実践研究センター他で社会教育士の養成が取り組まれ、量的増加がはかられている。そのことは社会教育施設等への専門職としての社会教育士の配置の可能性をもつ。さらに継続した研修機会を確保することによって職能の質を担保し、地域社会教育施設の発展をめざす必要がある。なぜなら、現状では地域社会教育施設は、小さな職場であり職員数が限られているからだ。また任用形態もさまざまであり、研修の機会も乏しい。そもそも研修の必要性も感じられていないケースもみられるからである。これらの諸問題を乗り越えていくためには、地理的範域を拡大し多様なレベルでの公的・自主的な研究・実践交流の計画化と拡充が必要であり、大学との連携を欠かすことができない。

おわりに

　最後に共生社会の実現にむけて、社会教育計画論と施設論の関係の観点から残された課題についてふれておきたい。

　1つは、自治体における社会教育・生涯学習計画策定の重要性の再認識である。地域社会教育施設の配置計画は、職員配置も含めて社会教育計画の重要事項であった。今日では、独自に社会教育・生涯学習計画を策定している自治体の方が少なくなってしまっている。その理由は、教育大綱や教育振興基本計画が策定され、それらに収斂されてしまったからである。

　しかし今日、社会教育・生涯学習計画は次の点で重要性を増している。コロ

ナ禍において明確になったことだが、緊急事態宣言下で多くの社会教育施設は機能停止状態に陥った。しかし、緊急事態宣言解除後にすぐに事業再開の動きをみせた施設は、岡山市や長野県にみられるように社会教育・生涯学習計画を有していた自治体であった。計画に基づき、コロナ禍にあっても施設としての役割を果たしていこうとする姿勢を失わなかったのは、計画の存在によるところが大きい。

　2つには、計画策定のプロセスの重要性である。計画策定の主体は、当該自治体の社会教育委員の任務とされている。しかし、自治体の教育大綱や教育振興基本計画の策定に社会教育委員が関与しているケースはほとんどない。地域社会が震災のような自然災害や紛争・戦争のようなダメージをうけ、そこからの復興や地域再生をはかろうとするとき、人間の尊厳を確かめ、地域社会のもつ意義を再定義しながら復興を進めていくことが不可欠である。そのために東北や熊本のように「声を聞く」営みを欠かすことはできない。多様な「声を聞く」チャンネルは準備されてしかるべきである。さらにその過程には終わりはなく、北九州のように記憶として継承される性格のものである。地域社会教育施設は、多面的なチャンネルでの社会の「声を聞く」機会の創出という中核的な役割をもつ。

　3つには、社会教育施設のDX化である。自治体DX・教育DXが進められているが、社会教育・生涯学習DXは立ち遅れており、現段階では、社会教育施設の予約システムとして導入がはかられている程度である。しかし、DXそのものが産業界において顧客ニーズをもとにビジネスモデルの変革を目的として導入された経緯に鑑みたとき、地域社会教育施設は利便性をはかる一方で、無意識に市民・住民を顧客扱いする傾向が生じかねない。そのためにも、自治体DXとは一線を画す計画論の必要性と職員研修の重要性が増している。

　4つには、多機関・多職種連携論の中での地域社会教育施設の立場と役割である。多機関・多職種連携あるいは多職種協働は、医療・福祉の領域で進められている。特定のケースに対して、連携・協働しながら取り組んでいこうとするものである。地域看護・地域福祉では、地域の中で公民館が果たしている役割の大きさに関心が集まり、連携の必要性が説かれることが多い。その結果、地域社会教育施設は「地域共生社会」（厚生労働省）のターゲット・アプロー

チ論に回収されかねない。地域社会教育施設の独自の立場と役割を計画の中で明確にする必要がある。

「人口減少自体が問題なのではない」と広井良典は言う。「人がどう住み、どのようなまちや地域を作り、またどのような公共政策や社会システムづくりを進めるのかという、政策選択や社会構想の問題」[13]なのだと指摘する。地域社会教育施設の使命は、学習を媒介にして地域社会の構想づくりを支援するところにある。

1）人口学では、人口減少社会を人口転換期、ポスト人口転換期という。

2）今井照『未来の自治体論──デジタル社会と地方自治』（第一法規出版、2024年）、18頁

3）「お隣は外国人」編集委員会編『お隣は外国人──北海道で働く、暮らす』（北海道新聞社、2022年）

4）島田修一「社会教育法」山住正巳・星野安三郎・尾山宏監修『自由国民・口語六法全書 教育法』（自由国民社、1974年）

5）本章2-1、2-2節は、拙稿「社会教育施設の現在と課題」『月刊社会教育』（2023年3月号）を再構成したものである。

6）拙稿「地方自治制度改革と社会教育行政」日本社会教育学会『講座 現代社会教育の理論Ⅰ』（東洋館出版社、2004年）

7）佐藤光『よみがえる田園都市国家──大平正芳、E. ハワード、柳田国男の構想』（筑摩書店、2023年）を参照。

8）例えば、岡崎広樹『外国人集住地域──日本人高齢者と外国人の若者の〝ゆるやかな共生〟』（扶桑社、2022年）

9）上野景三・田中真由美「佐賀県における社会教育職員・公民館職員研修──どのように取り組まれ、何が学ばれているのか」『日本公民館学会年報』（第18号、2021年）

10）歴史的な研究会の存在については、小川利夫編『現代公民館論』（東洋館出版社、1965年）を参照のこと。近年の代表的な事例として、北九州社会教育・生涯学習研究会『北九社教研──20年の軌跡と未来』（2022年）など。

11）島田修一「下伊那テーゼ」の項、社会教育・生涯学習辞典編集委員会『社会教育・生涯学習辞典』（朝倉書店、2012年）

12）「地域変動下における世代間循環の再生と社会教育に関する研究──九州の視座から」（研究代表者 岡幸江）として取り組まれ、その成果は、九州大学大学院人

間環境学研究院社会教育研究室『社会教育研究紀要——特集　九州における地域変動と社会教育』第 2 号（2016 年）としてまとめられている。

13）広井良典『人口減少社会のデザイン』（東洋経済新報社、2019 年）、31 頁

―― コラム 3 ――

できる感覚を、うごく楽しみを、生きる喜びを
すべての若者に
――認定 NPO 法人底上げ

成宮崇史 （認定 NPO 法人底上げ理事）

「自分たちも何かをしたい」と訴える高校生たちに出会って

　2011 年 3 月 11 日に発生した東日本大震災。当時私は東京におりましたが、家族や友人と東北の話をする度に、直接現地を見ていないのに話をしている自分に違和感を抱き、当時の職場を辞め 2011 年 8 月に宮城県気仙沼市にボランティアとして訪れました。はじめは数ヶ月で東京に戻る予定でしたが、まだまだ大変な状況が目の前に広がっている中、東京に戻る自分が無責任にも感じられました。そして、人の紹介から気仙沼で同じ志を持った仲間と出会い、共に「NPO 法人底上げ」を立ち上げ、継続的に気仙沼の支援を行うため移住を決意しました。

　団体立ち上げ当初はどんな事業を行うか全く決めていませんでしたが、偶然いただいた話から放課後の子ども達の居場所支援を 2012 年に実施しました。そこで出会った高校生が「外から多くの人たちがボランティアに来てくれているのに、自分たちが何もしていないのはとても歯がゆい。とにかく町のために何かしたい」という熱い思いを話してくれました。ある意味"支援"のために来た自分からすると、決して受け身ではない高校生のこの言葉は衝撃的でした。おそらくこの思いを形にしていくことで、高校生一人ひとりの成長に繋がると共に、その積み重ねが町の活性化にも繋がると感じ、彼ら彼女らのアイディアを実践に変えていくための伴走を始めました。2 人の高校生から始まった活動は 10 人以上のチームとなり、各自の多角的な視点で、気仙沼の観光リーフレットの作成や、オリジナルツアーの実施、伝統的なお祭りの PR 活動などを行ってきました。地域の中の一つのコミュニティとして始まった高校生たちの活動が、時間と共に地域内でも大きく評価されることになり、今では他の団体を含め官民協働で全市にわたり、高校生の探究的な学びと主体的な実践を伴走し、その活動を発表する機会などのプログラムを展開しています。

気仙沼の高校生マイプロジェクトアワード（著者提供）

これからの課題——まちの寛容度を高める

　高校生の思いを支える仕組みが整ってきている一方で、まだまだ市内で高校生が実践を行う時にうまくいかないことも多くあります。物理的や金銭的なものなど、理由は様々ありますが、一番壁となっているのが地域の方のスタンスであるのかもしれません。何か新しいものに対して否定的であったり、うまくいかないだろうという推測から行動することを止めてしまうエネルギーも多々感じられます。もちろんそれも大事な一つの視点ではありますが、高校生の主体的・探究的な学びや実践を地域全体で支えていく、また世代問わず新しいチャレンジにまずは応援的である、そんな町全体の寛容度を上げていくことが持続的な地域であるために重要だと思います。

　しっかりと応援の気運を高め町全体の寛容度を上げながら、高校生を中心に、誰しもが気軽に実践・チャレンジをしていける気仙沼を目指して今後も活動を続けていきたいと思います。

（なるみや・たかふみ）

第Ⅳ部

学校と社会の協働

第Ⅳ部　学校と社会の協働

第Ⅳ部では、学校や高等教育機関と社会との協働によって育まれる学びの構造を明らかにするとともに、そこでの制度的諸問題を考察する。第11章では初等中等教育段階における学校を核とした地域づくり、第12章では高等教育段階における大学と地域との連携を実態に即して考察し、共生への学びの実情と可能性を探る。第13章では、学校と社会の連携・協働による制度改革を展望する。

第 11 章

学校を核とした地域づくりの可能性

廣 瀬 隆 人

1　学校と地域の連携・協働の源流

　2004 年にスタートした「コミュニティ・スクール」という言葉に象徴される「学校を核とした地域づくり」とそのための「地域とともにある学校づくり」施策について、文科省は「努力義務」として強力に推進しようとしている[1]。2023 年度の文科省調査によると、小中学校の 58.3％が学校運営協議会を設置している[2]。

　こうした学校と地域の連携・協働推進施策の背景には、2014 年 12 月 27 日に閣議決定された「まち・ひと・しごと創生総合戦略」（内閣府）がある。地方大学の活性化の文脈の中で「学校を核として、学校と地域が連携・協働した取組や地域資源を生かした教育活動を進めるとともに、郷土の歴史や人物等を採り上げた地域教材を用い地域を理解し愛着を深める教育により、地域に誇りを持つ人材の育成を推進し、地域力の強化につなげていく」、さらに地元学生定着促進プランの項目で「学校を核として、学校と地域が連携・協働した取組や地域資源を生かした教育活動を進めることにより、全ての小・中学校区に学校と地域が連携・協働する体制を構築するとともに、地域を担う人材の育成につながるキャリア教育や、地域に誇りを持つ教育を推進する」という提言が見られる[3]。こうして学校と地域の連携・協働の推進は、地方大学がより努力し、卒業生を地元に残し、地域での労働力を確保すべきという施策に呼応するように小中学校では、将来、若者が地元に定着することを期待して、地元志向の教育を推進するという文脈であるとみることができる。同時に人口減少が著しい地方自治体の地域づくりの担い手育成としても期待されていると考えることができる。しかし、それは効率化、合理化、地方分権の名の下で安易に地方を切

り捨ててきたこれまでの施策への反省と自治体の自律的な自己変革から始めるべきものであろう。

　学校を核とした地域づくりは、これまでの学校教育と社会教育の連携（学社連携など）における、学校教育、社会教育双方の機能を活性化し、充実するという視点ではなく、より明確に「地域づくり」「コミュニティの充実」といった点に照射されていることに注目したい。学校と地域の連携をコミュニティの課題解決の方策としてとらえる傾向は世界的な動向として指摘されている。『学校と地域社会との連携に関する国際比較研究最終報告書』では、20 カ国の調査のまとめとして「山積する教育問題の解決を学校だけで対応しようとするのではなく、地域共同体でその問題を共有し、学校を立て直し、学校の再生によって地域社会の方にも新たな活力を得ようとすることが重要な教育政策としてとられるようになったこと（中略）学校は社会を反映するものであり、コミュニティー（ママ）が崩壊すればやがて学校も崩壊せざるを得ない関係にある。（中略）教育こそがコミュニティ形成の手段であり、方法である」[4]と指摘している。ここに学校を核とした地域づくり施策のねらいが焦点化されている。また同書はこうしたことが「リモートな代議制民主主義の代わりに直接民主制によってコミュニティー（ママ）意識を取り戻す政策が導入されるようになった背景の要因でもあるように思われる。パートナーシップによる当事者感覚の育成、学校理事会や学校評議会（審議会、委員会）などによる直接民主制がとられる傾向がそれである。オーナーシップ感覚の育成の重要性が指摘されるのも同じ理由によると思われる」[5]と結んでいる。

　大村はま、斎藤喜博、遠山啓、東井義雄らと並ぶ戦後の日本の教育実践を代表する無着成恭の訃報が山形新聞（2023 年 7 月 25 日付）に掲載された。戦後の日本の教育実践を跡付けた『時代を拓いた教師たち』[6]でも冒頭に紹介しているのが、生活綴方教育実践記録である『山びこ学校』[7]と無着成恭である。生活綴方教育自体は戦前から継承されてきた教育活動であるが、無着の実践は、暮らしから地域課題の発見につながる教育へと展開したものと言えよう。勤務していた山元中学校では教員として社会科を教え、夜間は社会教育指導者として青年団などの指導にあたっていた。無着の実践は各地の教育実践に大きな影響を与えたが、1950 年代後半に入ると新しい潮流の中で「フェイド・アウ

194　第Ⅳ部　学校と社会の協働

ト」[8]した。しかし、この時期、既に教育の基底に暮らしと地域と学校での学びがつながる、社会と地域に開かれた実践がみられていたことに注目しておきたい。

こうした教育実践の潮流の中で地域との関係に着目したものとして東井義雄の『村を育てる学力』[9]がある。東井は、「進学指導・就職指導によって、たしかに村の子どもの学力は伸びるだろう。農村人口の都市へ移行も必然的な動向であろう。しかし、村の子どもが、村には見切りをつけて、都市の空に希望を描いて学ぶ、というのでは、あまりにみじめすぎる、と思うのだ。そういう学習も成り立つではあろうが、それによって育てられる学力は、出発点からして『村を捨てる学力』になってしまうではないか」[10]と指摘している。当時の地方の状況を客観視しながらも「私は、子どもたちを全部村にひきとめておくべきだなどと考えているのではない。（中略）『過半が都市にでる宿命にある』なら、それもいいと思う。ただ私は、何とかして、学習の基盤に、この国土や社会に対する『愛』を据えつけておきたいと思うのだ。『村を捨てる学力』ではなく『村を育てる学力』が育てたいのだ。みじめな村をさえも見捨てず、愛し、育て得るような、主体性をもった学力なら、進学や就職だってのり越えるだろうし、たとえ失敗したところで、一生をだいなしにするような生き方はしないだろうし、村におれば村で、町におれば町で、その生れがいを発揮してくれるにちがいない、と思うのだ」[11]。東井は、村を見捨てず、自らの共同体を守り、発展させる学力（＝村を育てる学力）こそ目指さなければならないとして、「村を育てる学力について、学校と家庭、地域が連帯してこそ身につくととらえていた。学校での指導を家庭や地域に理解してもらうこと、また家庭や地域から学校に意見を出してもらうことがなければ、結局、学校で学んだことは、学校のなかだけでしか役に立たないと考えた」[12]。

東井の主張から、学校と地域の関係の背後にある地域・保護者との教育責任の分担と協働の文脈を読み取ることができよう。地方創生推進施策の中で学校を核とした地域づくりを理解するだけでなく、こうした日本の教育実践の文脈の中で現場教師の内発的な教育観の中から捉え直していく必要があろう。

2 学校を核とした地域づくり、地域とともにある学校の本質は何か

2-1 文科省の推進施策の要点

学校を核とした地域づくり、地域とともにある学校の推進施策としては、文科省がホームページ等で示した手引や説明資料[13]を読むと、①各学校に学校運営協議会を設置すること、②地域学校協働本部を設置し、地域学校協働活動推進員を委嘱し、地域学校協働活動を実施すること、③社会に開かれた教育課程を推進することの3本立てのように読むことができる。

また、『コミュニティ・スクールを核とした地域とともにある学校づくりの一層の推進に向けて——全ての学校が地域とともにある学校へと発展し、子供を中心に据えて人々が参画・協働する社会を目指して』が文科省から出され、次の内容が示されている。

○ 学校と地域の関係を捉えていく上で大切な視点は、学校が「子供の学びの場」にとどまらず、「大人の学びの場」でもあり「地域づくりの核」にもなるという視点である。学校を核として、地域の人々が集い、つながり、活動する中で、互いに自立し、助け合い、励まし合い、よりよく成長していくための地域コミュニティが活性化し、再構築につながっていくことが期待される。学校を核として地域の人々がつながることは、地域の絆をつなぎ地域の未来をつなぐことになる。

○ また、地方創生の観点からも、学校を核として、地域に愛着と誇りを持ち、志をもって地域を担う人材の育成を図るとともに、子供との関わりの中で、大人の学びのコミュニティを創り、地域づくりを果たしていくことが期待される。大人の学びが活性化され、成熟した地域が創られていくことは、子供の豊かな成長にもつながり、人づくりと地域づくりの好循環を生み出すことにつながっていく。

○ このため、コミュニティ・スクールを中核に据え、地域とともにある学校づくりを進めるに当たっては、学校を核とした協働の取組を通じて、地域の人々のつながりを深め、コミュニティの形成・活性化を図る「学校を核とした地域づくり」を推進していくという大きな広がりの視点も持って、地域との協働や学校運営を捉えていくことが重要である。その際には、学校教育と社会教育が一体となった地域づくりの視点も重要である。[14]

ここでは、「地域とともにある学校」は、学校教育の充実のためだけにある

のではなく、学校運営の責任を地域と分担し、支援、協力、協働を通じて地域の人のつながりをつくり出し、より強固にしていくことにあると理解することができる。文科省がことさら運営協議会の設置に強いこだわりを見せるのは、運営協議会が地域の人々を学校という接着剤でつながる場とするということである。保護者世代と現在の地域づくり世代とがつながる場としての意味も大きい。地域福祉の領域においても生活支援体制整備事業（2015年〜）で展開されるのは、地域を三層に分けて「協議体」（＝会議）を設置し、地域の福祉情報の交換と推進の場としていく「地域づくり」を着地点としている。したがって、「地域とともにある学校」の推進は、学校を地域住民が支援することが目的ではない。支援を通じて、地域のつながりをより強化し、支え合うコミュニティの形成、地域づくりに向かうのである。「地域とともにある学校」と「学校を核とした地域づくり」がパラレルに存在するものではなく、表裏一体の関係であることを示している。

2-2　推進上の問題点

　ここで、教育委員会職員、学校教員、市民が指摘するいくつかの推進上の問題点をあげてみよう。

　第一の問題点は、同義の言葉が多様に使用されるため、それぞれの関係性が複雑であることから、関係者の理解を妨げていることである。特に「コミュニティ・スクール」という言葉が解釈や理解より先に印象として普及したことにより、表層的に学校教育課題だと理解され、学校教育担当課の所管事項と捉えられ、社会教育・地域づくりの課題であるという認識が希薄になったことである。さらに「地域とともにある学校」と「学校を核とした地域づくり」の着地点が見えず、例えば「学校が中心となり、地域づくりを推進するのか、学校応援団を作れば良いのか、学校運営協議会で何を話し合えばよいのか、放課後子ども教室の担い手なのか、教員人事や運営方針も協議会主導で決めるのか」といった不安（誤解）が未だに払拭されていない。そうなると、多忙化する学校にまた新たな負担が加わると考えるのも無理のないことであろう。

　加えて、学校運営協議会の主な役割は、①校長が作成する学校運営の基本方針を承認する、②学校運営に関する意見を教育委員会又は校長に述べることが

できる、③教職員の任用に関して、教育委員会規則に定める事項について、教育委員会に意見を述べることができる、とあり、この関係条文[15]だけを読み、学校の運営方針や教員人事に介入されるのではないかという不安を払拭できていない関係者もみられる。丁寧に解説された文科省の手引きも多忙化の中で読まれていない現実が浮かび上がってくる。

　第二の問題点は、学校運営協議会と地域学校協働活動の「一体的推進」を強調していることにある。多くの地域は、人口減少に直面しており、類似する別個の会議（協議体）を立ち上げて、それらを一体的に推進することは極めて困難であると思われる。この2つの会議にはそれぞれに学校関係者（教員・保護者）が参画を求められることになる。英語、道徳、タブレット等で多忙化する学校教員に新たに会議出席の負担を加えるのである。首都圏近郊の都市部では可能と思われる制度であろうが、少子高齢化が急速に進行する地方では、現実的には容易なことではない。

　第三の問題点は、こうした新しい名称の協議体を設置することにより、それだけで何か新しい事業を始めなくてはならないという先入観を生み出していることである。今まで地域で行ってきた様々な青少年教育事業や学校と連携して実施してきた事業がある。既に地域学校協働活動は、学校をはじめとして地元の教育委員会や公民館、自治会、子ども会育成会等でその多くを実施している。これまで実施している社会教育事業に文科省が「地域学校協働活動」という名前を付けてくれたと考える方が合理的であると考えられる。既に学校運営協議会に類似する諸会議が設置されている地域も見られる。文科省がどれほど丁寧な手引やガイドを供給しても、この他に学校には膨大な量の指導関係の手引・参考資料がメール等で大量に届けられている。日々の授業や児童・生徒指導に関するものに比べて優先順位が下がるのは当然であろう。多様化する児童・生徒や保護者への対応の中で、働き方改革をはじめ様々な休暇を認める制度はできても運用は現場にまかせており、例えば、各種の休暇制度はできてもこの間の業務を補塡する職員を供給する体制が未整備であるため、現場の負担はむしろ増大しているのである。

　しかし、地域学校協働活動について、文科省は次のように説明している。「地域学校協働活動とは、地域の高齢者、成人、学生、保護者、PTA、NPO、

民間企業、団体・機関等の幅広い地域住民等の参画を得て、地域全体で子供たちの学びや成長を支えるとともに、『学校を核とした地域づくり』を目指して、地域と学校が相互にパートナーとして連携・協働して行う様々な活動です」[16]。これは文科省が地域学校協働活動に幅広い解釈を許したものと理解することができる。地域づくりや学校づくりは全国一律に同じことをすることはできない。地域ごとにできることが異なるのは当然のことである。この説明は、事業の内容よりも、「多様な主体との協働」に力点を置いていることに注目したい。抽象的で曖昧に読める表現の中に地域での多様な展開が受容されていると理解できよう。後述する山形県小国町のように運営協議会と地域学校協働本部を「一体のもの」として推進している例も見られる。ちなみに小国町はこの事例で文科大臣表彰を受賞している。問題とすべきは文科省の手引の量や説明の煩雑さではなく、社会教育職員、とりわけ社会教育主事が文科省の資料を咀嚼することなく、ひたすら文言の棒読みに終始し、自ら考えることを放棄してしまうことにある。地域のこれまでの実践をガイドラインに合わせることではなく、実践の意味を吟味し、地域にとって何が必要なのかを検討することが必要なのである。「何をしたら良いのでしょうか」という指示を待つのではなく、地域の状況や実態を丁寧に聴き取りながら、主体的に方策を検討し、企画運営することが望まれる。

3　事例の検討

ではこうした問題点に対して、いくつかの先行事例がどのように向き合っているのかをみていこう。いずれも筆者が調査し、聴き取ったものである。

3-1　山形県小国町の実践

小国町では、2008年から14年の間に町内の6つの小学校の統合が進んだ。核となるべき学校を失った地域が多い。住民から見ると地域から子どもの姿が消えてしまったということになる。しかし、元中学校長の地域学校協働活動推進員が中心となり、地域学校協働活動として、各学年の特別活動や総合的な学習の時間、教科の学習の場として、小学校の空き校舎を利用した地域体験学習

が年に1回から3回行われるようにコーディネートしている。その指導や支援を地域の社会教育関係団体が担っている。いわば、その地域の子どもたちが町内の同級生を連れて地域に戻ってくる日を作ったのである。その活動を通じて地元の団体が活性化し、そのメンバーも増加しつつある。準備のための会合、活動などによって地域の人々のつながりをつくり出し、学校を支援し、子どもの育成にたずさわるという経験が蓄積されていく。各地区での地域体験学習は、学校運営協議会委員が企画し、現地と交渉し、運営を担当している。活動を契機として地元の人々のつながりが強化され、沖庭地区と叶水地区では有志による助け合い組織である「沖庭地区コミュニティ協議会」、「にっこリンク」がそれぞれ発足した。沖庭地区、白沼地区での活動では地元の中学生ボランティアも受け入れて活動の準備が展開され、地域づくりの担い手育成をも推進している。また、小玉川地区では、地元の青年団イチコロと連携した活動が実現しており、既存の団体の活性化に大きく貢献している。

　人口減少と高齢化の中で、子どもたちが地元に戻ってくる事業を契機に地元の社会教育・地域づくりが活性化している。人口約6900という小国町では、学校運営協議会は、保育園、小学校、中学校、県立高等学校、それぞれ組織は別であるが、会議は合同で開催されており、地域学校協働本部は、町全体で一つの白い森地域学校協働本部として、学校運営協議会と「一体のもの」として位置づけている。

3-2　栃木県栃木市の実践

　栃木市立国府南小学校では、2019年から学校独自に学校運営協議会を拡大した「コミュニティ・スクール推進会議」という、より広範な住民参加による組織を立ち上げた。契機は、学校運営協議会委員（元PTA会長）から、「学校を核とした地域づくりなのだから、われわれ委員だけでなく、広く住民に声をかけて地域の問題として、学校の教育目標実現の方策を考えたい」「学校の支援をしているだけでは、限界がある。地域をどうするのか、つながりをどうつくるのかということが大切だ、より多くの人々の参加を促したい」という趣旨の発言があったからである。こうした発言に応えて、推進会議委員を公募したところ、その登録者数は年々増加し、2023年度で100名を超えた。学校運

営協議会を核としながらも地域住民が参加する会議を構成し、市教育委員会の委嘱による運営協議会委員もコミュニティ・スクール推進会議委員と協働して、推進会議を運営している。ここでは、地域社会に開かれたしくみが構築されており、多様な主体との協働が実現している。当初、高校生が2名参加し、その後、その小学校を卒業した隣接の中学校の生徒9名も委員として参画している。高校生や若者を学校運営協議会委員に委嘱する実践は各地で見られており、前述した小国町でも高校生が小学校の委員となっている。毎年5月に開催される運動会には、運営協議会委員、推進会議委員、卒業生である中学生など30名前後の人々が運営者として参画している。そして、その姿を6年間見て育つ小学生に、自分たちも中学校に進学したら支援に来るという気持ちが育っている。

推進会議では、学校教育目標を地域住民がどのように実現していくのかというミッションに基づき、知、徳、体の目標にあわせて「やる気部会」、「思いやり部会」、「根気部会」の3つの部会ごとに3ヶ年計画を立案し、現在2期目の計画が進行中である。そのことを通じて地域の人々のつながりをつくり出すという地域づくりになっている。地域の行事と重ねて行う学校行事とともに子どもや地域住民を対象とした地域学習講座が企画運営されている。学校という場を核として運営協議会及び推進会議のメンバーによる企画と実践という好循環を生み出している。

国府南小学校の地域との連携に関する基本方針（私たちが目指すもの）は次のとおりである。

①学校と地域が手を取り合って、学力を伸ばし、健康で心優しい子どもを育てていきます。

②学校を核にしながら、地域の大人が何度も出会い、お茶を飲み、汗を流し、学校を支援しながら、地域住民が「顔見知り」から「知人」へ、「知人」から「友人」へ、「友人」から「同志」へとつながりを強化して、お互い様の人間関係をつくります。

③大人が助け合う姿を見て子どもは助け合うようになります。大人が学ぶ姿を見て、子どもは学ぶようになります。大人が健康に生きていれば、子どもは健康に生きるようになります。

④学校を核とした地域づくりには卒業生の中高生の参画が必要。そのことを

通じて、地域づくりの担い手育成につなげていきます。

3-3　栃木県大田原市の実践

　菊地孝行は、現在大田原市の佐久山地区で活動する地域学校協働活動推進員である。大田原市の消防職員を退職したあと佐久山地区公民館で社会教育指導員として8年間勤務していた。地域の様々な活動に参画し、地域づくりの中心的な担い手の一人である。地域学校協働活動推進員の制度がスタートした2022年から推進員を委嘱されている。

　地元には佐久山中学校と小学校2校（佐久山・福原）があったが、順次統合され、中学校は近隣地区と統合され、小学校もこの2校が統合となった。福原小学校では学校行事として伝統的に実施していた「いなごとり」があった。これは北関東を始め広く各地の農村でみられるものであるが、この地域の歴史と文化、生産を学ぶシンボルのような体験事業であった。全校生徒が地域の人たちの協力を得て一緒にいなごをとり、それを地域の人々が佃煮にして調理し、給食として食べるという活動を継続的に実施してきた。地域の人々にとっても年中行事のように受け止められていた。公民館に勤務していた菊地は公民館の学級に参加していた人々とともに、この行事に参画してきた。学校行事であるが地域の多様な人々が協力し、協働していた。2校の統合にあたり、この学校行事をどのように受け継ぐのかという議論の中で、菊地は地域のシンボルのような事業なので、地元の「佐久山地区活性化協議会」（菊地が事務局長）の事業とすることを提案した。消防職員時代から消防団との関係づくりに力を注いできた経験もあり、若手の声を地域づくりに反映させる必要性を痛感していた菊地は、活性化協議会に「青年部」を創設し（15名程度でスタート）、彼らに企画と運営を任せることとした。地区の消防団のつながりを軸にしているので、新しい組織を立ち上げるという理解ではなく、いなごとりをするためのしくみという理解であった。メンバーは小学校の保護者や多様な地域の青年で構成されている。事業には学校教員も家族とともに参加している。消防団のつながりもあって、市内の企業が協力を申し出て参加者に飲料の提供をしている。地域行事になっても児童の参加は学校で奨励されている。青年部のメンバーも生活支援体制整備事業で協議体のメンバーになるなど、地域のつながりづくりに大

きく貢献している。「いなごとり」は福原地区の行事であったものが、学校の統合によって、隣の佐久山地区を含めた地域の行事となり地域住民のつながりの拡大が図られている。青年部の夢は大田原市全体の事業にすることだという。

3-4　栃木県日光市の実践

　日光市教育委員会では、2019 年度以降、生涯学習課が中心となり、「学校を核とした地域づくり」の展開を丁寧に検討して推進している。日光市は栃木県内の約 4 分の 1 の市域を抱え、豊かな自然環境と豊富な温泉、世界遺産である日光社寺を有し、加えて宇都宮市と隣接した住宅地などによって構成される多様な歴史と文化を持つ自治体である。地域ごとの違い、個性が大きく、一律に同じことを求めることができないという背景を持つ。中山間地の小、中学校では保護者だけでなく地域住民全員で構成される「PTA」が存在するなど、地域の歴史的背景に起因する様々な組織が存在する。同時に人口減少が急速に進んでいる地域でもある。近い将来、学校統合が予定される地域もあり、「学校を核とした地域づくり」が容易に理解されにくい環境でもある。スタート前から、校長経験者、行政職員、現職校長、学識経験者などで不定期の研究会が断続的に開催されて、概ね次のような方針で進められている。この事業は「地域づくり」が本質であり、そのことを全面に出して説明していくこと、したがって生涯学習課で所管するということ。同時に地域ごとに多様性を認めるという基本理念を確認した。その上で文科省の手引を棒読みするような解説ではなく、日光市内にある地域との連携が円滑に進んでいる小学校の事例や各校のエピソードを紹介し、具体像を示しながら説明を積み重ねてきた。スタート当初の担当課長は公民館勤務経験があり、社会教育主事資格を取得していたこともあり、丁寧に地域住民や公民館への説明を積み重ねることができた。学校から割愛で勤務している社会教育主事は学校との関連が強くなることから、指導主事も兼務発令され、同時に学校教育課に勤務する指導主事のうち、社会教育主事資格を持つ職員は、社会教育主事の兼務も発令された。

　推進当初から、社会教育主事経験のある元校長がアドバイザーとして現職校長の声を聴き取りながら普及と啓発を進めた。2022 年には試験的に導入し、翌年には市内の全ての公立小、中学校で本格導入した。2023 年度から、社会

教育主事経験のあるもう1名の校長が、退職を機に、担当の社会教育指導員兼社会教育主事として採用され、現実的な課題である「学校運営協議会」関連の情報発信やファシリテーター養成講座を企画実践し、通信を発行している。市教育委員会の考え方として、年4回開催の協議会のうち1回目と4回目は、地区の公民館を会場に合同で実施しても良いこととし、2回目、3回目は可能な限り、夏季休業の間に教員の現職研修として位置づけ、委員と教員の懇談会を実施し、まずは人間関係をつくるように助言している。人間関係づくり、つながりづくりから始めるために懇談、協議、討論などの活動を取り入れている。ここでも小国町と同様に学校運営協議会を地域学校協働本部と「一体のもの」として説明しており、本部は事業を実施するための「チーム」であると解説している。こうした地域学校協働本部の理解の仕方は、那須塩原市が先行しており、同市では中学校区での単位で公民館などを会場に開催される会議、情報交換の場を「本部」と呼んでいる。固有のオフィスは無く、職員が常勤しているわけではない[17]。

3-5　実践事例からわかること

①地域づくりであることの再確認　これらの事例は、「学校を核とした地域づくり」と「地域とともにある学校づくり」が単に学校支援ではなく、人のつながりをつくり出すことが本質であることを伝えている。目的と手段が取り違えられて学校を支援すること、学校応援団をつくることが目的だと理解すると主体の形成につながらず、活動の広がりを欠き、地域住民の理解を得ることが困難になる。「教員が多忙だから、地域住民が学校の仕事を助けること」だと理解すると一見わかりやすいが、すぐに限界が来る。安易に地域住民に肩代わりさせようとすることではない。

　それはとりも直さず、地域学校協働活動だけでなく、学校運営協議会もすぐれて「地域づくり」に向かっていることを伝えている。学校運営協議会も学校行事の説明や報告の場ではなく、地域におけるつながりづくりの場であり、知人や友人を増やしたり、つながりをより強化していく場であることがわかる。日光市の学校運営協議会は、明確につながりづくりの場としてデザインされ、ファシリテーターの養成まで行われている。学校運営協議会と地域学校協働本

部が未分離な状態であるからこそ多様な主体との連携・協働が可能となっている。「地域とともにある学校」の先には「学校を核とした地域づくり」があることを見据えていく方が円滑に進むようだ。国府南小で見られるように学校運営協議会そのものが地域学校協働活動に関わる事例も見られ、それが地域住民の自治を創造していくことにつながっている。

　だからといって、学校が中心になって地域づくりを進めるということではない。学校教育の中には、既に「特別活動」という社会教育と地域づくりの基礎力の養成が埋め込まれていると見ることができる。特別活動の目標には、「(1) 多様な他者と協働する様々な集団活動の意義や活動を行う上で必要となることについて理解し、行動の仕方を身に付けるようにする。(2) 集団や自己の生活、人間関係の課題を見いだし、解決するために話し合い、合意形成を図ったり、意思決定したりすることができるようにする。(3) 自主的、実践的な集団活動を通して身に付けたことを生かして、集団や社会における生活及び人間関係をよりよく形成するとともに、自己の生き方についての考えを深め、自己実現を図ろうとする態度を養う。」[18]とあり、地域社会で生きるための基礎力ともいうべき、合意形成、課題解決、話し合いなど社会教育、地域づくりとの関連の深い言葉で説明されている。特別活動は学校の中に見られる社会教育と地域づくりのトレーニングだと理解できる。したがって、学校としては特別活動の意義を再度確認し、新しい事業を開始することではなく、今まで実践している学校教育の中に既に存在している「特別活動」「総合的な学習（探究）の時間」を充実させることこそ必要である。

　日光市にある小規模の轟小学校は、人のつながりが強いといわれる地域に設置されている。地域住民が学校の行事にも極めて協力的であり、児童は安定しており、ほとんどの卒業生が進学する豊岡中学校も同様に安定したいわゆる落ち着いた学校であると言われてきた。安定した学校はこうした地域のつながりが強いところに存在する可能性が高い。地域づくりは、学校づくりと無関係ではなく、栃木県内の人のつながりが強い他の地域（小山市豊田地区など）では、同様のことが指摘されている。こうした傾向は既に各地でみられるが、「学校教育が成功するか否かは、地域社会が教育に対してどれほど熱心であるかに大きくかかっている。教育が高く評価され、そのあり方が常に熱心に問われてい

るところでは、学校の果たす役割や目的を地域社会も分担し支持するのである」[19]とするユネスコのドロール報告の指摘は、学校を核とした「地域づくり」が、学校課題の解決にも貢献すること、そして、良い学校は良い地域にしか存在しないということを伝えている。本書で紹介した実践は、先進事例でも優良事例でもない、同一の手法でどの地域でも展開可能ということではない。地域のつながりの強さを資源として生かしている事例である。同時にその地域ではあまねく公民館が存在し、職員が配置され、豊かな講座が開催され、伝統的な事業が絶やさず継続できているのである。

　②社会教育であることの再確認　小国町の実践は、子どもたちのための地域体験講座の企画、立案、運営を委員（住民）が主体的に進め、あたかも社会教育主事のようにコーディネートしている事例である。栃木市の事例も同様に運営協議会が講座を企画立案、運営している。現場では、「〜さんが詳しいから、あの人にしゃべってもらえ」「大切なことだから、子どもらにちゃんと話しておかないと」という会話が飛び交う、「学び」によって人のつながりをつくり出す営みとしてとらえることができる。そこでは、「負担感」ではなく、楽しみや喜びが語られている。活動の中に楽しみや喜びを見出せる人々によって活動が展開されている。同時に栃木市、大田原市の関係者の発言にみられる「自分たちの地域のことなんだから」という形成された主体意識、自治意識である。そこには栃木市の「私たちの目指すもの」にあるように「大人の学び」「大人のつながり」が基軸にある。

　小国町と大田原市では、地域学校協働活動が、住民の組織化、あるいは組織の充実・活性化につながっている。学校の統廃合という課題に向き合い、地域ごとの工夫がみられている。大田原市の事例には、丁寧に各種の研修会に参加し続け、そこで知り合った人々とつながろうとする菊地の学びに向かう姿勢があり、小国町では毎年町単独で合同研修会を開催して学び合うしくみがある。日光市では2年以上をかけて、校長を中心として実践を持ち寄る研究会が組織され、現在も学校の問題に即応して各種研修会が柔軟に実施されている。「学び」を核に据えた実践では合意形成が円滑であるようだ。少子化、人口減少、統廃合を嘆くだけでなく、そのことを契機としてより強固につながるしくみを

構築している。模倣できる先進事例などはなく、地域の資源に働きかけ、学び合うコミュニティの中にこそ解決の道筋を見つけている。そして学びをつうじて地域の「良質な大人」であることに気づき、気づいた人々をさして「地域の教育力」と呼んでいるのだろうか。各地の実践の中には必ず気づいた大人が介在しているようだ。

地域学校協働活動であれ、学校運営協議会であれ、学校が関わる「社会教育」である。暮らしの中に埋め込まれている学びの側面に着目し、組織化やグループ化といったつながりをつくり出してきた社会教育の姿をこうした実践の中に読み取ることができる。社会教育が蓄積してきたものを丁寧に振り返り、その成果を生かしていく実践こそが「共生」をつくり出していく。

4 まとめ

学校を核とした地域づくり、地域とともにある学校づくりを検討してきた。地方創生総合戦略としての意味もあろうが、戦後日本の教育実践の文脈の中で捉え直し、地域との協働性を創出していくことが重要と考えられる。

そして、学び合うコミュニティの創造こそが共生社会をつくり出すキーになると考えられる。だとすれば、今後の学校を核とした地域づくり施策には、文科省が創設した「社会教育士」の資格取得と連携していくことがより効果的であると考えられる。事例紹介した国府南小学校には3名の社会教育主事の資格を持つ教員が在籍していた（2023年度）。学びを通じてつながりを作っていく「社会教育士」の役割は、学校を核とした地域づくり、地域とともにある学校づくりには欠かすことができない基礎的なものである。こうした地域づくりや社会教育に視野が広がった学校教員、地域学校協働活動推進員がこの施策に貢献することが期待される。

これまで見てきたように、地域学校協働活動は既存の社会教育事業の中に存在している。子ども会育成会、ジュニアリーダー、公民館事業などの多様な主体との連携・協働が既に実現している。無理に新しい事業をすることではない。学校では既に特別活動、総合的な学習（探究）の時間、技術・家庭科などの中に地域や暮らしに関する学習がある。学校教育は多くの社会教育実践との共通

点を持ち、地域づくりに必要な能力の向上に努めている。地域の大人が子ども
と「共に生きること」を学ぶのが地域学校協働活動の本質である。

社会に開かれた教育課程の考え方によれば、「学校が社会や地域とのつなが
りを意識し、社会の中の学校であるためには、学校教育の中核となる教育課程
もまた社会とのつながりを大切にする必要がある」のであり、加えて「子供た
ちが、身近な地域を含めた社会とのつながりの中で学び、自らの人生や社会を
よりよく変えていくことができるという実感を持つことは、困難を乗り越え、
未来に向けて進む希望と力を与えることにつながるものである」[20] としている。

中教審が指摘するまでもなく、高齢者、障害のある人々、生きづらさを抱え
た人々、外国人、先住民族など地域には多様な人々が生活しており、既に私た
ちの暮らしは共生から逃れることができない。「ちがい」を受け入れる、認め
合う視点だけでなく、「いろんな人がいたほうがよい」[21] を目指していくこと
こそ必要ではないか。共生は暮らしと地域を問い続け、相互に学び合うことに
より、自らを高めていく社会教育の蓄積を生かして進めることが自明のことで
あろう。

1) 「義務教育諸学校等の体制の充実及び運営の改善を図るための公立義務教育諸学
  校の学級編制及び教職員定数の標準に関する法律等の一部を改正する法律等の施行
  について（通知）」（28 文科初第 1854 号）2017 年
2) 文部科学省「令和 5 年度コミュニティ・スクール及び地域学校協働活動実施状況
  調査」（2023 年 5 月 1 日）
3) 「まち・ひと・しごと創生総合戦略について」（2014 年）37-38 頁
4) 国立教育研究所『学校と地域社会との連携に関する国際比較研究最終報告書』
  （1999 年）227 頁
5) 前掲『学校と地域社会との連携に関する国際比較調査報告書最終報告書』228 頁
6) 田中耕治編『時代を拓いた教師たち——戦後教育実践からのメッセージ』（日本
  標準、2005 年）
7) 無着成恭『山びこ学校』（百合出版、1956 年）
8) 奥平康照「『山びこ学校』と戦後教育学 序説」『和光大学現代人間学部紀要』第 6
  号（2013 年）12 頁
9) 東井義雄『村を育てる学力』（明治図書、1957 年）。引用は学校運営協議会設置の

手引「コミュニティ・スクールのつくり方」(1991 年)。

10) 東井前掲、38 頁

11) 東井前掲、38-39 頁

12) 川地亜弥子「東井義雄と『村を育てる学力』——子どもと地域を結ぶ授業づくり」田中耕治編『時代を拓いた教師たち』(日本標準、2005 年) 84 頁

13) コミュニティ・スクールの推進等に関する調査研究協力者会議『コミュニティ・スクールを核とした地域とともにある学校づくりの一層の推進に向けて——全ての学校が地域とともにある学校へと発展し、子供を中心に据えて人々が参画・協働する社会を目指して』(2015 年)、128 頁

14) 主なものとして、「コミュニティ・スクールの作り方」(2020 年 10 月)、「コミュニティ・スクールパンフレット 2018」(2018 年 8 月)、「地域学校協働活動パンフレット」(2019 年 7 月)、「「学校運営協議会」設置の手引き（令和元年 改訂版)」(2020 年 10 月)、「これからの学校と地域　コミュニティ・スクールと地域学校協働活動」(2020 年 3 月)、「コミュニティ・スクールのつくり方（学校運営協議会設置の手引）令和元年度　改訂版」(2020 年 10 月)。

15) 「地方教育行政の組織及び運営に関する法律」第 47 条の 5

16) 文部科学省『地域学校協働活動　地域と学校でつくる学びの未来 ver 2』(2019 年 7 月)

17) 栃木県那須塩原市教育委員会では、2018 年度から地域学校協働本部を順次設置した。県内の他市町に例がなく、学校運営協議会は 2023 年度から開始されている。

18) 文部科学省『小学校学習指導要領（平成 29 年告示）解説 特別活動編』(2017 年) 11 頁

19) ユネスコ、天城勲監訳『学習：秘められた宝　ユネスコ「21 世紀教育国際委員会」報告書』(ぎょうせい、1997 年) 96 頁

20) 中央教育審議会「幼稚園、小学校、中学校、高等学校及び特別支援学校の学習指導要領等の改善及び必要な方策等について（答申)」(2016 年) 19 頁

21) 岡檀『生き心地の良い町——この自殺率の低さには理由（わけ）がある』(講談社、2013 年) 47 頁

第12章

学びの文化を育む大学と地域の連携

柴田彩千子

1 大学と地域との連携の起源──19世紀イギリスにおける大学拡張運動

　本章は、現在の共生社会を考えるために高等教育機関と地域との連携に着目し、大学と地域との連携の経緯を時系列に整理したうえで、両者の協働によって育まれる学びの実態をあきらかにし、今後の大学と地域の連携のあり方について考察する。

　学校教育機関と地域との連携を考える際、真っ先に挙げられるのは、初等教育および中等教育における学校と地域の連携・協働の姿であろう。たとえば、小学校・中学校・高等学校にとっての地域とは、地域学校協働活動をはじめ、コミュニティ・スクールの運営や学校関係者評価にいたるまで、教育活動を実施していくうえで必要不可欠な存在である。一方、高等教育機関と地域との連携は、初等・中等教育の学校と比べると連携の実態は希薄であるような印象が拭えない。その背景としては、大学はさまざまな学問分野の研究・教育が必ずしも地域との連携を必要とするものではないことに加え、学生の出身地が大学の立地する地域ばかりではないので、大学が地域を必要不可欠な存在であるとの認識を有することは多くなく、地域にとってみれば、大学はどこか敷居の高い場所だという認識が長くあったのではないだろうか。

　しかしながら、現在では、教育基本法（2006年）と学校教育法（2007年）の改正において、大学が担うべき使命として、従来の研究および教育活動に並び、研究成果を広く社会に還元することが法的にも求められ、「大学の地域貢献」が重要な位置を占めるようになった。とりわけ、地方創生という国家戦略と連動する形で、地方大学の果たす地域貢献事業が期待されるようになっている。

211

実は、この「大学の地域貢献」は、実態としては伝統的に存在している。香川正弘によると、1875年ケンブリッジ大学において、「大学は誰のものか」についての40年間にも及ぶ議論が多面的になされた結果、大学は全国民のためのものであるという結論に至り、大学拡張を社会への「知の普及」として大学の有する使命の一つに位置づけ、社会人を対象とした「大学教育の普及」を講座で提供する実践が広がりをみせたという。この「大学教育の普及」のための講座は、単に大学を開放する形態で実施されるものではなく、大学教員が地方の町を巡回することによって実施されるものであり、「全国民のための大学教育」であり、「大学と町」の合同運動であった[1]。こうした動向の時代的背景について、上杉孝實は大学開放をイギリスの大学拡張（university extension）に起源を見出すのが一般的であると述べた上で、「産業革命後の文明の発達に応じて、当時スコットランドに比べても大学の少なかったイングランドにおいて、大学のない地方にも大学の影響を及ぼすということがあった」[2]ためであり、その影響の下、地方で「市民の大学（civic universities）が多く生まれ、そこでは工学部や農学部といった古典大学にはない実学的な学部も設置されるとともに、開放のための機構もつくられていくのである」[3]と述べている。19世紀イギリスでは、産業革命によって過酷な労働を余儀なくされた労働者によって、政治改革運動であるチャーティスト運動が起こった。この一連の運動は、多くの大学で大学拡張との動きと同一のレール上で展開されていき、1980年代にはWEA（労働者教育協会）と大学が連携したうえで労働者階級の人々の教育が進められ、その教育を担う人々を養成するための研修や、その成果の刊行化が行われていた[4]。

　以上のとおり、19世紀イギリスでは、大学側の自らの存在価値に関する理念、つまり広く大学の知を社会に普及させるという理念を体現する実践として、他方では、産業革命後の時代の要請という社会側から大学に寄せられるニーズに呼応する形で、大学拡張と労働運動が協働的に発展していったのである。

2 日本における大学と地域の連携の系譜

2-1 大正期の大学セツルメントと自由大学運動

　日本における大学と地域の連携については、大正期の大学セツルメント運動にその端緒をみることができる。1923年関東大震災の救援活動を契機として、その翌年に設立された東京市本所の東京帝国大学セツルメントをはじめとした大学における社会貢献活動は、大学教員や学生が地域に入り込み、医療、貧困家庭の子どもの教育、法律相談などに取り組むものであった。そもそもセツルメント運動は、19世紀イギリスにおける「知識人が貧困街に住み込み、貧民とふれあいながらその生活環境や教育的環境の改善を図っていく事業」であり、19世紀イギリスが発祥とされる。その後1960年代以降は、イギリスでも日本でも下火となっている[5]。セツルメント運動は、上述の大学拡張の理念に基づいた事業であり、当時のイギリス成人教育の歴史において、「知識拡張運動としての民衆教育」の具体的取り組みのひとつとして位置づいている[6]。

　この大学セツルメント運動が始められた同時期の1920年代から1930年代にかけて、長野県の上田市、飯田市、新潟県、福島県等では、自由大学運動が展開される。

　1921年には、長野県において信濃自由大学（上田自由大学）が、当時高等教育を学びたくても学ぶことのできなかった環境下にあった地方青年たちの大学教育への強い希求と自発的意思のもとに開講された。信濃自由大学は、1920年地元青年有志がその前身となる信濃黎明会を発足し、在野の哲学者であり批評家であった土田杏村（1891-1934年）に、講演を依頼したことを契機として始められた民衆の自己教育運動である[7]。当時のこのような環境下にあった青年たちから土田に寄せられた大学教育を希求する熱意は、「学問を民衆のものとしたい」と主張する土田にとって、大いに共鳴するものであり、信濃自由大学を創設する原動力となった[8]。当時、土田杏村によって起草された信濃自由大学の設立趣旨書は、次のとおりである[9]。

　　学問の中央集権的傾向を打破し、地方一般の民衆が其産業に従事しつつ、自由に大学教育を受くる機会を得んがために、総合長期の講座を開き、主として文化学的研究を

為し、何人にも公開する事を目的と致します。従来の夏期講習会に於ける如く断片短期的の研究となる事なく統一連続的の研究に努め、且つ開講時以外に於ける会員の自学自習の指導にも関与することに努めます。

　この趣旨書に記載されているように、信濃自由大学の思想には、青年男性のみではなく女性を含めあらゆる世代の人々を対象とした、徹底した自己教育運動としての大学の姿を見て取ることができる。この趣旨書に基づいて立案され実施された講座は、法律哲学、文学、倫理学、心理学、社会学等を、各学界の知識人を講師として招聘したものであり、農閑期を中心に実施される長期的・連続的な講座であった[10]。

　上述のとおり、自由大学運動は、大学拡張とは異なる系譜で派生したものであり、いわゆる正規の大学ではない、民衆の自己教育運動のための自由大学である。しかしながら、そこには当時の大学をはじめ学界で活躍する知識人が講師を務める講座が用意されており、自由大学運動は、誰もが学習することを希求すれば、在住する地域で、勤労に従事しながら大学教育に相応する学問を学ぶことのできる機会にアクセスすることが可能な環境を創出するものであった。学校教育機関としての大学と地域との連携を検討していくうえで、自由大学運動の実践は、生涯にわたって学ぶことの意義や、大学そのものの在り方を考えるための重要な視点を供するものといえるのではないだろうか。

2-2　戦後日本における農民大学運動

　戦後日本における大学（学校）と地域との連携を捉えるうえで、戦後の代表的な社会教育研究者である宮原誠一（1909-78 年）の「教育の計画化」論に着目し、地域における大学の位置を検討する。

　宮原は戦後日本の教育の最重要課題について、「生産を復興することと、平和を擁護することの二つである」[11]と明言し、この基本認識に立脚したうえで、生産主義教育論を展開した。この生産教育の概念について、宮原は次のように述べている[12]。

　生産のための教育とは、広義には、科学的な生産人を育成する人間教育ということで

214　第Ⅳ部　学校と社会の協働

あり、狭義には、前者の一環としての生産技術の教育ということである。そして広義における生産のための教育の土台のうえに狭義における生産のための教育を位置づけることをもとめるところに、生産のための教育の大切な眼目があるといってよい。

　上の記述に見られるように全人教育を掲げた生産教育による「生産主義教育計画論」[13]は、宮原の「教育計画」論の支柱をなす概念であり、「労働そのものが知的なものとなるべき」であるとの基本認識の下、「日本の資本主義経済のもとにおいて、いかにして生産と教育との連結をみいだしてゆくか」[14]を志向する、学校教育だけでは当然成しえることのできない総合的な教育計画論であった。宮原の「教育の計画化」論について、佐藤一子は「学校的形態と非学校的形態を国民教育の総体として計画化し、つくりかえるという見解は宮原の社会教育論の出発から集大成にいたるまで一貫した主張であり、イリイッチの脱学校論などに対比しうる独自の学説として日本の教育理論の系譜において際立っている」[15]と述べている。

　高度経済成長を迎えた日本では、周知のとおり、産業構造の工業化、生産技術の向上化が進み、それにともない急激な都市への人口の一極集中をもたらし、人々の生活様式が合理化されるようになった。その一方で、都市への人口流出が余儀なくされた農村に目を転じると、農村社会の解体が急速に進むなかで、農業の生産性における課題や、所得における農工間の格差是正問題等、多くの問題が横たわっていた。

　このような課題や問題への対応策として講じられる農業改革が求められていた背景の下、1960年代には信濃生産大学（1960-67年）をはじめとする農民大学運動が、地元の青年有志によって各地で展開されていった。宮原誠一は農民大学の第一号である信濃生産大学の創設に参加し、大学での研究・教育活動の傍ら「総主事」として、この実践に関わり続けた。農民大学では、働く農民として、主権者たる農民として、自分たちの住まう地域をつくる担い手としての力量形成を主眼においた学習活動が展開された。こうした学習運動組織としての信濃生産大学の学習は、設立当初から、次のような三重構造によって構想された。第一に、農場の現場で仲間同士が集って行うサークル活動、第二に、専門家の参加・協力によって実施される宿泊型のセミナー、第三に年2回の宿泊

第12章　学びの文化を育む大学と地域の連携　｜　215

型の生産大学における理論学習の機会である[16]。信濃生産大学が発足当初からこうした三重構造を志向し得たのは、これを支える長野県農業近代推進協議会（＝農近協。後に長野県農業近代化協議会に改称）という旧村単位の組織ごとに地域課題の解決に向けて取り組む学習運動組織が存在しており、この農近協は各組織の代表が現地を巡回して開催する「農民移動大学」の構想をそもそも有していたからである[17]。また、信濃生産大学では、リーダーと呼ばれる社会教育の専門家（若手の大学教員や公民館主事）が、「テューター」と呼ばれる農業の専門学者と受講者をコーディネートし、「受講者たちの自身の内部から疑問と思考をひきだす」役割を担い、そこでの学びを支えていたことが特筆される[18]。

　信濃生産大学に続いて、1960年代に創設された農民大学には、山形県の北村山農民大学と上山生産大学、群馬県の前橋生産大学、福井県の若狭生産大学、茨城県の筑麓農民大学、栃木県の芳賀青年大学、福島県の二本松労農大学、千葉県の千葉農民大学等があり、各地で勤労青年の学習活動が活発に繰り広げられていた[19]。

　当時の農民大学の様子については、次のとおりである。まず運営母体は、青年の自主的な運営組織、公教育の枠内における運営組織、教員組合が中核となった運営組織等、さまざまな形態がとられていたようである。さらに、上に挙げた各地の農民大学は、「勤労農民の立場に立っての自主的な運営という一線で共通性をもっており、そういう立場で親しく交流しあって」おり、ここには大学の研究者や学生も積極的に参加していた[20]。

　1960年代の農民大学運動は、自由大学運動と同様に高等教育機関である大学が組織として実施する事業ではなかったものの、生産教育と政治学習の融合を図る教育計画が構想され、そこには「大学の知」が不可分な要素として位置づいており、人々が生活のなかで直面するさまざまな課題を乗り越えていくために不可欠な主体形成の学習を展開していくうえで、「大学の果たすべき役割とは何か」という課題に一石を投じる実践として捉えられる。

216　第Ⅳ部　学校と社会の協働

3 大学開放論「開かれた大学づくり」の現在

3-1 1970年代以降の「大学開放論」の動向

日本の大学開放は、大正期から成人教育講座として公開講座、夏期講座等が実施されており、1964年に社会教育審議会が「大学開放の促進について」（答申）を出し、巡回講座等を進めるために地域に大学分教室を設置することなどが提言されたものの、実際には大学紛争の影響があり、その実態は乏しいものであったという[21]。そのため、大学と地域の関係性は両者にとってまだまだ遠い存在であったといえる。

1970年代になると、両者の関係性に変化の兆しが見え始めるようになった。70年代の大学開放論は、ユネスコの提唱した生涯教育（生涯学習）の考えを積極的に取り入れた日本において、生涯学習推進政策を背景としたものであった。1971年社会教育審議会「急激な社会構造の変化に対処する社会教育のあり方について」（答申）、71年中教審「今後における学校教育の統合的な拡充整備のための基本施策について」（答申）、81年中教審「生涯教育について」（答申）が出され、1984～87年臨教審による「生涯学習体系への移行」では人口構造の変化がもたらす大学の社会的な役割の見直しを行い、大学は18歳から20歳代の人口を中心とした層のみのための教育機関ではないとの認識が確認され、リカレント教育、社会人入試、公開講座の一層の普及の必要性が謳われた。

3-2 「開かれた大学づくり」調査から見る大学開放の実際と地域を担う人材育成のためのCOC+事業

本章第1節で述べたとおり、2006年教育基本法と2007年学校教育法の改正にともない、大学の使命として教育・研究の成果を広く社会に還元すること、つまり「大学の社会貢献」が教育・研究と同様に重視されるようになった。このような大学の使命を遂行していくための一方途として、大学公開講座の開設があげられる。文科省はこの大学公開講座の実施状況について、「開かれた大学づくりに関する調査」を2011年度から全国の大学・短大を対象に定期的に行っている。この調査結果によると[22]、地域住民を対象とした公開講座を実

施する大学は95.7％、そのうち、障害者を主対象とした公開講座を実施する大学は4.4％、ICTを活用した遠隔教育による公開講座を実施する大学は7.6％である。ほとんどの大学では公開講座を実施していることが確認され、さらに、共生社会をめざす現在では誰もが大学での学びにアクセスできるよう、まだまだ実施状況は少ないものの、障害者を主対象とした講座やICTを活用した遠隔教育による講座の実施状況のデータも、意識的に収集していることがうかがえる。一方、公開講座の未実施の大学が僅かながら存在しており、その最大の理由は「講座の開設に必要な学内教職員が確保できない」（53.1％）からである。

　以上は、あくまでも「開かれた大学づくり」の状況を客観視するための基礎データを得るために実施された調査である。大学公開講座は、「開かれた大学づくり」のための重要な取り組みであるものの、大学と地域の関係が限定的で、しかもその多くは大学から地域への一方的なものである。

　この「開かれた大学づくり」を一層推進していくために、2012年、文科省は大学と地域との連携を強化し、地域振興や地域の課題解決に向けた大学による事業を後押しする「地（知）の拠点整備事業」（CENTER of COMMUNITY事業）を発表した。さらに、2015年には、「地（知）の拠点大学による地方創生推進事業」（COC＋事業）に変更し、事業の目的を「地域のニーズと大学のシーズ（教育・研究・社会貢献）のマッチングによる地域課題の解決」から「地方の大学群と、地域の自治体・企業やNPO、民間団体等が協働し、地域産業を自ら生み出す人材など地域を担う人材育成を推進」とした。たとえば、大学と地域との連携による若者育成事業として、和歌山大学では「まなびの郷KOKÔ塾」の高大連携事業を、2003年から20年以上にわたり実施している（詳細はコラムを参照）。この事業は、地元の高校生が実際の地域生活にねざした課題を理論的に追究する探究学習を、大学（教職員や学生）や企業等の支援を受けながら行うものであり、その過程で高校生が地域づくりの担い手としての当事者性を獲得していくものである[23]。このような和歌山大学の事例は、先にとりあげた自由大学運動や農民大学運動に内包されていた大学（研究者や学生）と地域との協働的な学び、現代の若者や地域の抱える課題に照らして捉え直していくような実践である。

218 │ 第Ⅳ部　学校と社会の協働

4 大学と地域との共生を志向する学びの実践

　大学と地域との連携を検討するうえで、本節では地方と首都圏の2つの大学における教育事業の事例を取り上げる。1つは、東日本大震災後の復興教育に全県を挙げて取り組む岩手県において、加速する人口減少問題に対応した教育事業を行う岩手大学の事例である。もう1つは、人口が増加傾向にある東京都小金井市に立地する東京学芸大学の事例であり、「学校を核とした地域づくり」を進める自治体教育委員会との連携事業を取り上げる。

4-1　大学と地域による「共同の学び」の実践──岩手大学の事例

　岩手大学では、COC+事業の方針に即して、地域づくりの担い手の育成を目的とした多様な地域連携事業を実施している[24]。たとえば、岩手大学の地域防災研究センターでは、東日本大震災以後、地域のニーズである防災教育の拠点としての役割を担うべく、復興教育と地域防災教育を大学外のさまざまな組織と連携しながら実践している。県教育委員会、初等・中等学校、地域の住民や企業等との連携事業として、防災教育の教材制作や、校内研究会や地域での学習会を重ね、防災を分掌する教諭や地域リーダーを育成し、学校や地域の実情に即した防災教育の充実や強化を図っている。2023年度に実施した防災教育事業には、高校生を対象としたPBL（Project Based Learning）型事業と、地域を支える「まちづくりリーダー育成プログラム」等がある。

　前者は、県教育委員会との連携により、大学が防災教育推進校における高校生の探究学習への支援や助言を行うものであり、その成果報告会は大学キャンパスにおいて高校生がプレゼンテーションを行うものである。たとえば、沿岸地域に立地する海洋科学系列のプログラムを有する高校の生徒は、海の磯焼けの原因として厄介者扱いされる雲丹の養殖を、地元企業から支援を受けたうえで試行し、雲丹を活用した第一次・第二次・第三次産業を提案し、地域の再生を目指した実践活動を発表した[25]。こうした大学の支援を受けつつ行われるPBL型事業の取り組みを通して、高校生は地域づくりの担い手としての当事者意識を内面化している。本事業において、大学は複数の高校と連携しており、その際に重要な役割を担うのがコーディネーターである。実際、このコーディ

ネーターは、地域に密着したNPOが担っていたり、市町村の教育委員会に配置されていたりするが、一方ではコーディネーター不在の学校もある。大学と高校の連携事業では、コーディネーターが介在することによって、一人ひとりの生徒の状況を理解したうえで、大学としての高校生に寄り添った持続的な取り組みが可能になるという。

後者の地域を支える「まちづくりリーダー育成プログラム」（公開講座）は、大学生にとっては単位化された科目として開設されており、一般の受講生と大学生が共に学ぶことが特色である。一般の受講生には、自治体の職員や消防士が多い傾向にある。また、本プログラムは、防災を幅広く学ぶ内容として構成されており、フィールドワークの他は、土木工学、環境学、数学、物理学等、大学の有する資源が反映された内容となっている。本プログラムの修了生は、たとえば学校の出前授業の講師や、自主防災組織における防災ワークキャンプや防災訓練のリーダーとして、学習成果を活かしている。修了生によって本プログラムのOB・OGの組織が結成されて、歴代の修了生による近況報告会が活発に行われており、大学での学びを拠点とした人と人のつながり、つまり新たに創出されたコミュニティが形成されている。

岩手大学では、上に挙げた実践事例に見られるように、これからの大学経営について、大学単体で維持していくというより、地域のニーズを汲み取りながら学外のさまざまな組織と協働し、学生の教育と地域人材の開発に取り組んでいくことを、地域と共生しながら推進していこうとしている。とりわけ人口減少が急速に進む岩手県では、人口121万人（2020年）から30年後には推計人口78万人（2050年）まで減少することが、国立社会保障・人口問題研究所によって公表されており、地域づくりの人材開発は喫緊の課題である。

4-2　大学と地域の連携がもたらした「学生の学び」──東京学芸大学の事例

人口減少の進む日本において、人口が増加傾向にある東京都小金井市では、とりわけ30歳代から50歳代の子育て世代が最も多い人口構成となっている。2021年に市が策定した「小金井市人口ビジョン」によると、市内の年少人口（0〜14歳）が2026年度まで増加すると推計されたことにともない、小学校の児童数も増加していくことが予測され、普通教室の増設工事を実施する学校が

あるほどである。このような状況の下、小金井市は学校運営協議会の仕組みと、子ども支援と地域を創生するための地域学校協働活動の仕組みが車の両輪のように連携・協働していく「小金井型コミュニティ・スクール」を展開していく方針を謳い、2019年度から研究指定校においてコミュニティ・スクール研究が始められたのを皮切りに、その翌年度から段階的に市内学校に学校運営協議会が設置されていき、2023年度には市立全小・中学校がコミュニティ・スクールとなった。こうした地域の状況を背景として、小金井市に立地する東京学芸大学では、市の教育委員会からの求めに応じて、コミュニティ・スクールに関わる人材育成事業に取り組んでいる[26]。その中でも本節では、学生にとっての連携事業の意義を検討するために、学生が参画した「みんなで考えるコミュニティ・スクール」学習会（2023年11月23日開催）の事例を取り上げる。

　この「みんなで考えるコミュニティ・スクール」学習会は、市の教育委員会からの要請を受け、教育委員会（教育長、教育委員、指導主事）と筆者とが綿密な打合せを行った上で、市内各校のコミュニティ・スクール関係者（学校運営協議会委員、保護者、教職員、コーディネーター等）の有志を対象に、地域の子どもを地域で育てるとはどのようなことかを参加者が考え、どのように「学校を核とした地域づくり」を進めていったらよいかを話し合うための学習会とした。そのため学習会の前半では、文科省のCSマイスター2名を講師として招聘し、「学校と地域との連携の進め方」および「コミュニティ・スクールにおける熟議とはなにか」をテーマに講義を行い、後半では参加者を10グループに予め教育委員会の指導主事が編成した上で、熟議と呼ばれるグループワークを実践し、その後に全体のパネルディスカッションで各グループでの熟議の内容を共有するというプログラムにした。後半の熟議では、社会教育主事課程で学ぶ学生が各グループに入り、ファシリテーターを務めた。熟議での話し合いのテーマは、「地域で育てたい子ども像」と「そのために自分たち大人がどう学校や地域に関わり、学ぶか」と設定した。

　学習会後には、学生にとっての「学びの内実」について、各自に振り返ってもらった。そこで挙げられた意見は、次のとおりである。「地域住民と一括りに言っても多様な人が居て、その実像を知ることができた」、「学校側が求めるコーディネーター像について、校長と話したことで具体的にイメージすること

ができた。たとえば、学校と教育目標をしっかりと共有したうえで学校側に意見を述べ、企画力がありアイディアを提案してくれる人が求められているのではないか」、「大学の授業やテキストだけでは知ることのできないコーディネーターの活動に対するやり甲斐や課題を、生の声として聴くことができた」、「自身の出身地ではないが、大学生は大学近隣の小学校に関わる当事者だということを気づいたので、これから学校と関わりながら当事者性を高めていきたい」、「地域社会を創る学びのために、自分自身はSNS等を使い情報発信の役割を担うことができそうだ」、「地域学校協働活動について全く知らない人に向けて、わかりやすく説明することの難しさを実感するとともに、今これについて学んでいる私たちが学んでいる最中だからこそ何がわかりにくいかを想像することができ、さらに説明する中で私たち自身の理解が深まった」、「同じ市内であっても学区によって地域性が異なる実情を知ることができ、隣の学校の優良モデルが自校では適応され難いことがよくわかった」等、学生が住民の学びあいをサポートするために必要な視点、および、地域づくりの主体者としての自覚等を獲得していた様子を見て取ることができる。

　さらに、このような学生の中には、上述のとおり社会教育主事課程で学びながら、本学習会以前から、市内学校での学校支援ボランティアとしての活動や、コーディネーターの自主学習会への参加等によって、地域のコミュニティ・スクール関係者と恒常的な関わりを有している者がいる。また、本学習会終了後には、早速に学校開放日を利用して保護者を対象とした熟議を実施する学校があり、そこに学生がファシリテーターとして参加している。

　本事例は、人口構成の最も多い年齢層（小・中学生の保護者層）に地域や学校への参加を促し、地域ぐるみでコミュニティ・スクールの仕組みを活用した地域づくりを進めようとする小金井市のニーズに基づいて行われた大学と地域との協働の実践である。しかしながら、この取り組みは、大学側が地域から寄せられたニーズに対応することに留まるものではなく、大学側にとっても大きな意義のある実践であった。その理由として、地域の子どもの育ちを共通目的に掲げた多様な人々の学びあいの場に参加する学生が、上述のとおり、大学で学んだ事項を即実践に移すことができ、応用的な学びを行う場として、地域や地域の学校が機能していたからである。

4-3 これからの「開かれた大学づくり」——大学と地域が共生する社会に向けて

これからの「開かれた大学づくり」に必要なのは、公開講座の開設をはじめとした大学による地域への社会貢献事業のように、大学の有するさまざまな資源を地域に対して一方的に提供する事業ばかりではない。上述の事例から見て取れるように、大学が地域に横たわるさまざまな課題の解決に向けて地域と共に学び・学びあうという相互的な取り組みが不可欠である。この学び（学びあい）は、大学と地域の連携事業（講座やイベント等）そのものから生じるばかりでなく、連携事業を両者の協働でつくるプロセスや事業後に生じる学びも含むものであり、それがさらに多様な実践を地域の中に育んでいくことが期待される。ここに、大学と地域の共生が成り立つのであり、その機動力となる学びを「（大学と地域の）共生への学び」と呼ぶことができる。換言すれば、地域のニーズと大学の有するシーズによって、学生を含むさまざまな主体が協働する取り組み、大学と地域が相乗的な関係性を奏する形態で展開されていく多様な実践は、「共生への学び」を創造していく過程にほかならない。人口減少社会において、多くの大学が、大学単体で存続していくことが難しい状況が予想される。こうした状況下において、これからの大学は、地域と共存しながら社会に求められる人材を育成する拠点としての役割を担うことが期待されることから、今後は上記のような「共生への学び」の視点が一層重視されるのではないだろうか。

その際、大学と地域の「共生への学び」において必要不可欠なものの一つは、たとえば信濃生産大学ではリーダーや「テューター」の役割を果たした社会教育職員や大学教員、岩手大学の事例では大学と高校の円滑な連携を進めるコーディネーター、東京学芸大学の事例では地域連携事業において協働する教育委員会職員と大学教員であるように、社会教育の素養を有した教育支援人材が、多様な組織や人々の学びをつなぎ、深化させるような営為ではないだろうか。

---

1) 香川正弘「大学拡張運動史家からみた我が国の大学開放の問題」『UEJ ジャーナル』（Japan Organization for the Promotion of University Extension）第 4 号（2012 年 2 月号）14-19 頁。なお、イギリスの大学拡張は大学開放の延長線上に展開され、「大

学開放（throw open）→大学拡張（university extension）→高等成人教育（higher adult education）→構外教育（extra-mural studies）→大学成人教育（university adult education）というように、それぞれの時代に力説された用語の時代を経て、現在の継続教育（continuing education）へと至り、ことさらに大学開放とか大学拡張とかという表現をしない段階になっている」（15頁）。

2) 上杉孝實「日本における大学開放の特質」『UEJジャーナル』第15号（2015年4月号）13頁

3) 同上

4) 上杉孝實『生涯学習・社会教育の歴史的展開』（松籟社、2011年）

5) 副田あけみ「セツルメント」森岡清美他編『新社会学辞典』（有斐閣、1993年）881頁

6) 豊田千代子「第一次世界大戦前の成人教育」日本社会教育学会編『現代社会教育の創造』（東洋館出版社、1988年）108頁

7) 長嶋伸一『民衆の自己教育としての「自由大学」』（梨の木舎、2022年）8頁

8) 小平千文・中野光・村山隆『上田自由大学と地域の青年たち』（上田小県近現代史研究会、2004年）

9) 同上、30頁

10) 講座内容については、同上、32頁に詳しい。

11) 宮原誠一『宮原誠一教育論集 第一巻 教育と社会』（国土社、1976年）112頁

12) 同上、253頁

13) 「1940年代後半から50年代にかけて、木戸幡太郎と宮原誠一によって主張された生産教育を中軸とする教育計画の構想」である。藤岡貞彦『教育の計画化——教育計画論研究序説』（総合労働研究所、1977年）68頁

14) 宮原前掲書、127頁

15) 佐藤一子他「宮原誠一教育論の現代的継承をめぐる諸課題」『東京大学大学院教育学研究科紀要』第37号（1997年）314頁

16) 宮原誠一『宮原誠一教育論集 第二巻 社会教育論』（国土社、1977年）349-350頁

17) 同上、350頁

18) 同上

19) 同上、346頁

20) 同上

21) 上杉孝實「生涯学習への大学の関わり」上杉孝實・香川正弘・河村能夫編著『大学はコミュニティの知の拠点となれるか』（ミネルヴァ書房、2016年）9頁

22) 調査対象数1114校、回答数955校（回収率85.7％）、調査対象期間は2019年4

月～2020 年 3 月である。文部科学省総合教育政策局地域学習推進課『開かれた大学づくりに関する調査［調査結果］』（文部科学省、2022 年 6 月）

23）和歌山大学紀伊半島価値共創基幹・和歌山県立粉河高等学校編『KOKÔ 塾「まなびの郷」20 周年ほんものの学びを求めて』（2022 年）

24）ヒアリング調査実施日（2024 年 3 月 1 日、岩手大学研究支援・産学連携センター）。本調査は、JSPS 科研費 JP22H00959 の助成を受けたものである。

25）岩手大学地域防災研究センター編『第 30 回地域防災フォーラム 次世代による災害文化の創出～高校生が取り組む地域防災・復興』（2024 年）

26）たとえば、教育支援人材育成を目的とした三市（大学近隣の小金井市、国分寺市、小平市）連携講座は、2007 年度から毎年開催しており、そこで学習した人々が地域で「こどもパートナー」として活動している。

主要参考文献

上杉孝實・香川正弘・河村能夫編著『大学はコミュニティの知の拠点となれるか』（ミネルヴァ書房、2016 年）

宮原誠一『宮原誠一教育論集 第一巻 教育と社会』（国土社、1976 年）

宮原誠一『宮原誠一教育論集 第二巻 社会教育論』（国土社、1977 年）

第13章

学校と社会の連携・協働による教育制度改革の展望

笹 井 宏 益

1 「学校、家庭及び地域住民の連携」と教育制度

1-1 「学校、家庭及び地域住民の連携」をめぐる政策動向

　2006 年の教育基本法の改正により、「学校、家庭及び地域住民その他の関係者は、教育におけるそれぞれの役割と責任を自覚するとともに、相互の連携及び協力に努めるものとする」との条文が新設された（第 13 条）。これにより、学校・家庭・地域住民による連携（以下「学校地域の連携・協働」）にかかる努力義務が規定されたが、その必要性にかかる議論は、例えば、2000 年の教育改革国民会議、さらには 1990 年代の中央教育審議会（以下「中教審」）での議論など、従前から学界や政府部内を問わず、各方面で行われてきた。そうした議論の多くは、従来の学校教育の在りようを見直し、地域や家庭での関わり合いを含めて子どもが豊かに育つ環境を創ることを目指すものであった。その背景には、社会の大きな変化、すなわち、子どもが遊ぶための場・時間・仲間の減少や、学校不適応の子どもの増加、地域住民におけるボランタリズムの普及など、子どもを取り巻く環境が大きく変化しつつある状況を踏まえた教育環境づくりが必要になっていることが挙げられる。

　従前からの学校教育の在りようにとらわれて子どもを教育することには様々な限界があるという問題意識は、1990 年代以前においても、いくつかの政府の審議会や関係する学会などにおいて共有されていたと言ってよい。例えば、1980 年代後半において、中曽根内閣（当時）のもとに置かれた臨時教育審議会（以下「臨教審」）の最終答申（第四次答申）においては、「学校教育の肥大化」が指摘され、生涯学習体系への移行をはじめそのスリム化を志向する様々な提案がなされたことは記憶に新しい。また、それに先立つ臨教審第二次答申

においては、学校の閉鎖性が社会の信頼を急激に低下させている旨の指摘や、同第三次答申においては、学校の管理・運営に地域住民や保護者の意見を反映させるべきとする旨の指摘も見られる。

　また、1996 年の中教審の答申「21 世紀を展望した我が国の教育の在り方について」においては、「これまで、学校関係者の間では、学校教育を学校内だけで行おうとする傾向が強かったことは否めない。これからの学校教育においては、単に学校だけを教育の場と考えるのでなく、子供たちの体験的な学習の場を広げ、豊かな社会性をはぐくんでいくために、社会教育施設、青少年教育施設、文化施設、スポーツ施設などの公共施設や企業等の機関との連携を積極的に図り、教育の場を広く考えて、教育活動を展開していくことが必要である。また、いじめや登校拒否の問題など様々な教育課題が生じているが、それらへの取り組みに当たっても、学校だけで取り組むべきもの、との狭い固定的な考え方にとらわれることなく、児童福祉、人権擁護、警察など広く関係機関との連携を一層図る必要がある」と述べ、体験学習の拡大や社会性の涵養の観点から関係機関との連携の必要性を強調している。しかしながら、その実現の方策については、形式的には、パートナーシップのもとでの関係者相互の「連携」という手法を強調してはいるものの、実質的には、学校のイニシアティブのもとで、学校の教育活動に対する関係者・関係機関の協力を取り付け、それにより問題の解決を図ろうとする、学校中心のものであった。

　このように、多くの関係者が、従来の学校教育のやり方で子どもを教育することには様々な限界があるという問題意識をもっていたにもかかわらず、いくつかの自治体における個別の事業を別にすれば、抜本的な制度上の改革は、2006 年の教育基本法の改正まで行われないままであった。その背景には、後述するように、明治以来、「制度化された巨大な事業」として存続してきた学校教育の存在があった。

1-2　教育基本法の構造と制度改正

　1947 年、新憲法のもとで、教育分野における価値規範や行動規範、さらには教育にかかる統治のあり方についての基本を定めた教育基本法が制定された。そこには、教育の基本として、「学校教育」と「社会教育」という 2 本の柱が

定められており、それら2つの柱に共通する諸原則を遂行する上での必要な諸条件の整備確立を目標とするものとして「教育行政」が定められていた[1]。すなわち、改正前の教育基本法において定められた「学校教育」と「社会教育」という2つの教育の柱は、それぞれが他の領域に関わりをもたない、自己完結的なものとして位置付けられていた。それは、ほぼ同時期に制定された社会教育法の規定からもうかがえる。同法第2条は、「この法律において『社会教育』とは、学校教育法に基づき、学校の教育課程として行われる教育活動を除き、主として青少年及び成人に対して行われる組織的な教育活動（体育及びレクリエーションの活動を含む。）をいう」と規定しており、「学校教育」と「社会教育」は重なり合わない、全く別の領域の活動であることを示している[2]。

　教育基本法のこうした構造は、制度的には、そもそも学校教育と社会教育とが連携するような形になっておらず、それぞれ独自の価値規範・行動規範・法規範に則って実施されるべきことを示している。このことは、後述するように、明治以来、「制度化された巨大な事業」としての学校教育の構造と機能が戦後においても維持され、巨大な国家事業の具体化として行われる学校での教育活動は、下位に位置する事業として、文部科学省（以下「文科省」）を基軸とする「中心から周縁へ」という序列的な構造のもとで展開されていることを意味している。このような在りように対して、構造的な視点から批判を加えたのが、先に述べた臨教審であった。

1-3　教育基本法の改正と生涯学習理念の導入

　2006年の教育基本法の改正については、いくつかの論点があるが、学校地域の連携・協働に関して最大の改正は、生涯学習理念にかかる規定（第3条）と学校地域の連携・協働にかかる努力義務の規定（第13条）が設けられたことである。これにより、これまで「制度化された巨大な事業」として存続してきた学校教育が、生涯学習理念という上位概念（メタ概念）のもとで、他の教育的な営み、例えば、社会教育や家庭教育と同列に位置付けられることとなった。すなわち、学校教育は、生涯学習理念を具体化する際の一つの手立てとして、相対的な位置を占めるようになったのである[3]。

　臨教審は、最終答申の中で、「個性重視の原則」「生涯学習体系への移行」及

び「国際化や情報化の進行などの変化への対応」の3つの視点を打ち出したが、そこでは、前提となっている「生涯学習」という概念を、学校教育や社会教育を包含する上位概念、すなわち教育活動や学習活動全体の改革の方向を示す理念として掲げている。この理解は、ユネスコやOECDをはじめとする国際機関、各国政府、あるいは国内外の主要な学会などでも議論の前提として使用されているものである。

　にもかかわらず、文科省は、1990年代以降、「生涯学習」という概念は、制度や政策の改革の方向を示す理念として使用することよりも、むしろ個々の学習活動の総体を示す概念として用いてきた[4]。1990年代前半、初等中等教育分野において、いわゆる「ゆとり教育」と言われる教育課程が導入されたり、高等教育分野において、夜間大学院の設置など社会人の入学機会の拡充といった政策が実施されたりしたことは、生涯学習理念を政策化した好例である。その一方で、社会教育分野においては、生涯学習という概念を理念として扱いその実現を図るために社会教育行政を改革する、といった観点からの政策的対応は極めて乏しかった。そこでは「学習機会」や「学習成果」という用語に象徴されるように、「生涯にわたる学び」を時間的・空間的に連続したものととらえずに、1回ごとの断片的な学習活動の総体ととらえる考え方が支配的であったのである。

　こうして「生涯学習」という概念は、極限まで矮小化され、講座やセミナーといった個々の学習機会の在りようばかりに焦点が当てられるようになった。「生涯学習」というと公民館などで行われている趣味や教養に関わる講座を連想するといった人が多いのも、こういった事情によるものと考えられる。生涯学習にかかるこうした理解は、社会状況がどのように変化しても、個々の学習機会の在りようを検討する必要は生じることはあっても、制度や政策は全く影響を受けないことを意味している。なぜならば、講座やセミナーは、自己完結的に事業目的を達成することだけを内容とする社会教育事業として行われることが通例だからである。

　連携・協働は、いくつかの事業を架橋したり相互に補完したりする必要性の中から生まれてくるものであり、いわゆるサイロ化（タコツボ化）と呼ばれるような、タテ割り化された組織の事業からはなかなか生まれてこない。学校と

230　第Ⅳ部　学校と社会の協働

地域の連携・協働は、学校教育や社会教育が事業として行われている以上、連携・協働自体を事業化しない限り生まれてこないと言っても過言ではないのである。

　文科省は、生涯学習という理念を制度化したものの、制度を具体化するための政策立案を行わず、その理念が持つ未来志向の改革性を放棄してしまった。このような文科省の無策は、結局、2018 年の生涯学習政策局の消滅につながることになる[5]。

2　巨大な事業としての学校教育

2-1　事業としての初等中等教育

　ここで、明治以来、厳然として存続している学校教育のもつ特質について考察してみる。

　学校教育、とりわけ初等中等教育は、「制度化された巨大な事業」として存続してきた。それは、言うまでもなく、富国強兵という日本の近代化政策を支える人材育成事業であり、そこでは、大目標として「日本の近代化＝富国強兵を支える人材の育成」を掲げ、その下にいくつかの中目標、さらにその下に小目標といった階層的な構造を有するものであった。これは、教育行政組織のみならず、義務教育諸学校における教育課程においても同様で、小学校から高校まで体系的で順序性をもった構造になっていた。このような目標や教育内容さらには組織機構の階層構造が、強大な権力主体である文部省のもとに整備されたことから、教育行政はもとより多くの教育活動は、中心から周縁へと広がる志向性をもつものとなり、同時に周縁に位置する学校は、中心、すなわち文部省のもとに収斂する求心的な志向性をもつこととなった[6]。

　このように、公教育としての学校教育は、近代国家を建設するためという目的的な事業としての性格をもつがゆえに、学校現場での教育実践は、上位の目標として設定された価値規範を具体化するプロセスとして作用するものとなった。教育行政においても、国家社会の発展にとって役に立つ人材の育成という大目標は不変のものとされ、文部省が、地方教育行政当局に対する指示・命令などをつうじて、その具体化の任務を担うこととされてきた。教育の大目標や

第13章　学校と社会の連携・協働による教育制度改革の展望　| 231

基幹的な内容は、少なくとも制度上は、実際に教える教師や親・子どもの意向から離れ、絶対的なものとして文部省によって外在的に決められた。学校での教育活動や運営のあり方に関してどんなに多くの国民が批判しようと、「文部省が決めたことは絶対に正しい」ものとして受け入れられることはなかった。こうした無謬的特質は、戦後の教育行政でも受け継がれている。

　こうした階層的・序列的・求心的な構造から生じる教育活動は、つとめて固定的であり、自己完結的である。それは、場合によっては、学校教育に内在する価値規範以外の価値規範を有する活動に対して、排他性をもつことすらある。教育行政を担当する各機関においては、何よりも、定められた上からの価値規範を守ることが最優先の事項となり、かつ当該目標が滞りなく達成されるべく、そこに至るプロセス（段取り）が重要となる。かくして、社会の変化から何ら影響を受けない、固定化された教育内容や学校運営のもとで、学校という制度は「聖域」としての性格をもつようになったのである。

　このような近代化を支えるものとしての学校教育制度は、世の中が変化せず、国家や社会が目標として共有している価値規範の達成を直線的に志向する社会においては、一定程度有効であったと言えよう。言い換えれば、終戦後、学校教育の内容等が変わっても、右肩上がりの経済成長が志向されていた 1980 年代までは、この制度は、一応は有効に機能していたと思われる。しかしながら、この間進行した大都市への人口集中、都市と地方との格差の拡大、価値観の多様化、いじめや不登校などの学校不適応の増大、さらには 1990 年代に訪れたバブル経済の崩壊による上昇型キャリア志向への幻滅といった状況の変化は、日本社会に大きな影響を及ぼした。それらは、学校教育が持っている仕組みや運営のあり方そのものを抜本的に見直す契機になったのである。

2-2 「設置者行政」としての高等教育行政

　高等教育分野においては、前節で述べた公教育としての学校教育の特徴、すなわち、階層的・序列的・求心的な性格といった特徴が顕著に見られるわけではないが、法人化される前までの国立大学の場合、学問の自由や大学の自由（自治）が一応は保障されつつも、制度の枠組みと予算措置を文科省が差配する総括的なコントロールが行われていた。

すなわち、国立大学が法人化される前までは、国立学校設置法による組織体制の整備と国立学校特別会計制度による予算措置が設けられており、各国立大学が、教育上また研究上必要とする予算は、必要に応じて、文科省が紐を握るこの「財布」から支出されることになっていた。このことは、大学の個性を生かして教育活動や研究活動を実施するのは各大学としても、それらを踏まえた組織体制の整備や予算措置を行うのは文科省であり、文科省が活動の全体を調整し総括する役割を担っていたことを意味しているのである。

　言い換えれば、文科省は、いわば全国立大学の「設置者」として、組織運営体制の枠組みや予算にかかるコントロールをとおして、各大学における教育研究活動を総括・監督してきたのであり、それは、各大学による教育事業や研究事業を一つに取りまとめる作業を通じて、「巨大な事業」を創出し運営してきたと言っても過言ではない。

　私立大学も含めて、大学の教育研究活動や運営にかかる方向性が、文科省や財務省のイニシアティブによって決められるという事態は、2004年の国立大学の法人化以降も変わっていない。世界最古の大学と言われ、大学という教育研究機関のモデルとして世界各地に影響を及ぼしたボローニャ大学は、もともと自治組織（ギルド）として出発した。大学は、独立した権力主体でありガバナンス主体であったからこそ、教会や政府など他の権力主体と対峙することもあったのである。

2-3　「事業」が連携・協働に及ぼす影響

　そもそも事業とは、特定の組織が、設定された目的を実現するため、自己完結的にヒトやモノを動かしていくことで成り立つものである。そこでは、事業の企画実施にかかるイニシアティブは事業を行う主体にあり、事業の目的などは、学習者などのステークホルダーの具体的ニーズや必要性よりも先行して、まず当該事業主体によって決められる。その後、事業ごとの目的を実現することを前提にして自己完結的に活動内容が定められ、各部局・構成員に役割が割り当てられる。こうして目的達成までのプロセス全体が、事業主体によってコントロールあるいは統括される。このような事情から、事業として行われる活動には、地域の団体やNPO等の「外部の組織」との連携・協働がなかなか生

第13章　学校と社会の連携・協働による教育制度改革の展望　233

じないと考えられる。

これまで、日本の学校教育行政の基本は、文科省のイニシアティブのもとで教育研究活動を事業として運営するところにあったことは既に述べたが、このことは、文科省が、他の省庁から、（政策官庁ではなく）「事業官庁」と揶揄されてきたことからも理解されよう。

本田由紀は、学校教育における「垂直的序列化」と「水平的画一化」が教育を通じて過剰に進展していることが、「日本社会の異常な息苦しさ」を生じさせており、これを乗り超えるためには、質的に異なる様々な存在が優劣なく併存する状態である「水平的多様化」を進めることが重要である旨指摘している[7]。そのためには、後述するように、日本の教育行政の特徴である「組織としての活動目的をトップが決め、その実現に向けた活動内容を事業として実施していく」というやり方を、制度改革によって、あるいは社会運動によって、改めていくことが極めて重要であると考えられる。

3 大学と社会との連携

3-1 イギリスにおける大学拡張運動

ここで、「大学と社会との連携」に焦点を当ててみよう。「大学と社会との連携」にかかる典型的な取り組みは、イギリスで始まり、全世界に広がった大学拡張運動である。

19世紀にケンブリッジ大学で始まった大学拡張（university extension）は、瞬く間にイギリス全土に広がったが、第IV部第12章で柴田彩千子が指摘するように、それは「大学自らの存在価値に関する理念、つまり広く大学の知を社会に普及させるという理念を体現する運動として、他方では、産業革命後の時代の要請という社会側から大学に寄せられるニーズに呼応する形で、大学と地域との連携が推進されていった」のである。そうした大学拡張運動は、大学関係者が地域に赴き講義を行う、いわゆる出前授業の形式で成り立っていたが、そこには、労働者に大学の教育を受ける機会を提供することを目的として活動するWEA（労働者教育協会）との連携やLEA（地方教育行政機関）による支援があった。各地域のWEAやLEAが大学と連携協力することで、大学拡

張は、各地に普及・定着するようになったのである。

　現在、日本では、多くの大学で公開講座が開催されているが、そのほとんどは、年に数回、自らのキャンパス内で開催されているケースが大半である。自前の校舎や講師あるいは教材などを使って公開講座を行うことは、もちろん大学拡張の一環であることは間違いないが、それはまた、その普及・定着を限界づけることも確かである。ケンブリッジ大学では、大学拡張運動を始めるまでに、40年もの間「大学は誰のものか」についての議論がなされたという。こうした議論の結果、「大学は全国民のためのものである」という結論に至り、それゆえに、大学が有する知を全国に普及することがミッションの一つとして位置付けられた。大学拡張が、社会的・公共的な意義を持つことは多くの国民の共有するところとなり、大学がそのミッションを実現していく上で、関係する団体や機関との連携は欠くことのできないものになったのである。

　このイギリスの例は、極めて示唆的である。大学拡張運動が、自らの在りようを社会的・公共的な存在として位置付けた理念の具体化として進められたことは、日本の場合と決定的に異なる。大学拡張が、短期的視野でかつ組織運営上の都合から生まれた「事業」ではなく、理念が先行する社会運動として進められたことにより、連携・協働が可能になったと言ってもよいであろう。日本では、教育事業や研究事業に続く、大学の第3のミッションとして「社会貢献」の重要性が指摘されてきたが、それは、18歳人口の減少といった大学を取り巻く環境の変化によって追い込まれた大学が後から付け足した活動であり、あくまでも大学による住民サービス事業の一つである。そこからは、社会の様々なセクターを巻き込む大学拡張運動といったものは生まれてこない。多くの場合、事業とは、タテ割り組織としての自己完結性をもつがゆえに、連携・協働を必要とはしないのである。

3-2　日本における先駆的事例

　日本の大学の多くが、社会との連携にかかる活動を、18歳人口減少に対応するための一つの事業として行ってきたのに対して、近年、それを乗り越えようとする取り組みが見られる。和歌山大学による紀伊半島価値共創基幹（Kii-plus）の事例は、その典型である[8]。

和歌山大学は、2020 年、紀伊半島価値共創基幹を創設した。その趣旨とするところは、紀伊半島が抱える課題の解決と地域の事業発展に向けて、大学と地域の自治体・企業・市民団体等とが、共創を通じた教育研究活動を展開することである。同基幹は、紀伊半島という広大な地域に関わる諸課題を念頭におきつつ、共創、すなわち協働による価値の創出というアウトカムを志向し、地域の自治体・企業・市民団体等と大学とが協働して教育研究を行うことを推進している点で、極めて先駆的な取り組みである。

　一般に、大学の開放とか公開講座というと、大学がもっている「知」を住民に提供するという意味合いで実施される場合が多いが、ここでは「共創」という理念のもとで、固有の文化的価値をもつ多様なセクターが、互いに他のセクターとの価値の相違（difference）を補い合うことで、新たな気づきや発想、ものの見方を得ることができるような仕組みを作っており、まさに「知」そのものを協働により創出しようとしているところが最大の特徴である。

　イギリスの大学開放運動は、大学を中心としつつも、WEA をはじめとする関係する団体や機関との連携・協働により着実に普及していったが、そこには、大学とは全国民のものである、という理念の共有があったことは既に述べたとおりである。そうした基盤の上に、関係者のボランタリズムとパートナーシップにより「協働」という営みが生み出されたと言っても過言ではない。紀伊半島価値共創基幹の事例は、紀伊半島が抱える課題の解決と地域の事業発展という大きな理念のもとで、教育研究活動の実践プロセスを協働により進めることで、価値の創出を目指しているものである。その意味で、従来の大学開放事業を超えるものであると言えよう。

4　地域と教育機関との連携にねざした制度改革の展望

4-1　公共性と公共圏

教育や学習などの活動を保障したり援助したりする制度を考案する際の前提として、そうした活動が、制度的な保護に値する公益的な価値をもつものでなければならないことは言うまでもない。一般に、法治国家においては、民主的な手続きを経て定められたルールやその解釈適用としての営みが公益的な価値

をもつものとして考えられているが、こうした「国家的公共性（制度的公共性）」とは別に、教育の基本的な社会共同性を論拠に、「市民的公共性」と呼ばれる観念の存在を主張する見解がある[9]。

　佐藤一子は、NPO を「市民的公共性」の実際の担い手として特に注目しており、それは教育領域においても例外ではないとしている。そこでは、国家や自治体による政策や制度的裏付けをもった公共性（国家的公共性／制度的公共性）に対して、NPO は、市民の意思の実現による社会的コミットメントや行政の意思決定過程への市民参加をつうじて市民的公共性の内実を形成していく可能性をもつ点が強調されている[10]。そこでは、「誰がその活動を行っているのか」ということよりも、「どのような活動が行われているのか」ということが重要であり、活動の「主体」よりも活動の「内容」に焦点が当たっていることに留意する必要がある。

　一般的に、個人や団体の活動内容が公共的であるか否かは一義的に決められるものではない。それゆえ、「この活動は公共的であるか否か」といった視点ではなく、活動が行われる「場」や「領域」が公益的価値をもつ活動を生み出すものであるかどうか、すなわち「活動の場」や「活動の圏域」に着目することが重要となる。この点に関して、ハーバーマスも、市民が集まり「公論」の形成を目的とする討論が行われる場を「公共生活の圏」としていることは興味深い[11]。

　ところで、小出達夫は、デューイの公共圏の考え方を踏まえつつ、公共圏とは「自律と他律が統合され、人間の自己実現を可能にする活動空間である」と述べ、公共圏という活動空間の重要性に着目している[12]。小出によれば、デューイは「学校は一つの集団（association）である」と考えており、そこには共同生活の一様式として構成員による「関心や目的の共有」が存在しているという。すなわち、学校とは、生徒が他者と関心や目的を共有することで、主体性をもちつつ自分勝手にならず（自律）、かつ他者を受け容れ協調しつつ他者に依存しすぎない（他律）ことが可能になる場であり、そうした関係性の中で諸活動を行うことにより自己の充実を図ることができる場、として考えているのである。このように考えると、そうした活動空間は、学校に限られるわけではないことが理解されよう。学校と地域の連携・協働による諸活動が行われて

いる地域（区域）も、さらには、大学の公開講座が行われている場も、「公共圏」と言えよう。

デューイは、公共圏の形成に当たって「集団（association）における関心や目的の共有」が重要である旨述べている[13]が、これは、社会教育でいう「他者の課題を自分ごととして捉える」ことと同義であり、そうした課題意識を共有することで、佐藤の言う「市民の意思の実現による社会的コミットメント」が形成されるとも言えるのである。

このように考えると、社会において公共圏を創出・充実させるための枠組みをつくることこそが極めて重要であり、それは「協働が生まれること」を軸に考えられなければならないのである。

4-2　教育基本法以後の制度改革の状況

2006年の教育基本法改正時における第13条の新設以降、学校地域の連携・協働にかかる制度改正や制度の新設は行われてこなかったが、2017年、地方教育行政の組織及び運営に関する法律の一部が改正され、学校運営協議会の設置が努力義務化された。この学校運営協議会が設置された学校を「コミュニティ・スクール」と言い、学校運営に対して地域の住民などの関係者の意向を反映させる仕組みが導入された。これは、社会教育法に新しく位置付けられた「地域学校協働活動の推進」を念頭におきつつ、学校運営に民主的な手続きを採り入れ、学校運営の改善充実を図ることを目的としたものである。

もう一つ、地域学校協働活動の推進と併せて、教育課程についても重要な改革がなされている。2020年度から順次実施されている新学習指導要領である。そこでは「社会に開かれた教育課程」の実現が掲げられており、その趣旨として、これからの教育課程には、社会の変化に目を向け、教育が普遍的に目指す根幹を堅持しつつ社会の変化を柔軟に受け止めていく必要があること、が掲げられている。

これに関して、奈良正裕は、社会に開かれた教育課程という考え方の社会改造主義的な性格を指摘した上で、そのような理念を学校と社会とがまず共有することが重要であり、教育課程についても、学校と社会との連携・協働によりその実現を図っていくというあり方が提起されていることに注目している[14]。

238　第Ⅳ部　学校と社会の協働

社会に開かれた教育課程という施策は、学習指導要領の具体化に当たって、地域社会との連携・協働という方法論を最も重要なものと考えている点で、極めて革新的である。

4-3 「協働」の制度的保障

　先に述べたとおり、必置ではないにせよ学校運営協議会の設置が努力義務化され、民主的な学校運営の方向が示されたり、「社会に開かれた教育課程」を掲げて、事業化によって凝り固まった自己完結的な教育を乗り越えようとしたりしていることは、地域社会との連携・協働をより推進する上で、極めて重要な条件整備と言えよう。しかしながら、問題は、こうした改善措置が形式的なものに終わっており、地域学校協働活動の拡充に結びついていない例が数多く見られることである。

　ここで、地域学校協働活動における「協働」について検討してみる。協働とは、それぞれ異なる立場や主張をもつ人や団体（セクター）が、活動の目的や方向性を共有しつつ、それぞれの立場や主張を保った上で、互いに他のセクターの立場や主張を尊重し、パートナーとして、目的の実現に向けて実践を積み重ねていくプロセスと言える。各セクター間には様々な差異があるが、そのことをお互いが認識し、受容し、協力し合うことで、互いに他を補完し、価値創造的な活動となる。言うなれば、協働とは「共生の論理」の具体的実践であり、学びのプロセスである。

　こうしてみてみると、協働には、小出の言う「自律と他律の統一により人間の自己実現を可能にする」契機が内在していることがわかる。地域において、学校を軸に様々なセクターによる協働が行われる場合、それは、子どもや地域の住民・団体にとって自己の充実につながる活動であり、公共圏が地域に創出されることである。また、それは、学校にとっては、社会に開かれた教育課程を実質化することでもあるのである。

　学校は、いわば文科省を基軸とした「縦のライン」と、地域における協働を基軸にした「横のライン」の交差するところである。本田由紀の言う「水平的多様性」の拡充を図るためには、「縦のライン」における序列性と求心力を弱めることが必要であり、併せて、協働を拡充して、学校運営の改善を図り、

「社会に開かれた教育課程」の具体化と多様化を進めることが求められている。

廣瀬隆人は、第Ⅳ部第11章において「学校を核とした地域づくりは、地域創生を目指して、地域の将来を担う人材の育成を図ること、地域住民のつながりを深めること、自立した地域社会の基盤の構築・活性化を図ることを狙いとしている」と述べている。それは、地域と学校とが、課題意識の共有をした上で、地域における協働を保障し促す枠組みをつくることで、初めて可能になると考えられる。

協働の原動力は、課題意識の共有のもとでのボランタリズムとパートナーシップであり、それらは、まさに日常生活における自由な活動から生まれるものである。そうした自由な活動であっても、地域学校協働活動においては、一定のガバナンスが必要であることを考えると、「地域学校協働活動推進計画」とか「地域生涯学習計画」とでも言ったものを地域ごとに策定して、その実施に当たっては、社会教育士などファシリテーションやコーディネーションなどに長けている専門職員を、導入・配置することが求められよう。

4-4　イギリスの継続教育から示唆されること

教育分野における日本社会の強固な序列性が、目的的で自己完結的な事業という形式での活動を一般化させ伝統化させてきたことは既に述べた。こうした「垂直的序列化」のもつ課題を克服し、より自由で平等なものにしていくためには、制度面で「水平的多様化」とでも言うべき構造を作ることが必要になる。この点で、イギリスの継続教育（Further Education）の制度は、示唆に富むものである。

イギリスでは、若者や失業者、現職の職業人などを対象に、職業教育訓練などを行う継続教育が制度化されている。そこには、大学への進学を希望しないあるいは学位取得を目指さず実用的なスキルや専門知識を身につけることを希望する学生、さらには経済的に苦しい状況にある学生や大学院等で再教育を受けようとする学生なども学んでいる[15]。

こうした継続教育は、職業教育を中心に行われているものではあるが、近年、高等教育へのアクセスを拡大し、社会的・経済的・文化的な背景にかかわらず、多様な学生が高等教育に参加できるよう促進する「Widening participation」

の取り組みが多くの大学において進められている。これには、奨学金や助成金、アクセスプログラム、サポート体制の強化などが含まれており、その基本的な目標は、より多くの人々が等しく高等教育を受ける機会を得られるように、より広い範囲で機会均等原則を具現化することにあり、継続教育の趣旨と同様である[16]。

イギリスにおける高等教育や職業教育の分野でこのような取り組みが行われていることは、特筆に値する。ピーターソン（Richard E. Peterson）は、"education more education（教育を受ければ受けるほどより熱心に教育を受けるようになる）"と指摘したが[17]、イギリスでの取り組みは、教育を受ける機会の格差を改善することにつながるものと考えられる。

継続教育の制度や Widening participation の取り組みは、格差を改善し、日本社会に「水平的多様化」をもたらすものと考えられ、日本での早期の具体化が望まれている。

4-5　共生への学びと制度改革

日本の学校教育行政においては、「垂直的序列性」が強く、それゆえに学ぶ側に「水平的画一性」を招いていることや、その反面「水平的多様化」が脆弱であり、今後は、それを拡充することが望まれていることは、既に述べたとおりである。

「水平的多様化」を拡充していくためには、一つには、教育制度そのものを多元化する方法が考えられる。前節で述べたイギリスの継続教育制度や高等教育制度の運用拡大として取り組まれている Widening participation は、生涯学習の視点から、高等教育や職業教育へのアクセスを、職業上のスキルを必要としている人たちや、社会的に困難を抱えている人たちにも広げようとするものであり、日本における「水平的多様化」の拡充にとって、重要な意義があると考えられる。

もう一つは、教育制度の外で、住民や民間セクターによる教育的営みの拡充を進めることである。もともとこうした教育的営みは、住民や民間団体のボランタリズムをベースに、ダイナミックな関わり合いを内実とする社会運動として、各地域において展開されることが多い。こうした運動のうち、少なからぬ

ものが市民（市民団体）相互の協働によってささえられている。

　社会運動として協働を進めるためには、関係者間で理念的な方向性を共有するとともに、「他者の困りごとを自分ごととしてとらえる」という意識が不可欠である。それは「共生への学び」の第一歩であり、その深まりは協働の充実につながるものと考えられ、協働に参加する経験は、「共生への学び」を深化させることにつながると考えられる。両者は、密接な関わりをもっているのである。

　協働を創出し発展させるためには、適切な環境を整備することが極めて重要である。これに関わる制度は、協働を間接的に応援するような仕組み、例えば、個々の活動に対して必要に応じて支援や調整ができる社会教育専門職員を配置したり、活動全体を望ましい方向に緩やかに方向付けする地域版のガバナンス計画（地域協働活動計画、地域生涯学習計画あるいは大学を核とした地域づくりプランなど）を策定したりすることが求められよう。

　制度的、非制度的なものか否かを問わず、「水平的多様化」を拡充していくことが今の日本社会には求められている。そこまで社会は閉塞感に満ち、地域は疲弊しているのである。連携・協働は、それを克服する上で何よりも重要な鍵なのである。

1）改正前の教育基本法（昭和22年法律第25号）第4条、第6条及び第7条参照。
2）社会教育法第2条については、2022年の改正により、「学校教育（昭和二十二年法律第二十六号）又は就学前の子どもに関する教育、保育等の総合的な提供の推進に関する法律（平成十八年法律第七十七号）に基づき、学校の教育課程として行われる教育活動を除き、主として青少年及び成人に対して行われる組織的な教育活動（体育及びレクリエーションの活動を含む。）をいう。」と、「就学前の子どもに関する教育、保育等の総合的な提供の推進に関する法律」が新たに加えられたが、同条の基本的な趣旨・内容は維持されている。
3）改正後の教育基本法（平成18年12月22日）第3条、第5条、第6条、第7条、第10条、第11条、第12条、第13条参照。
4）『我が国の文教施策』（昭和63年度）第1章第4節、平成13年度『文部科学白書』第6章、平成30年度『文部科学白書』第3章参照。

5) 2018 年、文科省は組織を再編し、生涯学習政策局を廃止して総合教育政策局を創設した。その際には、社会教育関係部局の縮小も行われ、1988 年に文部省に生涯学習局が誕生して以来、約 30 年続いた「生涯学習の時代」は幕を閉じた。

6) 丸山眞男は「超国家主義の論理と心理」『現代政治の思想と行動』（未來社、1964年）において、日本の国家主義が、内容的価値自体を体現するものとして自己を規定していることを指摘し、その中心にあって、それを普遍化しているのが文部省である旨述べている。

7) 本田由紀『教育は何を評価してきたのか』（岩波書店、2020 年）。本田によれば、水平的画一化とは、「特定のふるまい方や考え方を全体に要請する圧力がある状態」のことであり、水平的多様化とは、「一元的な上下（垂直的序列化）とも均質性（水平的画一化）とも異なり、互いに質的に異なる様々な存在が、顕著な優劣なく併存している状態」のこととされる。

8) 和歌山大学紀伊半島価値共創基幹 Kii-Plus『和歌山大学 Kii-Plus ジャーナル』第 1-3 号（2021〜23 年）

9) 佐藤一子『NPO の教育力――生涯学習と市民的公共性』（東京大学出版会、2004年）序章

10) 同上、4 頁

11) ユルゲン・ハーバーマス、細谷貞雄ほか訳『公共性の構造転換』（未來社、1974年）

12) 小出達夫『公共性の空間構造と学校教育』（北海道大学生活協同組合、2023 年）第一部及び第二部

13) ジョン・デューイ、宮原誠一訳『学校と社会』（岩波書店、1957 年）

14) 奈良正裕「オピニオン 『社会に開かれた教育課程』の意味を分かっているか」『教育新聞』（教育新聞社）2024 年 2 月 13 日付

15) 姉崎洋一『高等継続教育の現代的展開』（北海道大学出版会、2008 年）及び The Department for the Economy（DfE）"Further education"（https://www.economy-ni.gov.uk/topics/further-education　2024 年 5 月 28 日閲覧）

16) Oxford university "Access and Widening Participation Statement 2022-23"（https://oxfordinternational.b-cdn.net/wp-content/uploads/2023/07/Access-and-Widening-Participation-Statement-2022_23.pdf　2024 年 5 月 28 日閲覧）

17) Richard E. Peterson, *Lifelong Learning in America: An Overall View of Current Practices, Available Resources, and Future Prospects*（Jossey-Bass, 1979）

─── コラム4 ───

まなびの郷「KOKÔ塾」の実践

村田和子 （和歌山大学名誉教授）

　和歌山では、まなびの郷「KOKÔ塾」という名のユニークな生涯学習事業が2002年から今日まで展開されてきた。

　「学校づくりと地域づくり」を統一的に進めるため、高校が核となり、高校生を主体として、教育・福祉・環境・まちづくり等テーマ型のワーキング・グループを組織し、地域の主な団体や個人も加わり、大学も連携する高大地域連携という特色を有する。

　この事業の始まりは、高校の「荒れ」に直面していた学校現場の困難の中で高校生たちはほんものの学びを求めている、そのためには地域社会の理解と協力が不可欠という当時の校長の人間理解にある。一方、高校が立地する紀の川市粉河町は、国宝粉河寺の門前町商店街がシャッター通りと化し、地域では商工会をはじめ、次世代へ継承する商売や地域の在り方をめぐる模索があった。こうして学校再生と地域再生を統一的な課題としてとらえ、青年を地域で育てる思考が生まれ育まれていく。具体的な方法論を開発していくための提案・協力者となったのが、和歌山大学生涯学習教育研究センター（当時）である。

　センターでは、「地域の課題を鋭敏なセンサーで受け止め学びをプロデュースする」ことをミッションに掲げ、基礎的研究と実践的なアプローチを探究していた。このセンサーで、ほんものの学びを求めた高校の願いをキャッチし、学内外の研究者をプロデュース、WGの指導者として派遣し、地域に参画して、共同学習・共同実践をとおして課題解決に迫るという新たな取り組みがスタートした。

　「人生の軸を得た」。これは卒業を前にした生徒がKOKÔ塾を表した言葉だ。

　また、KOKÔ塾は、「しょせん小さな町の小さな挑戦に過ぎない」といいつつも、「かごの中の鳥を外に連れ出し、違う世界に出会う場所であり、そ

244 ｜ 第Ⅳ部　学校と社会の協働

「粉河まちあるきの様子」2022 年、粉河高校提供

の違う世界は、お金にもならないのにおもしろがっている大人や授業や部活で出会う先生とは全く違う顔の先生」の存在と語り、「部活やバイト、受験や進路に先行がみえない高校にとってのロールモデルに出会えた幸せ」と高校時代を振り返る青年がいる。

　県外の大学に進学し、高校教諭となって再び和歌山に帰った青年は、KOKÔ塾の経験を活かし、先輩教師や地域とのつながりも求めながら自校で新たな実践モデルを創り出した。

　2019 年、地域の念願久しい「粉河とんまか盆踊り」が、KOKÔ塾生の手によって復活した。その歴史に学び、地元の小・中学生を巻き込んだ踊りの練習。本番では、やぐら、音響設営等、地元商店が全面協力、高校生を応援した。中心となった元高校生は、大学生活・教育を通して、教職をめざすすべての大学生にKOKÔ塾を知ってほしいと訴え、高校教師になることを決意する。

　コロナ禍、活動は停止・縮小を与儀なくされた。生徒からの継承は断絶し、思うに任せなかった。しかし、2024 年この盆踊りを再生する声が地域・学校の双方から起こり、そこにOG・OBとなった大学生・青年が、高校生の前によき導き手となって再登場している。

（むらた・かずこ）

終章
共生への学びの構築に向けて

田 中 雅 文

1　本書のねらい

　序章で述べたとおり、本書では、共生社会の実現には NPO 等の市民活動組織（以下「市民活動組織」と総称）を中心とする市民・地域住民の協働（以下「市民の協働」）が重要な役割を担うことに着目し、そこでの学習活動（学び合い）の過程を共生への学びの探究として位置づけた。その実態を明らかにするとともに、それと社会教育・学校教育との関係を考察し、学びのネットワークのあり方を検討することが本書のねらいである。

　ここでは、本書のまとめとして、各部で明らかにされた主な内容を整理するとともに、得られた知見を抽出し、そのうえで今後の展望を記述する。

2　各部で明らかにされた内容

2-1　共に生きることと学習権の保障——第Ⅰ部

　第Ⅰ部では、子ども・若者、障害者、外国人など多様な主体の人権・学習権の保障にとりくむ市民活動とその成果を浮き彫りにした。

　第1章（森本扶「子どもの発達保障と子ども・子育てネットワーク」）では子育て・子育ちに関する諸事例を取り上げた。そこでは市民活動組織や地縁的つながり、それらと行政との関係などの社会的連帯を土台として、地域に子どもの居場所・遊び場が確保され、大人も含めた多世代の交流を通した発達を保障する仕組みが構築されていた。子どもの意見を大切にするという「対等性」（一人の市民としての子ども）も成立していることを見出した。

　第2章（生田周二「若者の参画と対話を促すユースワーク」）では、ユース

247

ワークに焦点をあて、子ども・若者が失った自信・自尊心や社会的機能などを回復するとともに孤立状態から脱却し、社会の中で生きていくための主体性を獲得することへの支援の実態と効果を浮き彫りにした。そこでは、本人の自立、つながりの醸成、コミュニティや社会との関わりの意識化などに力点を置いた学び合いが行われていた。

第3章（井口啓太郎「障害をもつ人々の社会参加を支える学び」）では、障害の有無に関係なく「共に働く」場として公民館に設置された「コーヒーハウス」を取り上げ、そこでの障害者と非障害者との学び合いと相互変容を描いた。障害者と非障害者が社会を創りかえていく当事者性を分有し、両者の協働が新しい社会を生むという視点を明確に打ち出した。このような障害者との関係をもとに、知的障害者に対する特別支援教育の「拡充」や高等教育の「拡張」をはじめとする就学機会の多様化の必要性を指摘している。

第4章（金侖貞「基礎教育機会の保障と多文化共生社会」）では、多文化共生と基礎教育の保障に着目し、市民活動組織等の運動が「教育機会確保法」と公立夜間中学の設置政策を促したこと、地域の国際交流センターが市民活動から誕生し、そこから新たな NPO も生まれるなど活動の輪が広がったことが浮き彫りとなった。日本語教育の支援を受けた外国人が支援する側になるという「好循環」も紹介され、支援の時間軸的な連鎖が見出されている。

以上のように、第Ⅰ部では共生への学びを主に社会的包摂（social inclusion）の観点から議論した。そして、社会的包摂への取り組みにおいては対等性、（当事者の）主体性、循環性といった視点、さらには当事者と支援者の相互変容、それを経た新しい社会の創造（変革性）も重要であることが浮き彫りになった。社会的包摂の実現に向けて、障害者と非障害者との協働の必要性も含め、市民活動組織の地道な活動及びそれらの組織の間での協働、そして行政との協働が重要な役割を担うことが見出されている。そのような協働に支えられて、当事者同士及び当事者と支援者との間の学び合い、「共生社会」の構築に向けた支援者・支援団体（市民活動組織）・行政の多様な学習活動が生まれていることを浮き彫りにすることができた。これらによって、当事者（排除されやすい人々）が社会形成の一翼を担うこと、つまりたんに社会の一員として認められるという受動的な存在ではなく、これからの社会を創る一員だという

能動的な存在になる可能性が見て取れるのである。

2-2　市民活動組織が育む共生への学び──第Ⅱ部

　第Ⅱ部では、共生への学びを推進し構築していくために市民活動組織が果たす役割と可能性を考察した。

　第5章（田中雅文「共生への学びを創る市民活動組織の可能性」）では、市民活動組織の概念を整理するとともに、社会変革・社会創造への志向、他セクターとの関係、つながりの促進などの特徴を抽出した。そのうえで、ミッション達成のためのツールとしての社会教育の活用（NPO法人の5割が社会教育分野で活動）、持続可能な社会の創り手の育成からみた学校教育との協働の重要性など、教育・学習領域との関係の深さを考察した。共生については、SDGsが人と人及び自然と人との共生と通底することから、共生社会の形成に対する市民活動組織の役割の大きさを指摘した。

　第6章（辻浩「教育と福祉の協働をすすめる市民活動」）では、教育福祉つまり「安定した生活基盤と十分な教育の両方を実現して、人びとの豊かな人間発達をめざす」という考え方を提示したうえで、教育福祉対福祉教育、学校対社会の2軸クロスにより、「共生の地域づくり」「学校から社会への移行期の学び」「人生の質を高められる地域づくり」「共同の学校づくり」を構想し、教育と福祉との連携による共生への学びの可能性を検討した。そのための条件として、教育と福祉の領域における職員と市民活動組織との連携、競争的な経済社会ではない新しい経済循環といった視点が重要であることを指摘した。

　第7章（若原幸範「協同労働と共生への学び」）では、共生社会の実現へと向かう社会経済システムの変革（社会的連帯経済の創出）を見通し、そのなかで重要な役割を果たしうる働き方＝生き方としての可能性を持つ「協同労働」に着目した。そして、共生社会の実現に向けて協同労働がもつ意義をグローバルな文脈から日本における具体的な事例まで広範な視野のもとに検討し、協同労働が共生への学びを推進する可能性を考察した。その結果として、対話的協同実践に組み込まれている学び合いが私と公の中間としての「共」の領域を広げ、ひいては共生社会の実現を促すことを指摘した。

　以上のように第Ⅱ部の第6章と第7章では、福祉領域、労働領域との関係で

終章　共生への学びの構築に向けて｜249

教育をとらえ、それぞれ教育福祉、協同労働の概念を基軸に共生への学びを考察した。第Ⅰ部とは異なる側面からではあるものの、社会的包摂からのアプローチといえる。これらに対し、第5章ではSDGsという総合的な社会目標が共生と通底することから、市民活動組織が共生社会の形成に大きな役割を担うと指摘する。第Ⅱ部全体をとおして、市民活動組織や市民の協働が共生への学びの推進力となることを示している。

2-3　地域学習の展開と社会教育の再構築——第Ⅲ部

　第Ⅲ部では、持続可能な地域づくりと課題解決に向けて市民主体の地域学習が各地に広がっている状況に焦点をあて、社会教育の再構築の可能性を探った。

　第8章（石井山竜平「地域再生への学びあいにみる社会教育・学校教育の可能性」）では、震災復興の過程において、一人一人の意見が大切にされ（「正直な意見」が言えるということ）、地域課題に即した民意が形成されるまでの学び合いの過程を描くとともに、地域再生のためには住民同士や専門家・行政との間における対話による合意形成（これも一種の学び合い）が重要だと考察している。こうした過程では少数意見を生かす姿勢が重要であることから、学校教育でそのための基礎的な学びが必要だということも指摘する。農民や漁民が生業を維持するには自然との共生（自然と人との共生）が必須ということも明らかになった。

　第9章（岩松真紀「SDGsにむきあう環境学習と地域づくり」）では、公害学習、環境学習、ESDでの学び合いが地域づくり及び意識変容・行動変容・社会変革につながるプロセスを具体例に即して考察しており、環境という分野における集団的エンパワメントの実際を描いている。そのようなプロセスでは市民・行政・事業者・各種団体など多様な主体、そして公害資料館のような社会教育施設の間における協働やネットワークが重要だ、と分析している。さらに、自然との共生までを視野に入れた持続可能な社会に向けての共生・協働が必要ということを指摘している。

　第10章（上野景三「共生を育む地域社会教育施設」）では、社会教育関係団体は住民が社会教育施設の運営に参加する基盤であり、これが地方自治の本旨である団体自治と住民自治をつないでいたと指摘する。そのうえで、現在では

社会教育関係団体の衰退によって住民がたんなる施設利用者となり、人間形成機能を失った地域社会の中で住民自治が軽視されるようになったと分析している。そのような現状から脱却するため、地域住民とともに地域課題を考えて設定し、学び合いを通して「共生社会」の基盤形成を図ることのできる社会教育職員の役割は大きいと論じる。

　以上のように、第Ⅲ部では、孤立しがちな被災者、公害被害者、地域住民のつながりを醸成してコミュニティを形成し、自治の力を培うとともに外部社会との協働の力を高めるための学びに焦点をあて、地域や社会の課題の解決に取り組む集団的力量を身につけることを支援する重要性が考察されている。いわば、地域ベースの集団的エンパワメントである。このことから、住民や同じ境遇にある人々が共に生きるための自治力を学び・学び合い、そうでない人々や組織・団体と協働しながら社会を構想していくことが重要だということが示唆される。そのための基盤となるのが、地域の住民・団体・行政のつながりや地域を超えたネットワークである。一方で、自然と人との共生も重要で、共生概念の枠組から外してはならないことが明らかになった。

2-4　学校と社会の協働──第Ⅳ部

　第Ⅳ部では、小中高等学校や高等教育機関と社会との協働によって育まれる学びの構造を明らかにするとともに、そこでの制度的諸問題を考察した。

　第11章（廣瀬隆人「学校を核とした地域づくりの可能性」）では、「社会に開かれた教育課程」という基本理念が学習指導要領に明記され、学校運営協議会（コミュニティ・スクール）や地域学校協働活動が推進されていることから、これらを結節点（学校を接着剤）として多様な住民同士がつながり、協力しながら地域づくりと子ども育成に取り組む事例を考察した。その結果、これらの取り組みは地域づくりにほかならず、またそこでの学びに着目すれば社会教育と位置付けてよいことが明らかになった。そして、このような活動を通して、大人も子どもも「共に生きる」ということを学び合っているという。

　第12章（柴田彩千子「学びの文化を育む大学と地域の連携」）では、大学と地域との共生という理念を提唱し、大学が一方的にサービスを提供するような大学開放ではなく、地域社会や住民と大学が対等の関係で学びの場をつくるこ

とが重要と論じている。適切なコーディネーターを配置することにより、そのような場から地域づくりを担う住民が育ち、大学もまた学生教育への効果を得るという。これを大学と地域との共生と呼んでいる。「協働とは『共生の論理』の具体的実践」（後出、第13章）だと考えれば、このようなwin-winの状態を共生、これを実現するための実践が地域・大学間協働といえるだろう。

　第13章（笹井宏益「学校と社会の連携・協働による教育制度改革の展望」）では、教育選択の幅を広げるためには、「水平的多様化」の視点に基づく教育制度そのものの多元化が必要だと指摘する。一方で、地域と教育機関が協働を進めるためには、関係者間での理念的な方向性の共有とともに、「他者の困りごとを自分ごととしてとらえる」という意識が不可欠だという。それが共生への学びの第一歩であり、その深まりが協働の充実につながる一方で、協働への参加経験は共生への学びを深化させる、つまり両者は密接な関わりを持つと述べる。そして、学校を軸とする協働活動は、公共圏を地域に創出することだと提案している。

　以上のように、地域と学校との協働を通して大人と子どもを中心とする住民同士のつながりが生まれ、大学と地域との共生（そのための協働活動）を通して地域づくりの人材が育ち、共生への学びと協働は相互に影響を及ぼしあう、という各章固有の視点に基づく論理展開となっている。一言でいえば、住民同士のつながりや地域と大学とのつながりという側面から共生をとらえ、そうした共生を豊かにするための学びは、地域と教育機関との協働活動と相乗効果をもちうる、ということである。

3　本書から得られた知見

3-1　共生への学びの諸相

　以上に述べた各部の内容をもとに、本書から得られた知見を抽出する。まず、本書のテーマである共生への学びについて、下記のとおり多様な側面から議論することができた。

　第1に、社会的包摂（social inclusion）である。第Ⅰ部の各章で述べた子ども・若者、障害者、外国人などの学習権保障、第Ⅱ部の教育福祉（第6章）と

協同労働（第7章）に関する議論がこれにあたる。社会的包摂への取り組みにおいては対等性、（当事者の）主体性、循環性、相互変容、変革性などが重要であり、それらを生み出すための当事者同士及び当事者と支援者との間の学び合い、「共生社会」の構築に向けた支援者・支援団体（市民活動組織）・行政の多様な学習活動が必要であることが浮き彫りになった。

　第2に、地域ベースの集団的エンパワメントである。第Ⅲ部の各章では、孤立しがちな被災者、公害被害者、地域住民のつながりを醸成してコミュニティを形成し、自治の力を培うとともに外部社会との協働の力を高めるための学びに焦点をあてた。このような学びの過程により地域や社会の課題の解決に取り組む集団的力量を身につけることの重要性を明らかにした。

　第3に、地域学校協働活動の中で生まれたり促進されたりする共生で、これは第Ⅳ部の各章で議論された。具体的には、地域と学校との協働を通して生まれる多世代の住民同士のつながり、大学と地域との共生（そのための協働活動）を通した地域づくり人材の育成、共生への学びと協働が相互に影響を及ぼしあうことであり、共生への学びを構築するうえで地域と学校との連携が重要な意味をもつことが示された。

　第4に、自然と人との共生及びSDGsに直結する共生である。この議論は第Ⅱ部の第5章及び第Ⅲ部の第8章・第9章で行われた。野生の生き物や自然現象とともに生きること、そして「誰一人取り残さない」を理念とするSDGsの目標を達成して持続可能な社会を築いていくことが、共生社会の重要な側面であることを論じ、それに向けた学びと学び合いの重要性を確認した。

3-2　市民活動組織及び市民の協働

　次に、そのような共生への学びに対し、市民活動組織や市民の協働が大きな役割を担っていることを示すことができた。具体的には、以下のとおりである。

　まず第5章では、市民活動組織が社会教育の団体としての特性をもつとともに、学校教育や社会教育における共生への学びを支援・促進する機能を有すること、さらには複合的な学びのネットワークを形成することで共生への学びの構築を現実のものとする可能性を秘めていることを示した。そして、第Ⅰ部の第1章・第2章・第4章では子ども・若者及び外国人、第Ⅱ部の第6章・第7

章では福祉及び協同労働を対象に、社会的包摂を推進するための学び・学び合いが個人レベル・組織レベルで行われている事例を取り上げ、市民活動組織が実際に果たしている役割を明らかにした。

その他の章ではより幅広く市民の多様な参加形態をとらえて、それぞれの場における市民の協働に注目している。第Ⅰ部の第3章と第Ⅲ部の各章では、障害者、被災者、公害被害者と支援者の人たちとの間における協働（市民の協働）に焦点をあて、それに支えられた学びと学び合いが社会的包摂やエンパワメントに寄与していることを示した。さらに、第Ⅳ部の第11章では学校運営協議会や地域学校協働活動に参加する住民同士、第12章では大学の開放事業に関わる学生と住民との間などにおける協働的な取り組みの成果が明示されている。第13章では市民（市民団体）相互の協働が社会運動を支えていることを指摘した。

3-3　共生への学びを支える教育

以上に抽出した、共生への学びとそれを支える市民活動組織及び市民の協働に呼応する教育とは、どのようなものなのだろうか。各章の議論から学校教育、社会教育のそれぞれについて下記の諸点が明らかになった。

第1に、学校教育については次のとおりである。一つは、あらゆる人々に対してニーズに応じた就学機会を提供するための教育制度の多元化が求められることを示した。これには、公立夜間中学のさらなる増設、知的障害者に対する特別支援教育の「拡充」や高等教育の「拡張」などが含まれる。二つは、地域・社会と協働する学校教育の整備である。持続可能な社会の創り手の育成、福祉教育や教育福祉など、共生社会に向けた学校教育の課題は多い。これらに関し、初等中等教育段階では社会に開かれた教育課程、学校運営協議会（コミュニティ・スクール）、地域学校協働活動、高等教育段階では地域・社会と大学等との協働により取り組む必要性とその方策について明らかにした。

第2に、社会教育については次のとおりである。一つは、施設についてである。各章で扱ったユースワーク施設（第2章）、国際交流センター（第4章）、市民活動センター（第5章）、震災伝承施設（第8章）、公害資料館（第9章）などは、いずれも市民活動との関係が深く、しかも対象とする人々の学びを促

進していることが分かった。社会教育法に基づいて「学校教育以外の組織的な教育活動」が社会教育だと考えれば、これらはすべて共生への学びを促す社会教育施設といえる。二つは組織である。NPO法人の約5割が社会教育の活動を行っており（第5章）、実際のところ市民活動組織は各章で共生への学びに寄与していることが示された。社会教育法制度における社会教育関係団体と異なるものの、社会教育を推進する組織であることが明らかになった。三つは人材である。人や組織をつなぎ、共生への学びと学び合いを促していくような人材として、コーディネーター（第12章）や社会教育士（第5章・第10章・第11章・第13章）という用語を明示した章は一部であるものの、多くの章でそのような人材の有効性を実証的に示すことができた。

4　今後の展望──共生への学びの構築に向けて

　以上、本書の成果について、第2節では章ごとに整理して第3節では視点ごとに知見を抽出した。最後に、これらの成果と知見をふまえ、今後の展望を記述する。

　第1に、市民活動組織の機能を取り込んだ社会教育の新たな方向性である。本書の考察で明らかになったように、市民活動組織は社会教育や学びとの関係が強く、「学習する組織」として、また社会教育の団体としてのポテンシャルが高い。このような市民活動組織の機能をいかに活かしていくかは、社会教育にとって重要な課題である。一つは、社会教育法で規定される社会教育関係団体とは異なるアプローチで社会教育を実践していることから、市民活動組織に相応しい何らかの社会教育の制度を検討することが可能ではないだろうか。二つは、市民活動組織を支援する市民活動センターと公民館との関係を構築し、両者がそれぞれの特性を生かした社会教育拠点となるような制度設計を行うことも重要である。三つは、市民活動組織のスタッフが社会教育士を取得し、市民活動組織の社会教育機能を向上させることが望まれる。これらを現実のものにしていくことによって、新しい社会教育の可能性が拓けてくるだろう。

　第2に、そのような社会教育と学校教育との関係を密接にすることである。「社会に開かれた教育課程」と「持続可能な社会の創り手」の育成という、近

年における学校教育の基本理念によって、すでにこの両者の関係は密接になっている。市民活動組織を取り込んだ社会教育が充実することで、学校教育にとって社会教育は不可欠な存在となる。例えば、小中学校段階であれば、テレビ会議のシステムを用いて、共生社会の問題を教室の児童生徒と公民館の部屋を確保した市民活動組織が学び合う。高等学校段階では実際にNPOの活動に参加してそれが学校の単位になる。大学段階では、共生に関わる地域づくりのプロジェクトに学生と市民活動組織が一緒に参加する。そのような仕組みを充実させ、社会教育の役割を担う市民活動組織と学校が中心となって地域の教育ネットワークを形成することで、地域全体が学びと教育の空間になることが期待される。「学校を核とした地域づくり」が実体化するためには、市民活動組織の役割が重要と考える。

　第3に、「共生」を前提とする社会の条件を整えていくことである。一つは、地方自治体の自治基本条例に「共生社会を目指す」旨の条文を入れることである。自治体の憲法といわれる自治基本条例で共生の重要性を明記することは重要である。二つは、行政機関や企業の組織内に「共生推進」の部門を置くことである。組織文化から変えていくことが必要である。三つは、大変難しいことながら、競争型の経済構造を緩和し、少しでも社会的連帯経済の成り立つ余地を広げていくことである。四つは、本書でも指摘してきたとおり、SDGsは人と人との共生及び人と自然との共生と通底することから、SDGsの浸透をさらに図っていくことである。五つは、地域の各種イベントに必ず「共生」の価値のアピールを入れるよう、主催者に徹底することである。人々の生活空間に「共生」の価値が充満していくことが好ましい。これら五つの条件のうち3番目まではハードルが高いものである。それだけに、共生社会に向けた学びが重要であり、学ぶことと上記の社会的条件の整備は相互に影響を及ぼしながら前進していくことが望ましい。

　現代の社会は、グローバル資本主義に大きく影響されており、あらゆる分野で「競争」が前提となっている。そのような状況の中で「共生」の価値を追求し、「共生社会」をつくっていくことは困難極まりないことである。それでも、私たちは学びの力を信じて、少しずつでも皆が平等で平和な気持ちで「共に生きる」ことのできる社会に向けて歩んでいきたいものである。

執筆者一覧（執筆順）

佐藤一子（さとう・かつこ）［編者、はじめに、序章］東京大学名誉教授。博士（教育
学）。東京大学大学院教育学研究科博士課程修了、埼玉大学助教授・教授、東京大学
大学院教授、法政大学教授を務める。『文化協同の時代』（青木書店、1989）、『生涯学
習と社会参加』（東京大学出版会、1989）、『子どもが育つ地域社会』（東京大学出版会、
2002）『NPOの教育力』（編著、東京大学出版会、2004）、『現代社会教育学』（東洋館
出版社、2006）、『イタリア学習社会の歴史像』（東京大学出版会、2010）、『地域学習
の創造』（編著、東京大学出版会、2015）、『「学びの公共空間」としての公民館』（岩
波書店、2018）、『共生への学びを拓く』（共編著、エイデル研究所、2022）、ほか。

田中雅文（たなか・まさふみ）［編者、はじめに、5章、終章］日本女子大学名誉教授。
博士（学術）。東京工業大学大学院理工学研究科修士課程修了。三井情報開発（株）
総合研究所、国立教育研究所（現国立教育政策研究所）を経て、日本女子大学教授を
務める。『社会を創る市民大学』（編著、玉川大学出版部、2000）、『現代生涯学習の展
開』（学文社、2003）、『NPOの教育力』（分担執筆、東京大学出版会、2004）、『ボラ
ンティア活動とおとなの学び』（学文社、2011）、『ボランティア活動をデザインする』
（共編著、学文社、2013）、『社会教育経営のフロンティア』（共編著、玉川大学出版部、
2019）、『生涯学習と地域づくりのハーモニー』（監修、学文社、2023）、ほか。

森本　扶（もりもと・たすく）［1章］埼玉大学等非常勤講師。『地域学習の創造』（分
担執筆、東京大学出版会、2015）、ほか。

生田周二（いくた・しゅうじ）［2章］奈良教育大学名誉教授、特任教授。『子ども・若
者支援と社会教育』（編集委員長・分担執筆、東洋館出版社、2017）、『子ども・若者
支援のパラダイムデザイン』（かもがわ出版、2021）、ほか。

井口啓太郎（いぐち・けいたろう）［3章］国立市教育委員会教育部公民館館長補佐
（生涯学習課課長補佐兼任）、社会教育主事／東洋大学大学院文学研究科教育学専攻博
士課程。『子ども・若者支援と社会教育』（分担執筆、東洋館出版社、2017）、「障害者
と非障害者が共に学ぶ社会教育実践の考察」（『基礎教育保障学研究』7号、2023）、
ほか。

金侖貞（きむ・ゆんじょん）［4章］東京都立大学人文社会学部教授。『共生への学びを
拓く』（分担執筆、エイデル研究所、2022）、『国際理解教育と多文化教育のまなざし』
（分担執筆、明石書店、2023）、ほか。

辻　浩（つじ・ゆたか）［6章］名古屋大学教育発達科学研究科教育福祉研究センター研究員。『現代教育福祉論』（ミネルヴァ書房、2017）、『〈共生と自治〉の社会教育』（旬報社、2022）、ほか。

若原幸範（わかはら・ゆきのり）［7章］聖学院大学政治経済学部准教授。『韓国のオルタナティブスクール』（分担執筆、明石書店、2021）、『改訂版 社会教育・生涯学習論』（分担執筆、学文社、2023）、ほか。

石井山竜平（いしいやま・りゅうへい）［8章］東北大学大学院教育学研究科准教授。『地方自治の未来をひらく社会教育』（共編、自治体問題研究所、2023）、『現代社会教育学事典』（編集委員、東洋館出版社、2024）、ほか。

岩松真紀（いわまつ・まき）［9章］明治大学非常勤講師。『改訂版 社会教育・生涯学習論』（分担執筆、学文社、2023）、『感染症と教育』（分担執筆、自治体問題研究所、2024）、ほか。

上野景三（うえの・けいぞう）［10章］西九州大学副学長／教授。『地方に生きる若者たち』（分担執筆、旬報社、2017）、『社会教育と福祉と地域づくりをつなぐ』（分担執筆、大学教育出版、2018）、ほか。

廣瀬隆人（ひろせ・たかひと）［11章］一般社団法人とちぎ市民協働研究会代表理事、栃木県コミュニティ協会研究推進委員会委員長。『社会教育経営のフロンティア』（分担執筆、玉川大学出版部、2019）、『生涯学習　社会教育　地域づくりⅡ』（一般社団法人とちぎ市民協働研究会、2023）、ほか。

柴田彩千子（しばた・さちこ）［12章］東京学芸大学総合教育科学系准教授。『地域の教育力を育てる』（学文社、2014）、『生涯学習と地域づくりのハーモニー』（編著、学文社、2023）、ほか。

笹井宏益（ささい・ひろみ）［13章］玉川大学学術研究所特任教授。『生涯学習のイノベーション』（共著、玉川大学出版部、2013）、ほか。

コラム執筆者

佐藤洋作（さとう・ようさく）［コラム1］NPO法人文化学習協同ネットワーク代表理事

竹林幸太（たけばやし・こうた）［コラム2］ワーカーズコープ宮城北エリアマネージャー

成宮崇史（なるみや・たかふみ）［コラム3］認定NPO法人底上げ理事

村田和子（むらた・かずこ）［コラム4］和歌山大学名誉教授

索　引

あ　行

あおぞら財団　154, 162
遊び場の会　24
飯田・下伊那公民館主事会　182
意識変容　91
いじめ・不登校問題　14, 15, 37, 41, 228,
　　232
いのちをつなぐ未来館（釜石市）　133
居場所　33, 36, 41, 42, 247
イリイチ、I.　1, 9, 10, 14
岩手大学COC+事業　219
インクルージョン　37, 52, 54，→社会的包
　　摂
ウェルビーイング　93
内橋克人　5
大阪ボランティア協会　13
岡山市（のESD）　158, 159
雄勝花物語　146
おやこ劇場　37
オープンカレッジ　53

か　行

『学習―秘められた宝』　10, 156
学習権、学習権保障　16, 21, 51, 62, 65
学習権宣言　10, 56
学習する組織　12, 13
学校運営協議会　196, 198, 204, 238, 239
学校教育　2, 14, 16, 51, 52, 92-94, 146, 148,
　　194, 211, 229, 231, 232, 254, 255
学校教育福祉　104, 249
かもめの虹色会議　139, 146
環境学習　157
紀伊半島価値共創基幹　235, 236
基礎教育　65
喫茶わいがや　59
教育機会確保法　43, 65, 70
教育基本法　15, 113, 171, 211, 217,
　　227-229, 238

教育振興基本計画　184
教育大綱　184
「教育の計画化」論　214, 215
共助　101
共食　32
共生　6, 82, 83, 85, 91-94, 208, 239, 256
　　──教育運動　52
　　──社会　1, 4, 6, 7, 8, 13, 93, 113, 169,
　　　179, 248, 249, 251, 253, 256
　　──への学び　96, 252-255
　　──保障　6, 55, 56
　　自然と人との──　253
　　大学と地域との──　253
　　多文化──　65
協働学習　12, 15
協同組合運動　117
協同労働　113, 115, 125, 249
京都市ユースサービス協会　39
国立市公民館「コーヒーハウス」　58, 248
継続教育　240, 241
公害学習　151, 153, 165
公害資料館　161, 250,
　　──ネットワーク　162
　　──連携フォーラム　162, 163, 164
公開講座　235
公共施設等総合管理化計画　172
公共圏　237-239
公共生活の圏　237
公民館　11, 16, 37, 57, 72, 88, 89, 144, 158,
　　160, 172, 183, 203, 255
公民館運営審議会委員　177
公民館主事　173
合理的配慮　54
国際協同組合連盟（ICA）　117, 122
国立学校特別会計制度　233
ここねっと（小金井子育て・子育ち支援ネッ
　　トワーク協議会）　27, 28, 29
子育て・子育ち共同　21, 247

子ども大綱　22
子ども・若者育成支援法　44
子どもの貧困　2, 38
子ども・若者支援法（ドイツ）　44
コミュニティ学習センター（CLC）　11,
　161
コミュニティ・スクール　15, 38, 193, 196,
　197, 211, 221, 222, 251
コミュニティ・ビジネス　29
コモンズ　114

さ　行

斎川公民館　144
財団・公社問題　176
サイロ化（タコツボ化）　230
佐伯胖　14
佐藤学　14
参加の力　13
識字　75
自然環境アカデミー（福生）　157
持続可能な
　──開発目標（SDGs）　52, 85, 151, 153,
　155, 164, 249, 250
　──開発のための教育（ESD）　92, 154,
　155, 156, 158, 164, 250
　──社会　92
　──社会の創り手　92, 255
自治基本条例　256
自治体社会教育　170
市町村合併　173
実践コミュニティ　90, 91
指定管理者制度　89
信濃自由大学　213, 214
信濃生産大学　215, 216, 223
市民　81
市民運動　84
市民活動　81, 84, 89
　──センター　89, 253
　──組織・団体　2, 4, 5, 8, 16, 82, 83,
　85-87, 89-95, 248, 249, 253, 254-256
市民社会　83
市民的公共性　237
市民の協働　253, 254

「下伊那テーゼ」　182
シブヤ大学　94, 95
社会改造主義　238
社会教育　2, 11, 13, 45, 85, 88-90, 113, 148,
　169, 254, 255
　──委員制度　177
　──関係団体　90, 92, 172, 255
　──行政　89, 92, 171, 177
　──士　92, 183, 184, 207, 255
　──主事　92, 154, 172, 203
　──・生涯学習計画　184
　──推進全国協議会　184
　──の条件整備　179
社会教育研究会
　近畿──　182
　福岡──　182
社会教育士ネットワーク九州　183
社会教育福祉　105
社会教育法　15, 85, 90, 171, 176
　──第3条　169
社会教育施設　169-, 174, 250
　──の委託問題　176
　──のDX化　185
社会・人権モデル　46
社会的排除　3, 62
社会的包摂　3, 6, 7, 13, 248, 252, →インク
　ルージョン
社会的連帯経済　115, 256
　──推進のための大陸間ネットワーク
　（RIPESS）　116
社会的労働　33
社会に開かれた教育課程　92, 238, 239,
　255
社会福祉教育　105
社会福祉法　8
集団的エンパワメント　253
住民自治　174, 177
需給融合型の活動　85
自由大学運動　216, 218
生涯学習　2, 11, 22, 52, 54, 217 229, 230
　──計画　240, 242
障害者自立支援　3
障害者青年学級　57

障害者の権利に関する条約　　52
障害者の生涯学習　　52, 53, 56, 57, 218, 248
障害の社会モデル　　54
職業教育訓練　　240
自立共生　　1, 9
震災伝承施設　　133
新自由主義　　86
人生100年時代　　169
人的資本　　93
垂直的
　　——序列化　　234, 240
　　——的序列性　　241
水平的
　　——的画一化　　234
　　——画一性　　241
　　——多様化　　234, 240, 241, 242, 252
　　——多様性　　239
スクール・アドバイス・ネットワーク　　93
生活クラブ生協　　120
生活綴方教育　　194
「生産主義教育計画論」　　214, 215
青年学級振興法　　37, 57
セツルメント運動　　213
全国青少年協会（イギリス）　　44, 47
専門職　　44
相互依存性のタペストリー　　4
ソーシャル・ペダゴジー　　103
底上げ（NPO法人）　　148, 188

た　行
大学解放論　　217
大学拡張　　211, 212, 214, 234, 235
　　——運動　　234, 235
大学間ネットワーク（北部九州）　　183
大学と地域との共生　　253
第三の領域　　36, 44, 46
対話的共同実践　　125
他機関・多職種連携論　　185
多元的経済社会　　5
橘木俊詔　　7
脱学校化　　10
脱成長論　　114
多文化共生　　39, 65-, 170, 248

団体自治　　177
だんだん（気まぐれ八百屋だんだん）　　30
地域運営組織　　174
地域学校協働活動　　198, 204, 207, 211, 221,
　　238-240, 253
地域共生社会　　8, 9, 181
地域共同活動計画　　242
地域福祉　　99
「地（知）の拠点大学による地方創生推進事
　　業」（COC＋事業）　　218, 219
地方自治の本旨　　179
調査学習　　157
田園都市構想　　178
デューイ.J.　　237, 238
東京学芸大学　　220
東京都三多摩社会教育懇談会　　182
当事者組織　　101
特定非営利活動
　　——促進法　　1, 84
　　——法人（NPO）　　1, 5, 12, 13, 25, 26, 35,
　　47, 82, 84, 85, 90, 101, 115, 172, 237
特別支援教育　　52, 53, 54
図書館協議会委員　　177
栃木県大田原市（地域学校協働活動）
　　202, 206
栃木県栃木市（コミュニティスクール）
　　200
栃木県日光市（生涯学習課）　　203, 206
苫小牧コミュニティセンター　　124
共に生きる　　86, 90, 96, 256
　　——社会　　83
「共に生きることを学ぶ」原理　　10
日本公民館学会　　184
日本語教育　　68
　　——推進法　　66
日本社会教育学会　　184

な　行
ニート　　38
日本NPOセンター　　6
日本語教育、日本語支援　　68, 73
年齢階梯集団　　169
農民大学運動　　214-216, 218

ノンフォーマル学習　2, 91

は　行

博物館協議会委員　177
早瀬昇　6, 13
ひきこもり　38, 43
開かれた大学づくり　217, 218, 223
貧困・格差問題　2, 8, 33
フォーマルな学び　2
福祉型専攻科　53
福祉教育　99, 102, 103
藤田英典　14
不登校　14, 15, 37, 41
プレイステーション（プレステ）　24, 25
フレイレ、P.　10
文化学習協同ネットワーク　41, 77
防潮堤を勉強する会（気仙沼）　138
補完性原理　46
北部九州公民館ネットワーク　183
ボランティア、ボランティア活動　1, 4, 6,
　　37, 57, 69, 81, 100, 101

ま　行

マイノリティ　9, 146
まちづくり・コミュニティ協議会　172
学び　90
　　——の共同体　14
　　——のネットワーク　94, 95
学びの郷 KOKÔ 塾（和歌山大学）　218,
　　244
マンパワー政策　93
宮原誠一　151, 214, 215
宮本太郎　6, 8
民主主義　114

や　行

夜間中学
　　公立——　65, 70
　　自主——　65, 67, 70
　　全夜中研（全国——校研究会）　66
山形県小国町（地域学校協働活動）　199,
　　206

山科醍醐こどものひろば　38, 40
湯浅誠　3
ユースソーシャルワーク　36, 43, 44, 46
ユースワーク　35-, 103, 247
ユースワーカー協議会（YWC）　42
ゆとり教育　230

ら　行

リカレント教育　10, 113
リスク　33
臨時教育審議会（臨教審）　227
連携・協働　227, 229-231, 233, 235, 236,
　　237-239, 242
連帯経済　115, 116
労働者協同組合法　121, 122, 126
ロッチデール原則　5, 117

わ　行

若者支援　3
若者協同実践全国フォーラム（JYC）　42
ワーカーズコープ（労働者協同組合）
　　115, 119, 124
ワーカーズコープ登米地域福祉事業所　128
ワーカーズコープ深谷とうふ工場　122,
　　123
ワーカーズコレクティブ　119, 120

アルファベット

CLC　→コミュニティ学習センター
DESD（国連持続可能な開発のための教育の
　　10 年）　155, 156,
Education more education　241
EMANON（白河）　148
ESD　→持続可能な開発のための教育
EU　3
ICA　→国際協同組合連盟
LEA（地方教育行政機関）　234
NGO　5, 82
SDGs　→持続可能な開発目標
WEA（労働者教育協会）　234, 236
Widening participation　240, 241

共生への学びの構築
市民の協働にねざす教育創造

2025 年 2 月 28 日　初　版

[検印廃止]

編　者　佐藤 一子・田中雅文

発行所　一般財団法人　東京大学出版会

代表者　中島　隆博
153-0041 東京都目黒区駒場 4-5-29
https://www.utp.or.jp/
電話 03-6407-1069　Fax 03-6407-1991
振替 00160-6-59964

組　版　有限会社プログレス
印刷所　株式会社ヒライ
製本所　誠製本株式会社

©2025 K. Sato, M., Tanaka, et al.
ISBN 978-4-13-051369-2　Printed in Japan

[JCOPY]〈出版者著作権管理機構 委託出版物〉
本書の無断複写は著作権法上での例外を除き禁じられています．複写され
る場合は，そのつど事前に，出版者著作権管理機構（電話 03-5244-5088,
FAX 03-5244-5089，e-mail: info@jcopy.or.jp）の許諾を得てください．

NPO の教育力
――生涯学習と市民的公共性

佐藤一子［著］A5 判・3,400 円

協働・参画型社会の担い手を育てる市民教育とオルタナティブな専門的・職業的人材養成の側面について、豊富な調査データをもとにＮＰＯの教育力を解明する。

地域学習の創造
――地域再生への学びを拓く

佐藤一子［著］四六判・2,900 円

子育て共同、まちづくりの現在から、地域における文化施設の再定義、被災地の復興、農山村の再生へ、歴史的・国際的視点とともにその現在と未来を描く。

生涯学習と社会参加
――おとなが学ぶことの意味（POD 版）

佐藤一子［著］四六判・2,600 円

大学、地方自治体の社会教育、NPO の三つの非営利・公共的組織に注目し、そこで学びの共同性がどのように育まれ、社会への参加がいかに促されるかを問う。

子どもが育つ地域社会
――学校五日制と大人・子どもの共同

佐藤一子［著］四六判・2,500 円

「地域の教育力」が、学校の補完を超え、大人と子どもの主体的な共同によって、地域社会を生活文化を創造する重層的なネットワークとして再生させる可能性をさぐる。

ここに表示された価格は本体価格です。ご購入の際には消費税が加算されますのでご了承下さい。